KB220528

은혜는 성숙이다

은혜는 성숙이다

지은이 | 김철웅
펴낸이 | 원성삼
표지디자인 | 안은숙
펴낸곳 | 예영커뮤니케이션
초판 1쇄 발행 | 2023년 10월 20일
등록일 | 1992년 3월 1일 제2-1349호
주소 | 03128 서울특별시 종로구 대학로3길 29, 313호(연지동, 한국교회100주년기념관)
전화 | (02)766-8931
팩스 | (02)766-8934
이메일 | jeyoung@chol.com
ISBN 979-11-89887-69-8 (03230)

본 저작물은 저작권법에 의하여 한국 내에서 보호를 받는 저작물이므로
무단 전재와 무단 복제를 금합니다.

값 17,000원

모든 인간은 하나님의 형상을 닮은 존귀한 존재입니다. 사람은 인종, 민족, 피부색, 문화,
언어에 관계없이 모두 다 존귀합니다. 예영커뮤니케이션은 이러한 정신에 근거해 모든 인
간이 존귀한 삶을 사는 데 필요한 지식과 문화를 예수 그리스도의 사랑으로 보급함으로써 우리가 속
한 사회에 기여하고자 합니다.

은혜는 성숙이다

김철웅 지음

A Meditation For Grasping the Process
of Paul's Spiritual Maturity through His Letters

예영

● 헌정서 ●

군포교회의 모든 '성숙(成熟)'한 성도들에게
이 책을 바칩니다.

이 모든 일에 전심전력하여

너의 성숙함을 모든 사람에게 나타나게 하라

_ 디모데전서 4:15

● 주제 문구 ●

지난 4년 동안 감옥에서 많은 죄인들과 함께 살면서
나는 비로소 누가 성숙한 사람인지 분간할 수 있게 되었다.
이처럼 조잡한 껍질 속에서 빛나는 황금을 발견하는 것은 정말 기쁜 일이다.

_ 도스토옙스키, 『시베리아 감옥에서 쓴 편지글』 중에서

인간의 성장이란 근육이 커지고 키가 자라는 것뿐만이 아니라
내부에 있는 정신이라든지 영혼의 힘도 함께 성숙해지는 법이다.

_ 셰익스피어, 『햄릿』 '1막 3장. 11'

君子之學 必日新 日新者 日進也 (近思錄-爲學篇 67)
군자가 배우는 것은 매일의 새로움이니
매일 새롭다는 것은 매일 성숙해지는 것이다.

_ 『근사록』 '위학편 67'

이번에 김철웅 목사님이 쓰신 『은혜는 성숙이다』라는 책은 오늘날 21세기를 살아가는 그리스도인들이 평생을 통해 점검하고 지나가야 할 '성숙'을 주제로 합니다. 사도 바울은 자신의 영적 아들인 디모데에게 "이 모든 일에 전심전력하여 너의 성숙함을 모든 사람에게 나타나게 하라."(딤전 4:15)라고 말했습니다. 사도 바울이 그렇게 말할 수 있었던 것은 바울 자신부터가 다메섹에서 예수님께 부름을 받은 이후로 항상 성숙한 신앙인의 삶을 살았기 때문입니다.

그러한 바울의 성숙 과정은 당연히 그가 쓴 편지를 통해 잘 드러납니다. 김철웅 목사님은 성경 속에 수록된 바울의 13개 편지들을 그것이 쓰여진 순서대로 추적하여 그 과정을 잘 분석했습니다. 그런 면에서 이 책은 사도 바울의 모습을 거울삼아 신앙의 성숙을 소망하는 모든 분들에게 유익한 책이며 아울러 바울의 편지를 쓰여진 순서대로 읽어가며 묵상하는 성경통독의 새로운 방향을 제시하는 독특한 책입니다.

아무쪼록, 이 책을 통해 바울 서신을 연대순으로 읽어나가는 새로운 성경통독의 길이 열리기를 바라며 그로 말미암아 한층 더 성숙된 그리스도인이 되어가기를 바랍니다.

서일규 목사 | 군포교회 원로

평생을 통하여 예수님을 닮아야 한다는 것은 모든 성도의 지상 명제입니다. 그러나 어쩐지 예수님과 나 사이에는 질적 거리를 느낍니다. 그분의 하나님 되심 때문일 것입니다. 그러나 바울은 어쩐지 한번 도전하고픈 모델입니다. 그는 우리와 성정이 같은 사람이기 때문입니다. 그러나 문제는 그의 삶의 면모가 파편처럼 흩어져 있다는 것입니다. 그런데 그의 삶의 족적을 우리가 따라가기 쉽도록 정리된 책이 나왔습니다.

김철웅 목사님은 바울의 서신서를 중심으로 그의 신앙생활을 추적했습니다. 〈데살로니가서〉에서 〈디모데후서〉에 이르는 그의 신앙여정을 너무 명료하게 정리했습니다. 그것도 사도 바울을 성숙의 관점에서 성찰하며 따라간 것입니다. 그리고 우리가 어떻게 그의 인생을 모델링하며 우리의 신앙을 성숙되게 할 것인가 묻고 있습니다.

이제 우리는 바울을 공부하며 나의 신앙 성숙에 대한 숙제를 해결하게 된 것입니다. 수수께끼 같은 바울 인생의 조각들을 하나의 그림으로 보고 싶었던 모든 분들! 바울 서신의 장엄한 논리에 압도되어 사도 바울에 대한 애정을 놓치고 있었던 분들! 그의 치열한 사색과 고민을 거울삼아 내 인생의 성숙을 정리하고 싶은 모든 친구들! 한 아기의 성숙이 자연스러운 것처럼 자연스러운 성숙을 사모하는 모든 분들에게! 이 한 권의 책으로 신앙생활의 성숙과 관련된 고민이 해결되기를 권하고 싶습니다. 이제 이 책을 읽는 모든 분들은 사도 바울이 내 인생의 멘토가 되어 내 앞에서 걷고 있음을 보게 될 것입니다.

김철웅 목사님은 쉽고도 흥미 있게 바울이라는 신화적 위인의 부담과 인간 성숙의 부담을 해결해 주는 흥미로운 모험의 장으로 우리를 초대합니다. 이 책으로 그동안 우리를 부담스럽게만 하던 성숙된 신앙생활의 숙제를 흥미진진한 모험으로 바꾸어 나가길 바라며 이 책을 추천합니다.

이동원 목사 | 지구촌교회 원로

김철웅 목사님이 또 한 권의 책을 출간하셨습니다. 이 책은 목사님의 아홉 번째 책이며 목사님께서 군포교회에서 목회를 시작한 이후로는 두 번째로 출간한 책입니다. 첫 번째 책 제목이『은혜는 눈물이다』였는데, 이번 두 번째 책은『은혜는 성숙이다』라는 제목입니다.

'눈물'과 '성숙'은 오늘날 그리스도인들에게 매우 중요한 신앙적 요소입니다. 오늘날 하나님의 은혜가 말랐다는 것은 우리들의 눈물이 말랐다는 뜻이요, 그렇게 우리의 눈물이 마르게 된 이유는 오늘날 교회와 그리스도인들에게 성숙함이 없는 결과입니다. 이런 위기 속에서 김철웅 목사님은 이 두 가지 신앙적 개념(눈물 & 성숙)을 책을 통해 이야기하고 있습니다.

김철웅 목사님은 그 성숙의 성경적 모델로 사도 바울을 제시하며 그의 신앙 성숙을 추적하기 위한 방법으로 신약성경 속 그의 13개 서신을 쓰여진 순서대로 묵상합니다. 이름하여 '연대기적 성경통독법'입니다. 김철웅 목사님은 바울 서신을 성경의 수록 순서가 아닌 쓰여진 순서로 묵상하면서 각 서신서에 나타난 바울의 성숙 과정을 추적합니다.

성숙은 모든 그리스도인들에게 있어 평생의 과업이요 코로나19 이후 한국 교회를 다시금 회복시키며 치유시킬 원동력입니다. 아무쪼록 이 책을 읽는 가운데 바울의 신앙 성숙 과정이 우리의 신앙 성숙 과정으로 다가오기를 바라며 이를 통하여 다시금 한국 교회와 모든 그리스도인들이 신앙의 성숙을 이루어가는 귀한 은혜의 순간이 있기를 기도하여 이 책을 추천합니다.

이재훈 목사 | 온누리교회 담임

1부

왜 은혜는
성숙인가?

1장
신앙의 성숙 단계

1. 세상에 쉬운 일은 하나도 없다.

저는 목사입니다. 그래서 목회가 하나님께 제게 주신 소명이요 사명이라 생각하고 부족하지만 나름 성실하게 목회하려고 기도하며 노력합니다. 그러나 솔직히 목회는 어렵고 힘듭니다. 정말로 목회는 그렇게 쉽지 않습니다. 그럼에도 불구하고 감히 목회할 수 있는 것은 목회를 하다가 열 번 중에 아홉 번 힘들어도, 아홉 번의 어려움을 이겨내게 하는 한 번의 하나님 은혜의 역사를 경험하기 때문인 줄로 믿습니다.

그런데 이제는 이런저런 은혜의 경험을 하면서 담임목회를 몇 년째 하다 보니, 한편으론 '목회만 힘든 것이 아니구나!'라고 생각도 해봅니다. 왜냐하면, 목회하며 성도님들을 심방해보면 목회만 힘든 것이 아니라는 사실을 알게 됩니다. 목회를 비롯한 이 땅의 세상살이 자체가 힘듭니다. 직장 생활 자체가 힘들고. 생업이 힘들고, 하루하루 먹고사는 것 자체가 힘듭니다. 목회만 어려운 게 아니라 죄 많은 이 세상사는 일 하나하나가 힘들고, 경제생활 하는 거 하나하나가 다 힘듭니다. 속된 말로 '헬(hell)-조선'이라고 하는 이 땅에서 직장생활을 하거나 자행업을 하는 소상공인들이 살아가기 위해 힘쓰는 것 자체가 어떻게 보면 목회만큼이나 더 힘든 일이라는 생각을 감히

은혜는 성숙이다

하게 됐습니다.

저는 명동지역에 있는 영락교회에서 5년 동안 부목사 생활을 했습니다. 영락교회는 새벽 기도를 5시 30분에 시작합니다. 목사에게 있어서 어려운 게 새벽 기도입니다. 어떤 분은 새벽 기도만 없으면 목회하겠다고 그렇게 얘기하기도 합니다. 보통은 5시에 일어나서 5시 반에 새벽기도하고 6시 정도에 끝납니다. 여름에는 새벽기도 후에 체육복으로 갈아입고 명동과 을지로에 있는 백화점 주변을 한 바퀴 돕니다. 40분에서 1시간 정도 산책하는데 간혹 지하철역이나 버스 사거리에서 앉아서 쉴 때가 있습니다. 그때 제가 본 것이 있습니다. '만원버스' 흔히 '지옥철'이라고 말하는 교통수단에 꽉 끼어 있던 사람들이 출근하려고 우르르 내리는 모습입니다. 남자는 모두 신사복 정장을 입고 내립니다. 여자도 마찬가지로 숙녀복 정장을 입고 뾰족구두 신고 심지어 화장까지 하고 머리를 잘 다듬은 상태에서 내립니다.

저는 그 모습을 보면서 생각했습니다. '나는 이 시간에 그래도 체육복 입고 운동삼아 돌아다니는데 저분들은 대체 몇 시에 일어나서 세수하고, 화장하고, 머리 말리고, 정장 입고, 지옥철 또는 만원버스 타고 여기까지 왔을까?' 보통 명동까지 오는데 한 시간을 잡으면 그들은 저보다 훨씬 일찍 일어나는 겁니다. 그 뒤부터 제가 새벽기도 힘들다고 함부로 직장인들 앞에서 이야기하면 안 되겠다는 생각을 하게 되었습니다. 더 '웃픈 이야기'는 목사가 되겠다고 함께 신학공부를 했지만 현재는 빵집을 하고 있는 친구입니다. 이 친구는 목사가 되어 하는 새벽기도가 싫어서 빵집을 시작했다고 합니다. 그런데 정작 해보니 새벽 4시에 일어난답니다. 새벽기도만 힘든 것이 아니라 세상의 모든 일 다 힘든 겁니다.

흔히 말하기를 "누워서 떡 먹기"라고 합니다. 제가 누워서 떡 먹어봤는데, 앉아서 먹는 게 훨씬 더 쉽고 안전합니다. 그리고 "식은 죽 먹기"라 했는데, 식은 죽 먹기 어렵습니다. 한번 드셔보십시오. 먹기 힘듭니다. 어느 정도는 따뜻해야 먹기 편합니다. "할 일 없으면 집에 가서 애나 봐라." 저는 그 이야기는 애 본 경험이 한 번도 없는 사람이 만든 말임이 분명하다고 생각합니다. 아이 보는 일은 할 일 없을 때 보는 게 아닙니다. 그야말로 신령과 진정으로 봐야 하는 것이 아이 보는 일입니다. 저도 결혼이 늦어서 마흔이 넘어 아이를 돌본 적이 있는데 거짓말을 좀 보태서 이야기하면 차라리 목회를 하는 것이 더 낫다고 생각한 적이 있습니다. 아이 보는 게 목회보다 힘들다는 사실을 애를 낳고 나서 이제야 깨달았습니다. 정말로 세상에 쉬운 일은 아무것도 없습니다. 그래서 어려운 일을 쉽고 효율성 있게 해야 하는 방법을 아는 것이 중요합니다.

2. 친숙(親熟), 익숙(益熟), 능숙(能熟), 성숙(成熟)

우리는 어떤 일을 시작할 때 몇 가지 단계를 거칩니다.

첫 번째, '친숙(親熟)'입니다. 전혀 몰랐던 어떤 것을 알게 될 때 친숙해졌다고 말합니다. 처음 거기에 관심을 가진 겁니다. 친숙해지면 자꾸 하게 되니까. 두 번째, 나중에는 '익숙(益熟)'해집니다. 이때 비로소 취미가 됩니다. 그런데 취미가 생업이 되는 때가 있죠. 이때부터는 친숙한 걸로도 안 되고, 익숙한 걸로도 안 되고 세 번째, '능숙(能熟)'해야 먹고 삽니다. 능숙해져야 생업이 됩니다. 문제는 여기서 끝날 때 생깁니다. "내가 친숙을 거쳐서 익숙해지고, 능숙해졌으니 이제 다 됐다." 그래서 실패합니다. 왜? 네 번째, '성숙(成熟)'이 빠졌기 때문입니다. 보통 여기서 실수합니다. 때문에 최종적인 단계에 성숙의 과정까지 나가야 합니다. 특별히 신앙적인 면에서는 더욱 더 그렇습니다. 그래서 하나님께서는 사도 바울이 디모데에게 전한 편지를 통해 다음과 같이 말씀하셨습니다.

은혜는 성숙이다

이 모든 일에 전심전력하여 너의 성숙함을 모든 사람에게 나타나게 하라

(딤전 4:15)

우리는 기억해야 합니다. 하나님께서는 "친숙함을 나타내라.", "익숙함을 나타내라.", "능숙함을 나타내라." 말씀하지 않았습니다. 친숙해지고, 익숙해지고, 능숙해져도 모자란 게 하나 있다는 겁니다. 그것이 바로 '성숙'입니다. 그러니까 최종 완성은 무엇이냐? 성숙입니다. 성숙은 한 번에 완성되지 않습니다. 영어성경(NIV)을 보면 성숙이라는 단어를 프로그레스(progress, 진보)라고 번역했습니다. 무슨 뜻일까요? 성숙은 과정이라는 거죠. 그것도 평생의 과정이라는 겁니다. 한마디로, 성숙은 평생의 아름다운 과정입니다.

결혼 과정도 그렇습니다. 처음에 몰랐던 사람인데 상대에게 친숙해집니다. 그러다 나중에 익숙해집니다. 그때 결혼을 생각합니다. 그럼 결정은 언제 하느냐, 능숙해지면 결정합니다. '아! 이제 내가 평생 이 사람 데리고 사는 데 능숙해졌다!' 생각했을 때 자신 있게 결혼하는데, 그럼에도 결혼 생활이 어려운 이유는 결혼 생활에 성숙함이 없어서 그렇습니다. 결혼 생활뿐만이 아닙니다. 인간관계도 마찬가지고, 사회생활도 마찬가지고, 사업도 마찬가지고, 교육도 마찬가지고, 목회도 마찬가지고, 신앙생활 교회봉사도 마찬가지입니다. 그 교회에 친숙해지고, 익숙해지고, 능숙해지면서 우리는 매너리즘(mannerism)에 빠집니다. 그 위기상황을 뛰어넘는 것이 성숙입니다. '내가 이제 이 모든 것에 능숙해졌다.' 여기서 멈추시면 안 됩니다. 어디까지 나아가야 하느냐? '성숙'입니다.

그럼 성숙한 것과 성숙하지 못한 것을 어떻게 구분할까요? 그 일이 잘되고, 못되고를 떠나서 세 가지를 질문하며 점검해야 합니다. 첫 번째, 일이 모두 끝난 다음에 하나님께 영광이 되었는가? 두 번째, 공동체에 덕을 세우

는가? 세 번째, 일을 마친 뒤에 만족과 감사가 나오는가? 이 세 가지가 맞아떨어질 때 "우리가 성숙한 일을 했구나, 능숙하면서도 성숙한 일을 했구나"라고 이야기할 수 있습니다.

바벨탑을 한번 생각해보십시오. 굉장한 사건이자 업적이었습니다. 친숙도 아니고, 익숙도 아니고, 능숙을 넘어서야 만들 수 있는 것이 바벨탑이었습니다. 심지어 능숙한 그들의 모습을 보고 하나님께서 긴장하실 정도의 큰 사업이었습니다. 하나님께서 직접 내려오실 정도로 능숙했습니다. 그런데 그 바벨탑 건설이 중단되었습니다. 왜 그런 엄청난 업적이 중단되었느냐? 능숙한 사업이었으나 하나님을 향한 신앙의 성숙함이 없는 인간의 사업이었기 때문입니다. 아무리 큰일을 해도 하나님을 향한 믿음의 성숙함이 없으면 하나님께서 중단시킵니다. 반면에, 다윗이 건축했던 성전을 보십시오. 다윗이 성전을 건축하지 못했습니다. 그의 아들 솔로몬이 다 했습니다. 그런데도 다윗이 '다윗 언약'(삼하 7:16)이라고 하는 큰 복을 받은 이유는 하나님께로 향하는 그의 성숙된 마음이었습니다. "나는 백향목 궁에 사는데 하나님은 사실 곳이 없구나. 초라한 휘장 아래 거하시는구나. 내가 하나님을 위해서 집을 건축해야 하겠다."(대상 17:1). 다윗은 그냥 마음을 먹었습니다, 그가 직접 벽돌 한 장 올린 적이 없습니다. 그러나 복을 받았습니다. 왜? 그 마음이 하나님을 향한 성숙에서 나온 고백이기 때문입니다. 성숙한 신앙은 마음만 먹어도 하나님께로부터 약속을 받지만, 반대로 능숙하기만 한 일은 제 아무리 바벨탑과 같은 위대한 건물을 쌓아도 하나님께서 멈추게 하십니다.

교회 이야기를 해보겠습니다. 교회가 유독 시끄러울 때가 있습니다. 교회가 두 가지 안건으로 나뉠 때 그렇게 됩니다. 이러한 상황이 쉽게 해결된 사례가 있습니다. 교회 구성원이 어떤 안건에 관해 그 일을 추진하자는 의견을 가진 장로님 파, 추진하지 말자는 의견을 가진 장로님 파로 서로 나뉘었습니다. 이 일 때문에 교회가 치고받고, 고소, 고발이 오가는 일마저 생겼습니다. 결국엔 공동 의회에서 찬반 투표했는데 이 일을 추진하자는 쪽이 근소한 차이로 이겼습니다. 그랬더니, 누군가 그다음 주에 그 일을 충분히 해내고도 남을 만한 거액의 목적 헌금을 했습니다. 무명(無名)으로 했기에 누가 헌금했는지 모릅니다. 나중에 알고 보니 그 일을 반대하는 데 가장 앞 장섰던 장로님이 그 일 잘 진행되게 해달라고 기도하는 마음으로 목적 헌금을 했다고 합니다. 그 사실을 아무도 몰랐습니다. 그 장로님이 어떤 분이냐, 정말 성숙한 신앙인입니다. 찬반을 논하는 과정에서는 기를 쓰고 반대했지만, 공동회의에서 근소한 차이로 결정되자마자 그것은 하나님의 뜻이라고 받아들인 겁니다. 아주 드문 사례이지만 이것이 성숙입니다. 그러니 모든 일에 친숙하셔야 합니다. 익숙해지셔야 합니다. 능숙해지셔야 합니다. 그런데 거기서 멈추시면 안 됩니다. 어디까지 나가야 하느냐? '성숙'까지 나가야합니다.

저는 미국 생활을 약 10년 가까이 했습니다. 7년 정도는 공부를 했고, 3년 정도 이민 교회에서 사역을 했습니다. 미국 이민 교회는 싸우는 교회가 대부분입니다. 이민교회에는 두 가지 특징이 있습니다. 첫 번째, 말이 많습니다. 밖에서 영어를 잘 못하니까 정작 교회 와서 한국말로 자기 하고 싶은 말을 다하니 말이 얼마나 많은지 모릅니다. 아무리 태초에 말씀이 있었다 하지만, 이민 교회에는 말이 많아도 너무 많습니다. 이런 말 많은 이민 교회도 성숙한 교회가 있고 미성숙한 교회가 있습니다. 성숙한 교회나 미성숙한 교회나 똑같이 말은 많습니다. 그러나 차이점이 몇 가지 있는데, 먼저, 성숙한 교회는 많은 말이 말썽이 안 됩니다. 미성숙한 교회는 하는 말마다 말썽이 됩니다. 은혜로운 말을 하는데도 말썽이 됩니다. 두 번째, 항상 무슨 일이 일어납니다(happening). 바람 잘 날이 없습니다. 그런데 성숙한 교회는 그 일이 사고가 안 됩니다(trouble). 그러나 미성숙한 교회는 그 모든 일이 사고가 됩니다. 사건(event)과 사고(trouble)를 구분하셔야 하는데, 사건은 긍정적인 내용입니다. 십자가 사고라 그럽니까? 십자가 사건이라 그럽니까? 십자가 사건은 은혜로운 사건입니다. 십자가에서 사고 나면 큰일 나는 겁니다. 십자가는 거룩한 구원의 사건입니다. 또, 부활사건이라 그럽니까? 부활 사고라 그럽니까? 부활사건이라 그럽니다. 부활에서 사고 나면 큰일 나는 겁니다. 성숙한 공동체는 어떤 일이 생겨도 항상 은혜의 사건으로 통합이 됩니다. 결국 하나님이 역사하시는 게 보이는 겁니다. 반면에 미성숙한 교회는 하는 일마다 사고가 납니다.

그러니 우리는 성숙해야 합니다. 그래서 미국의 유명한 강해 설교자 워렌 위어스비(Warren W. Wiersbe)는 오늘날 그리스도의 삶과 교회 공동체에 있어 가장 중요한 요소 중 하나가 성숙임을 다음과 같이 말했습니다.

> 이 모든 문제들은 모두 똑같은 원인에서 출발한다. 그것은 영적인 미성숙이다(spiritual immaturity). 이러한 문제들을 일으키는 그리스도인들은 아직 다 자라지 못한 상태에 있는 셈이다. … 그리스도인의 생활 속에 드러나는 성숙의 흔적들(the marks of maturity in the Christian life) … 영적 성숙은 오늘날 현대교회에 가장 필요한 요소들 중 하나다. 오늘날 너무 많은 교회들이 성숙한 어른들을 위한 훈련소가 아닌 아직 다 자라지 못한 아기들을 돌보기 위한 놀이터가 되어있다. 교회 성도들은 자신들이 필요로 하는 견고한 영적인 음식을 먹을 만큼 성숙하지 못한 상황이라 계속해서 우유와 같은 순한 음식만 먹어야 한다(히 5:11-14). … 나는 오랫동안 목회를 하면서 영적 미성숙이 오늘날 교회의 가장 큰 문제라 확신하게 되었다. 하나님은 지금도 당신의 일을 이어갈 성숙한 그리스도인들을 찾고 계신다.[1]

---

1   Warren W. Wiersbe, *Be Mature* (Wheaton IL: Victor Books, 1984), p.13.

: 22 :   은혜는 성숙이다

그러므로 이젠 우리 모두 달라져야 합니다. 교회도 달라져야 하고, 성도도 달라져야 하고, 목사도 달라져야 하고, 목회도 달라져야 하고, 신앙생활도 달라져야 합니다. 우리가 그동안 '성장(成長)'에 집중했다면 이제는 '성숙(成熟)'에 목숨을 걸어야 할 때입니다. 한국 교회는 그동안 성장에만 힘을 쏟았습니다. 지금 와서 보니 그것은 성장이 아니라 살이 찐 것입니다. 성장이 아니라 부은 겁니다. 성장이 아닌 비만상태에 빠진 겁니다. 따라서 그러한 상황을 제대로 된 성장으로 되돌려야 하는데 그것이 바로 성숙입니다. 그럼 어떻게 해야 성숙해질 수 있을까요?

3. 성숙의 길 – 말씀! 기도! 찬양!

우리가 성숙해야져야 한다는 사실을 알았습니다. 중요한 것은 "이제 그것을 실천을 어떻게 하느냐?"입니다. 방법은 세 가지입니다. – 말씀, 기도, 찬양(말기찬) – 누군가 이렇게 물을 겁니다. "목사님, 이거 너무 기본적이지 않습니까?" 네 맞습니다. 기본입니다. 그러나 모든 문제는 이 기본을 못해서 생깁니다. 모든 문제는 기본으로 되돌아가야 해결이 됩니다. "백 투 더 베이직(back to the basic)!" 그러니 기본으로 돌아가십시오. 말씀! 기도! 찬양! 신앙생활의 기본! 이 세 가지면 충분합니다. 그것이 바로 성숙으로 향하는 길입니다.

1) 첫 번째, 말씀입니다. - "밥 먹듯이 말씀 보자!"
식사구절이라고 아시나요? 옛날 교회에서 학생부나 청년부 여름수련회 가면 밥 먹기 전에 외웠다가 밥 먹고 나면 다 잊어버리는 그 암송 구절입니다. 그래도 그때 그것이라도 외웠으니까 우리가 지금 살아있다고 생각합니다. 우리 안에 예수가 살아있는 겁니다.

한국말과 영어 사이에 문법차이가 있습니다. 영어는 주어 다음에 바로 동사가 나옵니다. 예를 들어 "I Go!" 영어는 이것으로 다 끝납니다. 1형식 문장입니다. "나는 간다."는 뜻입니다. 반면에 한국말은 끝까지 들어봐야 합니다. 왜냐하면 동사가 맨 나중에 나오기 때문입니다. "나는 오늘 아침에 누구와 함께 뭘 타고 어디로 가서 어떻게 했다." 쭉 얘기하다가 맨 나중에 "간다." 그래서 한국말을 끝까지 들어봐야 한다는 얘기가 있는 겁니다. 하나님이 역사하실 때 미국말 문법으로 역사하십니까? 한국말 문법으로 역사하십니까? 둘 다입니다. 하나님은 다 가능하십니다. 문제는 한국말문법으로 역사하실 때입니다. 그땐 정말 골치 아픕니다. 뭘 시작하셨는데 끝을 안 보시는 거예요. 마침표를 안 찍으시는 거예요. 예를 들어, 아브라함을 보십시오. "아들을 준다." 그랬습니다. '아들' 주어가 나왔어요. 그런데 동사가 언제 나왔습니까? 아브라함이 100세 때 나왔습니다. 아브라함이 아들 달라 그랬습니까? 달라 그러지도 않았습니다. 하나님이 주신다 그랬다가 100세까지 미루시고 100세가 되니 그제야 주신 겁니다. 그래도 그 말씀을 믿는 사람이 성숙한 신앙인입니다.

저는 고등학생 때부터 결혼하고 싶었습니다. 결혼한 사람이 얼마나 부러운지요, 그래서 제가 기도했더니 응답받았습니다. "너 결혼하게 될 것이다." 그런데 30대 중반까지 결혼을 못했습니다. 제가 결혼을 해보려고 산전, 수전, 공중전, 패자부활전, 연장전, 우주전 뭐든 다 했습니다. 그런데도 못했습니다. 그러다가 포기하고 '나는 혼자 살아야 하는가 보다'라고 생각했을 때 극적으로 결혼했습니다. 그때가 36살이었습니다. 결혼하면서 왜 하나님이 36살까지 제 결혼을 막으셨는지 알게 됐습니다. 제 아내가 결혼할 나이가 되려면 제 나이가 36살이 돼야 했습니다. 귀 있는 사람만 이해하고 제대로 듣기 바랍니다. 그러니 그때야 깨달은 겁니다. 제가 아무리 결혼하고 싶다고 기도해도 하나님께서 딱 찍어 정해 놓으신 신부감이 그때 초등학

은혜는 성숙이다

생인데 어떻게 결혼시키시겠습니까? 그러니까 여러분 희망을 가지시길 바랍니다. 안 된다고 거절하신 게 아닙니다. 하나님이 주신다 약속했으면 주시는 겁니다. 허락하신다고, 약속하셨으면 주시는 겁니다. 약속을 어디서 받느냐? 말씀입니다. 밥 먹듯이 읽고 부른 말씀을 통해서 받습니다. 여러분 구약·신약이 뭡니까? 옛날 약속, 오늘 약속입니다. 약속이 없다고 함부로 말하지 마십시오.

2) 두 번째, 기도입니다. - "숨 쉬듯이 기도하라."

기도는 숨 쉬는 겁니다. 사람은 숨 안 쉬면 죽습니다. 그리스도인은 기도 안하면 죽는 걸로 보는 겁니다. 기도는 자연스럽게 쉬는 숨입니다. 자연스럽게 되는 겁니다. 여러분 눈 깜빡거릴 때 의식하고 합니까? 저절로 됩니다. 하나님이 그렇게 만드셨습니다. 이 눈 깜빡임이 멈추면 죽을 때가 된 겁니다. 죽을 때 어떻게 죽습니까? 눈 감고 죽습니다. 왜요? 눈 뜰 힘이 없어서 눈 감고 죽는 겁니다. "목사님, 눈 뜨고 죽는 분도 있는데요." 이것은 하나만 알고 둘은 모르시는 말입니다. 눈 감을 힘이 없어서 눈 뜨고 죽는 겁니다. 그러니 아주 자연스럽게 저절로 되는 모든 이 일이 다 하나님 은혜입니다. 그것이 살아있다는 증거입니다. 그러니 눈을 떴다, 감았다 할 수 있는 일에서 은혜를 발견해야 합니다. 마찬가지로 내가 숨 쉬듯이 기도할 수 있는 것이 은혜입니다.

무더운 여름이었습니다. 어느 집에 갔는데, 애들 둘이 장난을 치니까 어머니가 벌로 손을 들게 했습니다. 둘이 손을 들고 벌을 서고 있으니 무더운 여름에 힘드니까 아이들 얼굴에서 땀이 흘렸습니다. 그랬더니, 어머니가 선풍기를 옆에 놓아줍니다. 그때 저는 진노 중에도 긍휼을 베푸시는 하나님의 은혜를 깨달았습니다. 그러나 손을 그만 들게 하지는 않습니다. 왜냐하면 진노 중에도 처벌은 있어야 하기 때문입니다. 그 대신 그 진노 중의 처벌을 잘 감당할 수 있도록 은혜의 바람을 주시는 하나님의 사랑은 변함없습니다. 그것이 하나님 은혜의 선풍기 바람입니다. 그 바람을 받으며 기도해야 합니다. 그러니까 숨 쉬듯이 기도한다는 거 자체가 은혜입니다.

3) 세 번째, 찬양입니다. - "말하듯이 찬양하라."

말이 곧 찬양이란 얘기입니다. 하나님께 영광 돌리는 인간의 모든 행위가 다 찬양입니다. 따라서 노래가 찬양이지만, 모든 찬양이 반드시 노래일 이유는 없습니다. 그래도 설교와 찬양의 차이를 아십니까? 설교는 말로 하고, 찬양은 노래형식으로 부른다는 데 차이가 있습니다. 설교는 아무리 은혜롭게 목 터지게 해도 절대 앙코르(encore) 안 나옵니다. 한 번 하면 끝입니다. 하지만 찬양은 약간 어설퍼도 앙코르가 나옵니다. 또 설교는 똑같은 설교 두 번 하면 설교 준비 안 한다고 손가락질합니다. 그런데 찬양은 반복해서 들을수록 은혜가 되는 게 찬양입니다. 테이프 늘어질 때까지, 시디(CD) 박살 날 때까지 듣는 찬양이 좋은 찬양입니다. "나의 기쁨 나의 소망 되시며 나의 생명이 되신 주 밤낮 불러서 찬송을 불러도 늘 아쉬운 맘뿐일세! 항상 불러도 아쉬움을 불러일으키는 찬양, 그러니까 자신만의 찬양이 하나 있어야 합니다. 평생 불러야 할 찬양을 가져야 합니다.

여러분 유재하 아시죠. "사랑하기 때문에"라는 노래를 작곡한 사람입니다. "처음 느낀 그대로 비친 혼자만의 착각이었나요."라는 가사로 시작하는 노래입니다. 그런데 이 "사랑하기 때문에"를 유재하보다 먼저 불렀던 사람이 있습니다. 바로 조용필입니다. 조용필의 정규 7집 B면 두 번째 곡을 보면 유재하 작사, 작곡 "사랑하기 때문에"가 수록되어 있습니다. 유재하와 조용필을 한번 비교해 보십시오. 솔직히 유재하가 조용필에 비할 바가 됩니까? 가창력도 다르고요. 네임밸류(name value)도 다르고 모든 면이 다릅니다. 그런데 조용필의 "사랑하기 때문에"를 들으면 감동(은혜)이 안 됩니다.

은혜는 성숙이다

그런데 유재하의 "사랑하기 때문에"를 들으면 좋습니다. 은혜가 됩니다. 여러분 유재하 노래를 들어보셔서 아시겠지만, 가창력이 뛰어난 사람이 아닙니다. 본래 작곡가였습니다. 그런데도 호소력이 있지 않습니까? 왜 그럴까요? 본인 이야기라서 그렇습니다. 조용필에게는 그 노래가 본인 이야기가 아닙니다. 그저 다른 이의 이야기를 꾀꼬리처럼 부른 것뿐입니다. 그러니까 은혜가 안 됩니다. 그러나 유재하는 자기가 사랑했을 때 이야기를 곡으로 써서 직접 부르니까 음향도 못 따라가고 가창력도 못 따라가지만, 은혜가 되는 겁니다. 그래서 그 노래가 조용필이 불렀을 때에는 히트를 못 쳤지만, 유재하가 불렀을 때 유명한 노래가 된 겁니다.

찬양도 마찬가지입니다. 우리는 이렇게 찬양합니다. "이것이 나의 간증이오. 이것이 나의 찬송일세." 영어로는 "this is my story, this is my song."입니다. 다른 사람 얘기가 아니란 뜻입니다. 우리 부모님 얘기도 아니고, 옆집 사람 얘기도 아니고, 친구 얘기도 아닌 내 이야기입니다. 그것은 오리지 나의 신앙 고백입니다. 내가 만난 하나님, 나를 사랑하신 하나님, 나에게 역사하신 하나님. 그 신앙 고백을 하라는 말입니다. 그래서 '나의 찬양'이고 '나의 간증'이고 '나의 이야기'입니다. 바로 그 찬양이어야 합니다. 밤낮 불러도 아쉬움이 남는 그 찬양이어야 하는 겁니다.

말씀! 기도! 찬양! 지금까지 말한 이 세 가지가 성숙해지는 방법입니다. "백 투 더 베이직(back to the basic)!" 그러니 기본으로 돌아가십시오. 말씀! 기도! 찬양! 신앙생활의 기본! 이 세 가지면 충분합니다. 그것이 바로 성숙으로 향하는 길입니다. 예수님을 안 믿는 사람은 일하면서 괴로울 때마다 옥상 올라가서 담배를 피운다고 합니다. 그렇다면 그들과는 다르게 살아야 하는 우리 그리스도인들 뭘 해야 합니까? 찬양해야 합니다. 그러고선 한 번 더 기도합니다. 그리고 밥 먹으면서 말씀 보는 겁니다. 그래서 '말. 기. 찬.'

입니다. 이 말씀. 기도. 찬양을 실천하시길 바랍니다.

이 모든 일에 전심전력하여 너의 성숙함을 모든 사람에게 나타나게 하라

(딤전 4:15)

은혜는 성숙이다

2장
성숙된 편지-쓰여진 순서대로 읽은 편지

1. 8개월간 보낸 아내의 편지(Email)

2007년 2월의 봄이었습니다. 저는 그 당시 학업 때문에 아내와 함께 미국에 살고 있었습니다. 그런데 갑자기 아내가 몇 가지 이유로 잠시 한국에 나가 있어야만 했습니다. 결혼한 뒤 항상 아내와 함께 미국에 있다가 얼마간 혼자 떨어져 있게 되니 제 마음속에 종종 허전함이 느껴지곤 했습니다.

그래서 하루는 컴퓨터 앞에 앉아 결혼 전 아내가 나에게 보내었던 편지들(email)을 열어서 읽어 보았습니다. 결혼 전, 저와 제 아내는 서로 한국과 미국에 따로 떨어져 있었기에 시간 날 때면 서로 다시 한번 이메일을 주고받으며 소식을 전했었습니다. 그래서 저는 그때의 기억을 되살릴 겸 해서 예전에 아내가 저에게 보내었던 이메일 편지들을 다시 한번 열어서 차례대로 읽어 보았습니다. 그것은 거의 8개월 동안의 이메일이었습니다. 이 과정 속에서 저는 한 가지 흥미로운 사실을 발견하게 되었습니다.

8개월간의 이메일은 저에게 아내에 대하여 이야기해주고 있었습니다. 그리고 아내의 과거를 보여주었습니다. 분명히 그때 제 아내는 제 옆에 없었습니다. 그러나 그때 저는 제 아내의 이메일을 통하여 과거 나를 향한 아내의 사랑이 어떻게 '성숙(progress)'하고 '발전(develop)'했으며 또한 '성숙

(mature)'되어 왔는지 '추적(追跡: trace)'할 수 있었습니다. 이러한 결과는 그날 제가 내 아내의 이메일을 그것이 '쓰여진 순서대로', '연대순으로(chronicle)' 읽어 보았기 때문에 가능한 일이었습니다.

2. 십여 년간 바울이 보낸 편지(Bible)

그때 제 머리를 스치고 지나가는 순간의 영적 감동이 있었습니다. 물론 그 영적 감동은 지금도 확신하지만 분명히 하나님께서 주신 것입니다. 그때 하나님께서 저에게 주신 영적 감동은 바로 다음과 같은 질문입니다. "만약 내가 지금부터 사도 바울의 13개 편지들을 그 편지가 쓰여진 순서대로 읽고, 연대순으로(chronicle) 묵상해 본다면 사도 바울의 영적 성숙 과정(a process of the spiritual maturity)을 추적할 수 있지 않을까?"

제가 이러한 질문을 가지고 바울의 편지를 읽고 바울과 관련된 여러 신학서적을 연구하던 중에 저는 한 권의 책을 우연히 발견합니다. 그 책은 19세기 영국의 조지 메터슨(George Matheson) 목사가 1890년도에 출간한 『Spiritual Development of St. Paul』이라는 책이었습니다.[2] 저는 이 제목을 『성(聖) 바울의 영적 성숙』이라 번역합니다. 제가 철학박사 과정(Ph.D)을 공부했던 미국 루터교단 컨콜디아신학교(Concordia Theological Seminary)의 도서관은 주기적으로 오래된 낡은 책을 처분합니다. 그때 제가 이 책을 도서관에서 무료로 얻게 됩니다. 전 지금 다시 생각해도 그 책은 하나님께서 저로 하여금 이 책을 쓰도록 허락하신 도서관의 숨겨진 보물이었다고 믿습니다. 도서관에서 버린 그 책은 저에게 모퉁이돌이 되었습니다(벧전 2:7). 그

---

2 Matheson, George. *Spiritual Development of St. Paul*. New York: Thomas Whittaker House, 1890.

은혜는 성숙이다

책을 발견한 순간은 정말 우연으로 가장된 하나님 은혜의 필연이었습니다. 그 책에서 조지 메터슨은 다음과 같은 말을 했습니다.

> 만약 우리가 성경 속에 수록된 바울의 13개 편지가 정말 바울이 쓴 진짜 편지임을 인정하고, 그것들 중에 일부가 바울의 것이 아니라고 주장하는 현재까지의 모든 역사비평학적 해석을 받아들이지 않는다면, 바울이 쓴 13개 진짜 편지들은 우리에게 바울의 영적 성숙 과정과 점진적인 발전단계를 확인할 수 있는 귀한 자료가 될 수 있지 않을까? 그 어떤 다른 외부 자료의 도움 없이 오로지 바울이 쓴 13개 편지만으로도 우리는 바울의 신앙 성숙 발전단계를 확인할 수 있지 않을까? 바울이 쓴 13개 편지만 있다면, 우리는 바울의 영적 성숙 과정을 볼 수 있는 매우 정확한 그림을 그려낼 수 있지 않을까? … 그 모든 자료들은 바울의 영적 발전이며 … 그의 영적인 성숙 과정이다.[3]

> 그동안 우리는 바울을 연구하면서 바울의 외형적인 모습이 담긴 전기적 기술에만 관심을 가져왔다. 그래서 우리는 바울의 내면적인 영적 성숙 과정에 대해서는 전혀 연구하지 못했다. … 우리는 공식적으로 바울이 직접 쓴 일련의 편지들을 가지고 있다. 우리는 이 편지들의 쓰여진 순서가 그의 영적 성숙 과정을 보여줄 수 있는 자료라고 생각하지 못했다. … 우리가 바울의 영적 성숙 과정을 추적하려면 〈데살로니가전서〉가 쓰여진 52년부터 〈디모데후서〉가 쓰여진 68년까지 거의 16년 동안 쓰여진 바울의 13개 편지를 그것들이 쓰여진 연대순으로 묵상해야지만 가능하다.[4]

---

3 George Matheson, *Spiritual Development of St. Paul*, p.v.
4 위의 책, p.3-4.

이처럼 19세기에 살던 조지 페터슨이 21세기를 사는 저와 똑같은 질문과 대답을 했습니다. 바울의 영적 성숙 과정은 그가 쓴 13개 편지들을 그것이 쓰여진 연대순으로 묵상해야 가능하다는 겁니다. 그래서 그는 사도 바울의 13개 편지를 그가 16년간 쓴 그의 영적 성숙 과정을 적어 놓은 일기(a diary record of personal experience over sixteen years)라고까지 평가했습니다.[5]

그러나 아쉽게도 조지 메터슨은 사도 바울의 13개 편지를 연대기 순으로 묵상하여 사도 바울의 영적 성숙 과정을 추적할 수 있다는 새로운 가능성만 제시했을 뿐, 구체적으로 사도 바울의 영적 성장이 어떻게 진행되었는지에 그의 편지를 통해 분석해 내는 작업을 하지는 않았습니다. 이 사실에 큰 아쉬움을 느낀 제가 결국 그의 뒤를 이어 그가 남겨놓은 부족한 작업을 이 책을 통해 보충하게 된 겁니다.

물론, 저 말고도 이런 조지 메터슨 목사의 가설을 이어 받은 후대의 20세기 신학자들이 있었습니다. 그들이 저처럼 조지 메터슨의 책을 읽었는지는 확실하지 않습니다. 그들이 쓴 책의 참고문헌에 조지 메터슨의 책이 없는 것으로 봐서 아마도 읽지 못한 것 같습니다. 그러나 그들은 모두 조지 메터슨과 동일한 주장을 하고 있습니다. 그들 중 대표적인 두 사람이 있습니다. 첫째는 프레드릭 브루스(F. F. Bruce)이며 둘째는 제임스 던(James D. G. Dunn)입니다.

첫째로, 프레드릭 브루스는 그의 책『Paul: Apostle of the Heart Set Free』의 35장에서 〈골로새서〉를 분석하면서 바울이 쓴 편지의 연대 측정을 통해 그의 영적 성숙 과정을 추적할 수 있음을 다음과 같이 주장했습니다.

---

5 위의 책, p.8.

은혜는 성숙이다

바울 서신들의 상호 간 쓰여진 연대 순서를 결정할 수 있는 두 가지 기준 (two criteria)을 만들어왔다. 이러한 기준들은 특정한 부분에 있어 바울 사상의 발전(the development of Paul's thought)과 관계가 있다. … 바울이 쓴 편지들의 쓰여진 순서대로 바울 사상의 발전 과정을 결정한 후 바울 사상의 발전으로부터 바울 서신의 쓰여진 순서를 결정하는 것이다. … 만약 우리가 바울 서신들이 쓰여진 연대순에 맞추어 바울 사상의 진보 과정을 확증할 수 있다면, 그렇게 확증된 사상의 발전단계에 기준하여 다른 서신들의 연대를 결정하는 것도 매우 타당할 것이다. … 위에서 언급한 두 기준은 1) 종말론적 소망과 2) 그리스도의 몸으로서의 교회와 연관된 바울 사상의 발전이다.[6]

특별히 그는 바울의 〈성령론〉, 〈종말론〉, 〈교회론: 그리스도의 몸으로서의 교회〉에 있어 신학적 발전 과정이 있었음을 주장했습니다.[7] 이 발전 과정을 설명함에 있어 그는 'an advance' 또는 'The advance'라는 단어를 사용했는데, 이 단어는 문맥상 '진보, 성숙, 발전'으로 번역될 수 있습니다.[8]

둘째로, 제임스 던은 그의 책 『The Theology of Paul the Apostle』에서 바울은 주후 1세기 가장 영향력이 있는 신학자였음을 주장하며 바울의 신학은 이미 확정되어 있었던 것이 아니라 기나긴 과정 속에서 형성되었다고 주장하면서 각 세대들마다 바울 신학이 새로운 관점에서 재조명될 수 있어야 함을 아래와 같이 말했습니다.

---

6 F. F. Bruce, *Paul: Apostle of the Heart Set Free* (Grand Rapids, Michigan: Wm. B. Eerdmans Publishing Co., 1998), p.411.

7 위의 책, pp.417-421, 426, 428, 432.

8 위의 책, pp.420-421.

그러므로, 각 기독교 신학의 시대들마다 바울의 신학은 새롭게 평가되어야 한다. ⋯ 이를 위해 바울의 회심으로부터 그의 선교사역을 통해 드러난 그의 편지 기록 과정을 통해 바울 신학의 발전단계를 추적하는 것(trace the development of Paul's theology)들이 있는데, 이것은 바울의 신학을 이해함에 있어 중요한 대안(alternative model)이 될 수 있다.[9]

가장 확실한 대안은 바울의 편지를 통해 바울 신학이 어떻게 변화했는지 그 성격을 인식하고 그것을 발전적인 측면에서 재평가하는 것이다. 이런 면에서 역동적이라는 것은 발전을 의미하는 것이다. 이와 관련하여 그의 종말론에 대한 인식 변화는 가장 흔히 인용되는 사례다. 지연된 종말이 바울이 지니고 있었던 임박한 종말의 기대를 약화시키고 몸의 부활 때 발생하는 변화의 과정에 대해 바울의 이해가 발전했다고 가정한다.[10]

우리는 바울이 쓴 다양한 편지를 가지고 있다. 적어도 그중에 7개가 분명한 바울의 저작들로 입증되는데 ⋯ 그 편지들은 아마도 6년에서 8년 그 이상의 기간 동안 쓰여진 것들이다. ⋯ 우리는 바울 신학의 구체적인 모습을 완성해나가고 아주 깊이 있는 청사진을 그려낼 수 있는 가능성을 가지고 있다. ⋯ 삼각측량법을 사용하며 바울이 가지고 있는 어떤 주제에 대해 바울이 어떤 단계를 거쳐 왔는지 정해볼 수 있는 가능성이 있다는 뜻이다.[11]

이와 같이, 프레드릭 브루스와 제임스 던은 바울이 쓴 편지 속에 그의 영

9　James D. G. Dunn, *The Theology of Paul the Apostle* (Grand Rapids, Michigan: William B. Eerdmans Publishing Company, 1998), p.4.

10　위의 책, p.21.

11　위의 책, p.13.

은혜는 성숙이다

적 신앙 성숙 과정이 들어있으며 바울 서신이 쓰여진 연대 과정과 바울의 영적 성숙 과정은 매우 상호 서로 밀접히 관계하고 있다고 주장하였습니다. 그들의 이러한 주장은 우리에게 바울 서신의 쓰여진 연대는 바울의 영적 성숙 과정을 통해 알 수 있고, 동시에 바울의 영적 성숙 과정도 바울 서신의 연대를 통해 추적할 수 있다는 새로운 가능성을 보여줍니다. 당연히, 조지 메터슨의 뒤를 이어받은 프레드릭 브루스와 제임스 던의 이러한 주장은 저에게 십여 년간 쓴 바울의 13개 서신을 그것이 쓰여진 연대순으로 읽어보면 바울의 신앙 성숙 과정을 추적할 수 있다는 강한 확신을 주었습니다. 그 순간 저는 지체하지 않고 바로 제 책상 앞으로 달려가 성경책을 펼쳐 들었습니다. 그리고 성경에 수록된 사도 바울의 13개 편지들을 그것이 '쓰여진 순서대로' 재배열해 보았습니다. '쓰여진 순서대로' 재배열한 사도 바울의 편지들은 성경에 수록된 순서와는 약간 달랐습니다. 저는 그때부터 모든 일을 접어두고 몇 주 동안 오로지 사도 바울의 편지만 묵상했습니다. 그때 저는 사도 바울의 편지들을 성경에 수록된 순서대로 묵상하지 않고, '쓰여진 순서대로' 묵상했습니다. 결과는 놀라웠습니다. 저는 새로운 은혜를 경험했습니다. 그것은 제가 아내의 이 메일을 '쓰여진 순서대로' 읽었을 때 얻게 된 결과와는 또 다른 차원의 놀라운 신앙적 체험이었습니다.

8개월간 보낸 아내의 이메일은 나에게 향한 아내의 사랑이 어떻게 성숙하고 성숙해왔는지 확인시켜 주었습니다. 그러나 십 년 넘게(대략 주후 50-66년경) 바울이 보낸 13개 편지는 하나님께서 사도 바울을 어떻게 영적으로 성숙시키셨는지 보여주었습니다. 덕분에 저는 그때 하나님께서 사도 바울에게 허락하셨던 그 위대한 신앙의 영적 성숙 과정을 한눈에 확인할 수 있었습니다. 그 순간은 제가 사도 바울의 편지를 그것이 '쓰여진 순서대로' 묵상함으로써 사도 바울을 내 신앙의 성숙을 이루기 위한 가장 좋은 성경적 모델로 재확인하는 순간이었습니다. 그때가 바로 2007년 2월이었습니다.

3. 제가 여러분들에게 보내는 편지(Book)

　그때 얻게 된 묵상의 결과들을 책으로 엮어 출판했는데 그 책이 바로 지난 2007년에 출간했던 저의 첫 작품『추적! 사도 바울의 16년』이었습니다.[12] 그 이후 올해 2023년까지 약 16년의 긴 세월이 흘렀습니다. 그 사이 책도 절판되어 더 구할 수 없게 되었고 그때 그 책에 담겼던 저의 묵상 결과도 더 깊어지고 발전했습니다. 사도 바울의 13개 편지 속에 담긴 복음도 십여 년의 세월을 거치며 발전되었듯 그 편지들을 통해 바울의 영적 성숙 과정을 추적했던 저의 묵상 과정도 그러한 발전 과정을 거친 셈입니다. 그래서 제가 새로운 마음으로 이전의 책을 대폭 개정하고 증보하여 다시 쓰게 된 결과가 바로 지금 여러분의 손에 들려 있는『은혜는 성숙이다』라는 책입니다.

　16년 만에 동일한 바울의 영적 성숙 과정을 재추적한 본서 개정판에서는 책 구성을 〈바울과 그의 편지들—신학적 이해〉와 〈바울과 그의 영적 성숙—신앙적 묵상〉이라는 두 부분으로 나누었습니다. 그래서 신학과 신앙의 두 분야가 각기 독창성을 가지도록 구분했지만 동시에 서로 상호 조화되도록 하였습니다. 〈신학적 이해〉에서는 사도 바울과 그의 편지에 관련된 신학적 분석을 다루었고, 필요한 경우 남겨놓은 하단 각주 표기는 〈한승홍, 『표준논문작성법』, 서울: 장로회신학대학교출판부, 1997.〉을 참고했습니다. 영어로 된 문장을 한글로 인용함에 있어 혹시 추후 번역상의 아쉬움이 발견된다면 그것은 전적으로 제 영어 실력의 부족한 탓으로 돌리겠습니다. 〈신앙적 묵상〉에서는 사도 바울의 13개 서신을 직접 쓰여진 순서대로 분석하면서 사도 바울의 신앙 성장 과정을 직접 추적합니다. 이때 인용된 성경구

12　김철웅.『추적! 사도 바울의 16년』.(서울: 쿰란출판사, 2007).

　　　　　　　　　　　　　　은혜는 성숙이다

절은 〈개역개정판〉입니다.

이와 같은 구성 속에서 이제부터 저는 이 책에서 제가 경험한 은혜의 결과를 여러분과 함께 16년 만에 다시 나누고 싶습니다. 따라서 본서의 목적은 다음과 같습니다.

사도 바울의 13개 편지를 그것이 '쓰여진 순서대로(年代順)', '연대순(chronicle)'으로 묵상함으로써, 그의 영적 성숙 과정을 추적하고, 이를 통해 하나님께서 보여주신 바울의 영적 성숙 과정을 모범으로 삼아 오늘날 모든 그리스도인들의 성숙된 신앙생활에 적용할 수 있도록 한다.

이러한 목적은 두 가지 지향점을 가집니다. 1) 주후 1세기 사도 바울의 편지에 담긴 하나님의 계시를 21세기인 오늘날 재해석한다는 점이며, 2) 그 과정에서 필요한 자료는 사도 바울의 편지 자체라는 점입니다. 저의 이러한 지향점은 미국 보스톤대학(Boston University)의 엔슬레이(F. G. Ensley) 교수의 주장에서 비롯되었습니다.

사도 바울을 해석하는 사람에게는 두 가지 책임이 있다. 첫째로, 그는 과거 바울의 교훈을 오늘날에 새롭게 표현해야 한다. 바울은 후대의 그 누군가 자신의 편지를 성경으로 연구할 것이라 전혀 예상하지 못했을 것이다. 그래서 그의 말과 교훈은 오늘날 그것을 읽는 사람들을 위해 새롭게 번역될 필요가 있다. … 둘째로, 그는 사도 바울의 자료를 다시 재구성해야 한다. 가끔 바울은 열정적인 마음으로(a white heat of feeling) 친한 친구에게 편지를 쓰는 것처럼 그의 편지를 기록했다. 그래서 그의 말은 거품이 이는 듯했고(bubbled out) 항상 논리적으로 전개된 것도 아니었다. 때때로 바울은 하나의 주제를 매우 복잡하게 흐트러져서 중심을 잡기 힘든 분야(widely-scattered portions) 속에서 복잡하게 다루기도 했다.[13]

엔슬레이 교수의 주장은 사도 바울은 과거 오늘날의 상태로 재해석되어야 하며 그 해석의 자료인 그의 편지는 단편적으로 흐트러져 있기 때문에 재해석의 과정에서 재정리될 필요가 있다는 점입니다. 이것이 바로 제가 이 책을 통해 목적하고 있는 바이며 추구하는 방향입니다. 그런 의미에서 이 책은 제가 여러분께 드리는 개인적인 편지인 동시에 하나님께서 저를 통하여 여러분께 드리는 영적인 편지입니다.

4. 여러분을 '추적 여행'에 초대합니다!

사도 바울은 현재 우리들 옆에 없습니다. 그러나 그에게 역사하셨던 하나님의 말씀은 현재까지 여전하고 앞으로도 영원합니다. 그 하나님의 말씀이 사도 바울의 13개 편지를 통하여 계시되며, 그의 13개 편지는 거룩한 성경 말씀이 되어 우리 앞에 놓여 있습니다. 성경에 기록된 사도 바울의 편지 중에 가장 최초의 것이 50년경에 쓰여진 〈갈라디아서〉 또는 〈데살로니가전서〉이고 제일 마지막에 쓰여진 것이 66년경에 쓴 〈디모데후서〉라고 합니다. 그렇다면 '최초의 편지'와 '최후의 편지' 사이에 놓인 세월은 십수 년이 넘는 긴 세월입니다. 10년이면 강산도 변하고, 사람도 달라지고, 도시도 바뀌며, 시대도 진화하고, 모든 것이 다 성숙합니다.

그렇다면, 십여 년간의 사도 바울은 어떠했을까요? 사도 바울의 신앙은 그 십여 년간의 세월 동안 어떻게 성숙하고 성장했을까요? 십여 년 동안 기

---

13 Francis Gerald Ensley, *Paul's Letters to Local Churches* (New York: Abingdon Press, 1951), p.6.

은혜는 성숙이다

록된 그의 편지는 다메섹 사건 이후 평생 복음을 위하여 헌신한 사도 바울에 대하여 무엇을 보여줄까요? 이 질문의 해답을 찾기 위하여 이제부터 저와 함께 사도 바울의 13개 편지를 그것이 '쓰여진 순서대로' "연대순으로" 한 번 같이 묵상해 보지 않으시렵니까? 그리고 하나님께서 사도 바울에게 어떤 신앙의 성숙을 허락하셨는지 추적해 보지 않으시렵니까? 그리고 그 모든 추적의 결과를 오늘날 우리의 성숙된 신앙의 모범으로 지켜보지 않으시렵니까? 저는 이제 여러분 모두를 이 '사도 바울의 13개 편지와 함께 하는 추적 여행'에 초대합니다.

제 아내의 글은 현재 '이메일(email)'로 남았고,
사도 바울의 글은 현재 '성경(Bible)'이 되었고 ,
제가 여러분에게 보내는 글은 현재 '작은 책(Book)'이 되었습니다.

8개월간 보낸 아내의 '편지(Email)'는 아내의 사랑을 보여주고,
십여 년간 보낸 바울의 '편지(Bible)'는 바울의 영적 성숙 과정을 보여주며,
지금 제가 여러분에게 보내는 '편지(Book)'는 여러분 손에 있습니다.
하나님께서 이 책을 통하여 여러분들에게 말씀하실 것입니다.

이제 저와 함께 '추적 여행'을 떠나지 않으시렵니까? 저와 함께 십여 년간의 세월 동안 쓰여진 바울의 13개 편지를 연대 순서대로 묵상하면서 하나님께서 그를 어떻게 영적으로 성숙하게 했는지 함께 추적하며 하나님께서 이 추적 과정을 통하여 과거 바울에게 허락해 주셨던 그 놀라운 영적 성숙과 성숙의 은혜를 우리들 모두에게도 그대로 재현해 주시기를 간절히 기도합니다.

5. 도움 주신 분들을 향한 감사의 말

항상 하나님 앞에 눈물이 마를 날이 없었던 어려운 목회 활동 속에서도 평생 아들에게 목회자로서의 신실함을 보여주신 사랑하는 부모님(김광영 목사, 최영옥 사모)과 존경하는 장인, 장모님(성선복 목사, 서지희 사모)께 감사드립니다. 항상 저를 믿어주시고 기도로 후원해주시는 경북 대구의 큰 아버님 김광은 장로님 댁 가정과 모든 형제자매들에게 감사드립니다. 지난 2001년, 처음 미국에 혼자 와서 마치 부모 잃은 아이같이 헤매는 나에게 평생에 잊을 수 없는 따뜻한 가족과 같은 사랑으로 보살펴 주신 시카고(Chicago, IL) 고(故) 최형선 장로님(김광숙 권사님) 가정과 그 후손들에도 깊은 감사의 말씀을 드립니다.

제가 박사 과정을 공부하는 동안 수년간 오래 머물렀던 미국 인디애나 포트웨인(Fort Wayne, IN)의 안우진 목사님, 정종아 사모님, 그리고 모든 성도님들, 제가 공부했던 컨콜디아(Concordia)신학교의 모든 루터교단(LCMS) 공동체들에게 감사드리며, 미국 뉴저지초대교회를 통해 처음 목회의 길을 열어주셨던 온누리교회 이재훈 담임 목사님(이정선 사모님)과 충현교회 한규삼 목사님을 비롯하여 한국에서 좋은 목회의 배움터를 허락하셨던 영락교회 이철신 목사님(영락교회 원로)에게도 깊은 감사의 뜻을 전하며 추천서를 써주신 이동원 목사님(지구촌교회 원로)께 감사드립니다.

이 책의 출판 가치를 인정하시고 여기까지 도와주신 예영커뮤니케이션 대표 원성삼 권사님과 모든 임직원들께 깊은 감사의 말씀을 드립니다. 이로써 저는 지금까지 예영커뮤니케이션을 통해 모두 6권의 책을 출판하게 되었는데, 이 모든 것은 무명(無名)의 작가를 발굴하여 귀한 출판의 기회를 허락해 주셨던 고(故) 김승태 장로님의 지극한 관심과 사랑 때문에 가능한 것이었습니다. 나중에 천국에서 장로님을 꼭 다시 만날 것을 확신합니다.

은혜는 성숙이다

지난 2016년 1월 첫 주에 담임목사로 부임하여 그해에 위임받아 지금까지 하나님의 은혜와 성도들의 사랑 가운데 사역하고 있는 군포교회는 하나님의 뜻 가운데 제가 쓰임 받고 있는 목회지터(牧會之攄)입니다. 본서는 제가 군포교회에 부임한 이래로 출판한 『은혜는 눈물이다』에 이은 두 번째 책입니다. 이 책이 나올 수 있도록 저에게 깊은 신앙적 도전과 감동을 허락해 주신 서일규 원로목사님(임순전 사모님)과 군포교회의 당회원과 제직회원을 비롯한 모든 성도님들에게 깊은 감사를 드립니다. 저는 군포교회가 있었기에 은혜가 눈물임을 알 수 있었고 그 눈물 젖은 신앙생활이 성숙된 신앙의 길임을 확신할 수 있었습니다. 그런 뜻에서 이 책을 주의 몸된 군포교회와 교회의 모든 성숙한 성도님들에게 헌정합니다.

　　무엇보다도, 꽃다운 어린 나이에 목사와 결혼하여 여러 가지 어려운 여건 속에서도 은혜의 눈물로 힘겨운 시기를 이겨내며 지금까지 변함없는 사랑으로 항상 내 옆에 있어주는 나의 아내 성주경에게 감사의 뜻을 전합니다. 또한 항상 책을 읽고 책을 쓰는데 시간을 보내느라 잘 놀아주지 못했어도 가끔씩 함께 할 때마다 즐거움을 잃지 않고 어울려 주는 두 딸 유나(Junia-롬 16:7)와 유리(Eunice-딤후 1:5)에게도 아빠의 사랑과 기대를 전합니다. 본서의 원고 교정을 도와준 이재혁 전도사님과 그 외 여러모로 협조해주신 이 책과 관련된 모든 분들께도 감사드립니다.

　　마지막으로, 바쁜 교회 목회사역과 집회 및 강의 일정 속에서도 시간을 쪼개어 문필(文筆)과 집필(執筆)에 전념할 수 있도록 인도해주신 전지전능하신 은혜의 하나님께 가장 깊은 감사와 영광을 올려드립니다.

　　모든 존귀와 영광을 하나님께! 'Soli Deo Gloria!'

주후 2023년 4월 9일 부활주일
군포교회 사무실에서

2부

바울과 그의 편지들
- 신학적 이해

1장
왜 바울인가?

1. 영의 양식을 위한 주방장(a spiritual cooker): 사도 바울

성경은 하나님의 말씀입니다. 그런데 하나님의 말씀인 성경은 인간의 손에 의하여 쓰였습니다. 이때 하나님께서는 인간의 자유의지를 선하게 사용하십니다. 동시에 이때 인간의 자유의지는 철저히 성령님의 인도함 속에 지도 받고 보호 받습니다. 따라서 성경은 성령님의 완벽한 주권 하에서 보호받고 있는 인간의 자유의지 속에서 쓰여진 살아있는 하나님의 말씀입니다. 그래서 이러한 성경말씀의 속성을 브라우치(Manfred T. Brauch) 교수는 '거룩한 역설의 신비(a paradoxical mystery)'라고 말했습니다.[1]

우리가 흔히 고백하듯이 성경 말씀은 우리의 '영적 양식(spiritual food)'입니다. 따라서 신약성경 구약성경의 모든 책들을 일목요연하게 볼 수 있도록 해 놓은 '성경목록표'는 어찌 보면 우리의 신앙 양식을 차려 놓은 '영적 양식의 메뉴판'이라 할 수 있습니다. 이러한 영적양식의 메뉴판은 크게 구약과 신약으로 나누어집니다. 구약의 메뉴판에는 총 39개의 영적 양식이 소개되

---

1 Manfred T. Brauch, *Hard Sayings of Paul* (Dowmers Grove, Illinois: InterVarsity Press, 1989), p.7.

은혜는 성숙이다

어져 있고, 신약의 메뉴판에는 총 27개의 영적 양식이 소개되어져 있습니다. 따라서 영의 양식을 우리의 영혼으로 주문 배달하기 위한 전화번호는 지역번호 없이 '66-3927'입니다. 특별히 신약의 메뉴판를 세분화하면 아래와 같습니다.

복음서 4권: 마태, 마가, 누가, 요한

역사서 1권: 사도행전: 누가복음의 속편(續篇)

예언서 1권: 요한계시록

서신서 21권:

바울(13권: 롬, 고전후, 갈, 엡, 빌, 골, 살전후, 딤전후, 딛, 몬)

베드로(2권: 벧전후)

요한(3권: 요1, 2, 3)

예수님의 친 남동생 야고보(1권: 약)

예수님의 친 남동생 유다(1권: 유)

저자 불명(히브리서 1권: 히)

특별히 강조되고 눈에 띄는 것이 바로 편지로 된 서신서들입니다. 이것은 모두 예전에 편지로 쓰였던 것들인데 훗날 그 영적 권위가 확인되어 성경에 수록된 편지들입니다. 이때 이 편지의 영적 권위를 부여한 것은 그것을 결정하는 사람들이 아니라 편지 그 자체였습니다. 왜냐하면, 성경은 그것이 하나님 말씀이 됨을 자증(自證: self-evidence)하기 때문입니다. 그러므로 사람들은 그저 그 편지들이 성경됨을 '인정(admit)'한 것이지, 절대로 '결정(determine)'한 것이 아닙니다. 이것은 마치 우리가 우리 부모님을 인식함에 있어 우리가 우리 부모님을 '결정'했기 때문이 아니라 그저 원래부터 우리 부모님인 것을 우리가 '인정'하고 믿기 때문인 것과 똑같은 이치입니다.

우리 육신의 부모님이 진정한 우리의 부모님이 되시는 것은 이미 우리 부모님들이 스스로 증거하고 계신 바입니다.

성경이 된 편지들도 마찬가지입니다. 그 편지들은 그것들이 하나님의 말씀됨을 스스로 증거하고 있습니다. 그래서 그것을 우리는 편지로 된 성경이라 해서 흔히 '서신서(epistle)'라고 부릅니다. 물론 학자에 따라서 '서신서(epistle)'와 '편지(letter)'를 그 형태와 저술목적에 따라 엄밀히 구분하는 경우도 있으나 일단 그것들이 모두 편지인 것만은 확실합니다.[2] 그렇다면 이것을 한번 비율(%)로 따져 볼까요? 신약성서 중에 편지 형태로 기록된 하나님의 말씀인 서신서를 그 비율로 기록해 본다면 다음과 같습니다.

> 신약성서 중 서신서의 비율 = 77.77%(약 80%)
> 서신서 중 바울의 편지들 = 61.90%(약 62%)
> 신약성서 중 바울의 편지들 = 48%(약 50%, 신약성서의 1/2)

신약성경 속에서 서신서의 비중은 그야말로 압도적입니다. 그중에서도 사도 바울의 편지는 마치 군계일학(群鷄一鶴)과 같습니다. 이러한 결과는 한마디로 신약성경이 형성됨에 있어 사도 바울의 영향력이 얼마나 대단했는지 우리에게 보여줍니다. 그야말로 사도 바울은 신약의 영적 메뉴 속에서 가장 많은 영의 양식을 우리에게 제공한 최고 최대 최상 최선의 '영적 주방장(the greatest spiritual cooker)'이라 할 수 있습니다!

이러한 바울의 영향력 때문에 학자들 중에는 바울을 기독교의 또 다른 '창시자(founder & originator)'라고 인정하는 사람들도 있습니다. 카렌 암스트롱(K. Armstrong)은 "바울은 단순히 기독교 공동체에 엄청난 영향을 끼친

---

2 편의상 앞으로 필자는 성경 속에 수록된 바울의 '서신서'를 '편지'로 표기할 것입니다.

은혜는 성숙이다

사람을 뛰어넘어 그리스도교의 새로운 창시자처럼 보이므로 바울이 최초의 그리스도인일 수 있다."[3]고 말했고, 유대인 학자 함 메코비(Haym Maccoby)도 "바울은 헬라 철학과 신비종교에 영향을 받아 예수를 사용하여 새로운 종교 그리스도교를 창시한 사람이었다."[4]라고 했으며 빌리엄 브레데(William Wrede)도 "바울은 유대의 예언자 예수를 이방인의 하나님으로 바꾸어 놓은 제2의 그리스도교 창시자"[5]라 했고, 미국의 인물작가(a biographer)인 윌슨(A. N. Wilson)도 "주후 1세기 여러 가지 정황상 그리스도교의 원조라 불릴 수 있는 단 한 사람이 있다면 그는 바로 바울일 것이다."[6]라고 주장했습니다. 이들 모두는 바울이 자신의 새로운 종교적 철학과 사상을 전파하기 위해 오히려 예수님을 사용했다고 주장합니다.

이러한 뜨거운 논쟁주제를 철저히 객관적이고 합리적인 관점에서 분석한 사람이 있습니다. 그는 바로 영국 옥스퍼드 위클리프 홀(Wycliffe Hall, Oxford)의 데이빗 윔헴(David Wendham) 교수입니다. 그는 예수님과 바울의 문제를 해결하기 위해 『*Paul: Follower of Jesus or Founder of Christianity?*』라는 책을 저술했습니다. 그는 이 책을 통해 예수님의 생애와 모든 가르침을 바울의 편지와 일일이 비교대조하며 조사했습니다. 그가 이 책을 통해서 다루었던 주제는 〈하나님의 나라〉, 〈그리스도론〉, 〈역사적 예수 이해〉, 〈십자가 죽음과 부활〉, 〈성만찬론〉, 〈세례론〉, 〈교회론〉, 〈윤리〉, 〈종말론〉, 〈재림론〉 등이었습니다. 이 과정에서 그는 철저히 객관적이고 중립

---

3   Karen. Armstrong, *The First Christian: Saint Paul's Impact on Christianity* (London: Pan, 1983), pp.12-13.

4   H. Maccoby, *The Mythmaker: Paul and the Invention of Christianity* (London: Weidenfeld and Nicholson, 1986), p.15, 113, 204.

5   William Wrede, *Paul* (London: Green, 1907), p.179.

6   A. N. Wilson, *Paul: The Mind of the Apostle* (New York: W. W. Norton & Company, 1997), p.18.

적인 관점에서 연구했으며 모든 분석이 끝난 뒤 다음과 같은 결론을 내렸습니다.

> 예수와 바울 사이의 표면적인 차이점들에도 불구하고, 그들의 신학주제들은 본질적으로 똑같다. … 의심의 여지없이 그들이 자신의 신학을 표현하는 방법에 있어 분명한 차이들을 나타낼 수밖에 없었던 이유는 그들이 각각 경험했던 사회적 환경이 달랐기 때문이다. … 그러나 예수와 바울 사이에는 실제적 연속성(continuity)이 존재한다. … 바울은 새로운 종교를 도입한 혁신자(innovator)가 아니다. 그는 예수의 가르침 속에 함축적으로 녹아 있던 것들을 드러냈다. 그러나 그가 가르친 신학의 추진력은(thrust) 예수의 가르침과 정확하리만큼 똑같다.[7]

> 이 책의 조사결과가 정확히 제시하고 있는 결과는 바울을 '그리스도교의 창시자(founder)'가 아니라 '예수의 추종자(follower)' 묘사하는 것이 훨씬 더 낫다는 점이다. 이러한 결론은 우리가 이미 앞에서 언급한 축적된 검증내용들(a cumulative one)의 결과다. 그리고 이런 결과는 오로지 이 책에 담긴 모든 논쟁을 파악함으로써 가능하다.[8]

> 예수의 전통에 대한 바울의 해석은 융통성(flexible)이 있었다. … 바울은 예수님의 말씀에 담긴 문자적 틀(the letter)에 얽매이지 않았다. … 바울의 해석은 풍부한 창의력(imaginative)이 있었다. … 그러나 동시에 바울의 해석은 강렬하게도 예수의 영성과 의도에도 충실했다. 바울은 예수의 관점

---

7 Wendham, David. *Paul: Follower of Jesus or Founder of Christianity?* (Grand Rapind, Michigan: Wm. B. Eerdmans Publishing Company, 1995), p.8.

8 위의 책, p.33.

은혜는 성숙이다

과 우선권들을 보존하였고 … 바울의 해석은 예수님의 말씀을 해석하는 방법론의 모범이 되었고, 교회를 예수에 대한 신앙으로 견고히 세웠다고 할 수 있다. … 바울의 입장에서 볼 때 만약 누군가 그를 그리스도교의 창시자였다고 주장한다는 말을 직접 들었다면, 바울은 그 자리에서 화들짝 놀랐을 것이다(horrified). 바울에게 있어 그의 신학적 기초는 어디까지나 예수였다. – 첫째는, 그가 다메섹 길 위에서 만난 예수요; 둘째는, 그리스도교 전통 속의 예수였다. 물론, 바울은 당연히 이 두 예수를 동일시했다. 바울은 자신을 그리스도교의 창시자(the founder)가 아니라 예수 그리스도의 종(the slave)으로 보았다.[9]

이러한 데이빗 윔헴의 연구결과는 오늘날 신학계에 정론(定論)으로 받아들여지고 있습니다. 왜냐하면, 그만큼 그의 연구과정이 객관적이었으며 그 분석결과에 신학적 합리성뿐만 아니라 신앙적 설득력까지 드러나고 있기 때문입니다. 그래서 저는 바울이 그리스도교의 창시자인지 아니면 예수님의 추종자인지에 대한 논쟁은 이것으로 끝날 수 있다고 단언합니다. 그러므로, 바울이 예수를 이용하여 자신의 신학을 펼치고 새로운 종교를 만들어낸 그리스도교의 창시자라는 주장은 그 만큼 바울의 영향력이 컸다는 사실을 악의적으로 해석하여 만들어낸 일종의 '위험한 신학적 장난'이지 결코 성경이 증거하고 있는 바가 아닙니다.

2. 바울은 누구인가?(문답형식)

그렇다면 이러한 영적 양식의 주방장인 사도 바울은 과연 어떤 사람이었

---

9 위의 책, pp.409-410.

을까요? 대체 그는 누구였기에 신약성경의 이분지 일(약 50%)이나 되는 성경말씀을 기록했을까요? 이해를 돕기 위하여 사도 바울의 일생을 문답형식으로 한번 알아보겠습니다.[10]

질문 1 이름이 사울인가요? 바울인가요?

답변 1 한글성경에 바울이라고 번역된 이름은 그 출처가 다양합니다. 바울의 라틴어 이름은 파울루스(Paullus)이며, 헬라어 이름은 파울로스(Paulos)이고, 유대식 이름은 사울(Saul)입니다. 그것을 영어성경은 폴(Paul)로 번역하고, 한글성경은 바울이라고 번역했습니다. 성경을 보면 〈사도행전 13장 9절〉 이후로 사울이라는 이름은 사라지고 그 대신 바울이라는 이름으로 사용됩니다. 그래서 어떤 사람들은 바울의 이름이 다메섹에서 예수님 만나기 전에는 사울이었고, 예수님 만난 후에야 바울로 바뀌었다고 주장합니다. 또 그들은 바울이라는 이름의 라틴어 줄임표현인 파울루스(Paulus)의 뜻이 '가장 작은 자'인데 그것을 "나는 사도 중에 가장 작은 자(고전 15:9)"와 연결하여 더욱더 호감이 가도록 포장합니다. 그러나 이러한 주장은 잘못되었습니다. 바울이 살던 주후 1세기는 유대와 그리스·로마 문화가 함께 속한 다문화 상황이었기에 "바울이라고 하는 사울이(행 13:9)"라는 기록에서 알 수 있듯이 한 사람이 여러 이름을 가지고 있는 경우가 많았습니다. 바울은 예수님을 만난 뒤 이방인의 선교사로서 사역하면서 유대인들에게 익숙한 사울이라는 이름보다는 그리스·로마 사람과 같은 이방인들에게 친숙한 바울이

---

10 사도 바울의 생애를 연대기적으로 정확히 추적한다는 것은 매우 어려운 일입니다. 따라서 사람마다 각각 서로 다른 연대를 주장하고 있습니다. 개인적으로 저는 이 책에 수록된 대부분의 연대기적 정보에 대하여 다음 책의 내용을 선별적(選別的)으로 참고했음을 미리 알려드립니다. Jewett, Robert. *A Chronology of Paul's Life*. Philadelphia: Fortress Press, 1979.

은혜는 성숙이다

라는 이름을 사용하는 것이 훨씬 더 효율적이라 생각하고 사울 대신 바울이라는 이름을 사용했던 겁니다. 그 증거로 성경은 바울의 1차 전도여행을 말하면서 "바울이라고 하는 사울이(행 13:9)"라고 두 이름을 함께 소개하고 있습니다.[11]

질문 2 "바울은 언제 어디서 누구에게 태어나고 자라났나요?"

답변 2 그는 이스라엘 베냐민 지파의 후손으로 태어났습니다. 그가 언제 태어났는지는 아무도 모릅니다. 그가 예수님과 비슷한 시기에 태어났으며, 그가 선동해서 죽인 스데반(Stephen) 집사와 나이가 같을 것이라는 주장이 있기는 하지만(행 7:58, 8:1), 그것은 어디까지나 추측이지 확실한 역사적 근거는 없습니다.[12] 그러나 바울이 태어난 장소는 다소(Tarsus)임이 분명합니다(행 21:39). 다소는 로마 길리기아(Cilicia) 지역의 주요 도시로서 안디옥(Antioch)의 북서쪽 지중해 연안(Mediterranean Sea)에 위치해 있는 도시입니다. 특별히 동양과 서양의 경계선에 위치해 있어 통신과 상업과 무역의 요충지였으며, 여러 가지 다양한 문화가 공존해 있는 도시였습니다. 하지만, 바울이 실제로 자라나고 성장한 장소는 예루살렘이었을 가능성이 높습니다. 왜냐하면 바울 자신이 직접 소개하기를 자기는 예루살렘 성에서 자라났다고 증언했고(행 22:3) 그의 조카가 예루살렘에 살고 있었기 때문입니다(행 23:16).[13]

---

11 N. T. Wright, *Paul: A Biography* (San Francisco: HaperOne, 2018), pp.115-116.

12 John Pollock, *The Apostle: A Life of Paul* (New York: Doubleday & Company, Inc., 1969), p.9.

13 이것은 예수 그리스도께서 태어나신 장소가 베들레헴이지만, 실제로 성장하신 장소는 바로 나사렛인 것과 흡사한 현상입니다. W. C. van Unnik, "Tarsus of Jerusalem. The City of Paul's Youth," *Sparso Collecta* (1973), pp.259-320, Kim Seyoon. *The Origin of Paul's Gospel*, 홍성희 역,『바울 복음의 기원』(서울: 도서출판 엠마오, 1994), 61쪽에

바울의 가정은 아버지가 유대인이었고 아마도 장막사업(tents-making)을 펼치던 부유한 사업가였던 같습니다. 그러나 그의 어머니에 대한 기록은 그 어디서도 찾아볼 수 없습니다. 바울은 그의 가족에 대해 철저히 침묵합니다. 바울이 지닌 로마시민권에 대하여는 유대인인 할아버지나 또는 아버지가 돈을 주고 로마의 시민권을 획득한 것으로 추측되며, 때문에 바울도 태어나면서 저절로 로마시민권자가 된 것으로 추정됩니다. 덕분에 결국 바울은 유대인 중의 유대인이면서(고후 11:22) 로마 시민(행 22:25-29)인 '이중 시민권자'가 되었습니다. 전승에 의하면 다소지역은 로마의 장군들(Julius Caeser, Mark Antony)이 군수물(軍需物)을 유통하기 위해 자주 방문했던 곳이라 합니다. 그때 그들은 장막사업(tents-making)을 하던 한 유대 가문(家門)을 통하여 로마군대를 위한 장막을 제조 받았다고 합니다. 그 과정에서 그 유대 가문은 로마의 시민권을 획득하였는데, 그 가문이 바로 바울의 조상이었다고 합니다.[14]

질문 3 "그리스도인으로 부름 받기 전에 무엇을 했나요?"(주후 36년 이전)

답변 3 바울은 그가 그리스도인으로 부름받기 전 힐렐(Hillel)의 온건한 율법교리를 대표하는 베냐민 출신의 바리새인이었습니다(행 22:3-5, 26:4-5; 갈 1:13-14; 빌 3:4-6; 롬 7:9-11). 더구나 그는 당시 유대 사회에 막강한 영향력을 행사하던 율법사 가말리엘(Gamaliel)의 제자이기도 했습니다(행 5:34, 22:3). 때문에 바울은 예수님을 자신이 믿는 유대 율법을 파괴하는 신흥이단종교의 교주로 생각했을 것입니다. 더욱이 십자가에 못 박혀 저주스럽게 죽어간 예수라는 30대 초반의 시골 청년을 메시아라고 주장하며 그 사람의

서 재인용.

14 David Wenham, *Paul and Jesus: The True Story* (Grand Rapid, Michigan: Wm. B. Eerdmans Publishing Company, 2002), p.4.

은혜는 성숙이다

부활을 증거하고 다니는 기독교인들이 몹시 못마땅했을 것입니다. 왜냐하면 메시아는 그렇게 오거나 죽지 않는다는 것이 바울을 비롯한 그 당시 유대 율법주의자들의 확고한 믿음이었기 때문입니다.[15] 결국 바울은 율법에 충실한 만큼 그 당시 율법을 지키지 않고 엉뚱한 메시아론을 펼치는 기독교인을 매우 핍박했습니다(행 8:3, 22:4; 갈 1:13). 심지어는 제사장에게 예수의 추종자들을 다 잡아 죽일 수 있는 허가증까지 받았을 정도였습니다(행 9:1- 2). 그리고 '나사렛 예수 집단(핍박자 사울의 측면에서)'의 스데반 집사를 죽이는데 앞장서기도 했습니다(행 7:58, 8:1). 미국의 기독교 소설가인 월터 윙글린(Walter Wangerin Jr)은 그의 소설을 통하여 다메섹 사건 이전에 바울이 기독교인들을 향하여 가지고 있었던 이러한 적대감과 분노를 매우 실감나게 그려놓았습니다. 특별히 그는 소설을 통하여 바울과 스데반이 직접 서로 만나 메시아론을 놓고 심한 논쟁을 한 끝에 결국 바울이 군중을 동원하여 스데반을 죽이기로 결심한 것으로 묘사했습니다. 물론 이러한 설정은 어디까지나 소설입니다. 그러나 성경 속에 증언되어 있는 바울의 인간적인 분노와 적개심이 어떤 것인지 상상할 수 있도록 만듭니다. 하지만, 바울의 친척들(혈연관계이거나 또는 같은 베냐민 출신) 중에는 그보다 먼저 기독교인이 된 사람들이 있었던 것 같습니다. 그들은 안드로니고(Andronicus)와 유니아(Junia)입니다.[16] 유니아의 경우는 바울이 로마서를 통해 인정한 주후 1세기 여자 사

---

15 Walter Wangerin Jr. *Paul: A Novel* (Grand Rapids, Michigan: Zondervan Publishing House, 2000), pp.27-37.

16 사도 바울은 로마서 16장 7절을 통하여 이 두 사람(안드로니고와 유니아)에 대한 네 가지 정보를 제공합니다. 첫째, 그들은 바울의 친척이요, 둘째, 바울과 함께 감옥에 있었던 사람들이요, 셋째, 로마 교회의 사도였으며, 넷째, 바울보다 먼저 예수님을 믿은 사람이었습니다. 전통적으로 이 두 사람은 부부(夫婦)사이로 인정됩니다. 그런데 우리가 눈여겨봐야 할 사람은 바로 아내 유니아입니다. 우리는 성경 속에 기록된 뵈뵈(로마서 전달자), 막달라 마리아(부활의 증거자), 브리스길라(바울의 동역자), 루디아(빌립보 교회), 마르다와 마리아(옥합의 향유사건) 등과 같은 여자들을 잘 알고 있습니다. 그러나 그들 중 어느 누구도 성경 속에서

도였을 가능성이 높습니다(롬 16:7).[17]

질문 4 "어떻게 예수님을 만나서 회심하고 소명을 받았나요?"

답변 4 그날도 여전히 바울은 예수 믿는 사람들을 잡아 가두려고 무리를 이끌고 다메섹 언덕을 지나가고 있었습니다. 그런데 갑자기 그 앞에 부활하신 예수님이 나타나신 것입니다. 그리고 바울은 예수님 앞에 철저히 굴복하게 됩니다. 예수님께서 주후 30-33년에 십자가에서 돌아가시고 부활했다고 가정할 때, 바울은 그로부터 몇 년 뒤인 주후 36-37년 어간에 '다메

공식적으로 직접 사도라고 칭함을 받은 기록이 없습니다. 그러나 유니아는 사도 바울이 공식적으로 사도라고 부르는 여자였습니다(they are outstanding among apostles: NIV). 주후 1세기의 교회는 '가정교회(family house church)'로 시작이 되었다가 나중에 조직교회로 발전했습니다(행 12:12, 16:14-15, 40; 골 4:15; 몬 1-2). 물론, 로마 교회도 예외는 아닐 것입니다. 이때 가정교회는 그 가정의 안주인(內主人)되는 여자의 역할이 결정적입니다. 이러한 면에서 볼 때, 공식적으로 사도라 칭함을 받은 유니아가 로마에 있으면서 로마 교회의 전신(前身)이 되는 가정교회를 세우는데 한 몫을 담당했음을 충분히 추측할 수 있습니다. 로마에 살던 유니아는 오순절 성령강림 때에 예루살렘을 방문했다가 베드로의 설교를 듣고 기독교인이 되었으며(행 2:10), 이후 사도 바울과 함께 사역하였다가 사도가 되었으며, 그 후 로마로 돌아간 뒤 복음을 전파하며 로마 교회 개척에 한 몫을 감당했을 것으로 추측됩니다. 남성우월주의 속에 갇혀 빛을 보지 못한 유니아의 '여사도성(apostolic authority as woman)'에 대해서는 다음 책들을 참고하세요. 황영자. 『Accent 하나: 여자 사도 유니아에 대한 고찰』. 서울: 총신여동문 헵시바, 2020. E. J. Epp, *Junia, the First Woman Apostle* (Minneapolis, Minn: Augsburg Fortress, 2005), pp.79-81, Pena Pederson, *The Lost Apostle: Searching For the Truth About Junia* (San Francisco, CA: Jossey-Bass, 2006), pp.1-46.

17 필자는 유니아가 여자 사도임을 주장하며 로마서 16장 7절의 전치사 '엔(ἔν)'을 어떻게 해석하는 것이 합리적인지 설명했습니다. 로마서 16장 7절의 전치사 '엔(ἔν)'을 헬라어 원문에 충실히 재해석하고 이 전치사를 자주 사용했던 바울의 의도에 맞추어 적용한다면, 그 전치사는 '… 안에서(in)' 또는 'among(… 사이에)'로 번역되는 것이 가장 타당합니다. 따라서 로마서 16장 7절은 현재 한글성경에 "사도들에게 존중히 여겨지고"라고 번역되었지만 이제는 '사도들 중에서 뛰어난' 또는 '사도들 안에서 뛰어난'으로 번역하는 것도 가능하다고 생각합니다. 이러한 필자의 주장에 대해서는 다음의 책을 참고하세요. 김철웅, 『추적! 유니아는 여자 사도인가?』(서울: 도서출판 한솔 2014), 88-111쪽.

은혜는 성숙이다

섹 사건'을 경험한 것이 됩니다(행 9:1-22, 22:1-16, 26:9-18). 이 '다메섹 사건'은 그의 삶을 완전히 바꾸어 놓는 '전환점'이었고, 세계 기독교 역사를 새로 쓰게 만드는 기적 중에 '기적'이었습니다.[18] 물론 바울은 스데반의 순교 장면을 목격하면서 이미 다메섹 사건을 미리 예고하는 묵시적 충격을 받았을 가능성도 있습니다.[19] 어쨌든 바울은 다메섹 사건이 있은 뒤부터 친히 예수 그리스도를 통한 직접 계시를 받으며(갈 1:11-12), 전 세계 기독교 복음 전파의 선봉장군으로 변하게 됩니다.[20]

사도 바울의 다메섹 사건이 그의 '개종(conversion)'인지 아니면 그의 '소명(calling)'인지에 대한 신학적 논란이 있습니다.[21] 지금까지 전통적으로 이해된 다메섹 사건은 철저한 유대신앙인이었던 바울이 그리스도인으로 바뀐 '개종'이었습니다. 그러나 현대에 와서는 바울의 다메섹 사건을 '개종'이 아

---

18 다메섹 사건에 대한 사도 바울의 증언은 사도행전에서만 3번 나옵니다(행 9:1-22, 22:1-16, 26:9-18). 그러나 정작 사도 바울의 13개 편지 속에서는 다메섹 사건에 대한 직접적인 묘사가 전혀 보이지 않습니다. 다만 다메섹 사건을 간접적으로 암시하는 몇몇 말씀들이 그의 편지 속에 들어 있을 뿐입니다(고전 9:1; 고후 3:4-4:6, 5:16-21; 갈 1:11-17; 빌 3:4-11). 이유는 다음과 같습니다. 사도 바울에게 있어 다메섹 사건은 공개적으로 드러내놓고 이야기하지 않을 만큼의 비밀스러운 예수 그리스도와의 개인적 사귐과 은밀한 계시의 사건이었고, 사도행전을 기록한 누가에게 있어서 다메섹 사건은 자기 동역자인 사도 바울의 극적인 삶의 전환점을 독자들에게 강하게 인식시키기 위한 외적증거였던 것입니다. 그래서 세 번씩이나 거론한 것입니다. 이러한 차이점은 그 사건을 직접 당한 당사자(當事者)와 그 사건을 전해들은 제 3자 사이에서 나타나는 미묘한 관계성 속에서 이해될 수 있습니다. 무엇보다도 그들이 글을 쓸 때에 성령님께서 그렇게 쓰도록 감화 감동하신 것입니다. 참고하세요. Kim Seyoon. *The Origin of Paul's Gospel*, 홍성희 역. 『바울 복음의 기원』(서울: 도서출판 엠마오, 1994), 13-58쪽, A. N. Wilson, *Paul: The Mind of the Apostle* (New York: W. W. Norton & Company, 1997), pp.67-68.

19 Kenneth Scott Latourette, *A History of Christianity* (New York: Harper & Brothers Publishers 1953), p.69.

20 F. F. Bruce, *New Testament History* (New York: A Galilee Book, 1971), pp.239-242.

21 Helmut Koester, *Introduction to the New Testament*, vol, 2: *History and Literature of Early Christianity*, 2d ed. (New York and Berlin: DeGruyter, 2000), p.108.

닌 '소명'으로 이해하는 사람들이 생겼습니다.

다마스쿠스에서 바울의 신상에 일어난 이 변화를 무엇이라 일컫는 것이 가장 적절한가? 영어권과 불어권에서는 conversion이라는 용어가 가장 널리 사용되며, 독일어에서는 conversion과 같은 의미를 나타내는 것으로 Bekehrung이 가장 널리 사용된다. 이 두 용어는 … 종교와 관련해서 사용될 경우에는 '개종(改宗)'을 뜻하게 된다. 만일 이 용어를 사용하는 사람들이 그 용어의 주된 의미를 바울의 개종으로 생각하고 사용한다면 그 용어는 적절하지 못하다. 왜냐하면 바울은 다마스쿠스 사건을 통하여 그의 종교를 바꾼 것이 아니다. … 달라진 것은 오직 바울이 그 동일한 하나님을 섬기는 방식이었다.[22]

학자들은 그것을 바울의 '소명(召命)' 사건으로 부르는 것이 적절하다고 주장한다. 이것은 갈라디아 1장 15-17절에 기술된 내용에 잘 부합된다. 바울은 하나님께서 그 아들을 자기에게 나타내 보이신 사건 속에서 하나님이 자기에게 이방인 전도의 사명을 맡기시려 하신다는 뜻을 발견하였다. 그는 하나님의 이 부르심에 즉각 응답하여 이방인 선교의 사도가 되었다. '소명'(Berufung, calling)은 회개/회심/conversion/Bekehrung보다 다마스쿠스 사건의 내용을 입체적으로 더 잘 서술해 주는 용어이다.[23]

이와 같은 주장은 바울의 다메섹 사건이 바울의 개종이 아닌 소명임을 강조합니다. 왜냐하면, 유대교 바리새인이었던 바울이 다메섹 사건 이후 그

---

22   김창락, 『다마스쿠스 사건 - 무슨 일이 일어났는가?』(서울: 다산글방, 2000), 109-110쪽.
23   위의 책, p.111-112.

은혜는 성숙이다

리스도인으로 회심하기는 했지만 그렇다고 해서 자신의 유대적 유산을 송두리째 모두 다 버린 것이 아니었기 때문입니다. 그들은 바울이 도리어 예수님을 통하여 발견한 그의 믿음을 유대교신앙의 성취로 보았다고 주장합니다. 이처럼 바울의 다메섹 사건이 '개종'인지 '소명'인지에 대한 논쟁은 지금도 계속되고 있습니다.

이러한 상황에서 바울의 다메섹 사건은 '개종'인 동시에 '소명'임을 주장하는 사람들도 생겼습니다. 그 대표적인 사람으로 호주 무레신학교(Moore Theological Seminary)의 브리엔(P.T. O'Brien) 교수는 〈갈라디아서〉에 계시된 선교사 바울의 정체성(갈 1:11-17)에 대해 해설하면서 다음과 같이 말했습니다.

> 바울의 복음이 부활하신 그리스도를 만났을 때 그에게 직접 전해진 것이라면, 그 복음을 전하라는 그의 사명과 함께 그의 사도적 권위 또한 존귀한 주님의 특별한 계시에 의해 왔다고 말할 수 있다. 그가 다메섹에서 부활하신 예수 그리스도와 만났을 때 복음이 바울에게 전해졌고(갈 1:12) 그리고 그는 개종했다(converted). - 물론 그가 직접 개종이라는 단어를 실제로 사용하지 않고 - 그 대신에 그는 하나님의 은혜로 소명(calling)을 받았고, 예수 그리스도를 이방 사람들에게 전도하는 사명(commission)도 받았다고 기록한다(갈 1:15-16). 바울이 다메섹 사건 이후 그의 종교를 바꾼 적이 없다는 이유로 … 다메섹 사건을 바울의 개종으로 볼 수 없다는 획기적인 주장(the ground-breaking work)을 했던 스탠달(K. Standahl) 교수 이후 많은 학자들이 그와 같은 논리를 가지고 논쟁해 왔다. … 그러나 물론, 갈라디아서 본문의 강조점이 이방인들을 향한 선교적 소명과 사명에 있지만 개종이라는 표현 또한 그의 다메섹 경험을 묘사함에 있어 적절하다. … 그의 은혜로 나를 부르신 이(갈 1:15)라는 고백은 단순히 사도로서의 소명을

뿐만 아니라 그가 그리스도인으로 부름 받았다는 개종의 의미를 내포하고 있다. … 그의 극적인 변화를 묘사한 고백에 비추어 볼 때(빌 3:4-8) … 부활하신 예수님을 만난 다메섹 사건이 바울의 개종이라는 이해는 적절할 뿐만 아니라 필수적이다. (물론, 갈라디아서 1장에선 소명이 더 강조되고 있지만) 그러므로, 바울에게 있어서 개종과 복음전파로의 소명은 하나다(coincided).[24]

이처럼, 브리엔은 다메섹 사건을 바울의 '개종'인 동시에 '소명'으로 보고 있습니다. 때문에 저는 개인적으로 전통적으로 사용해 온 '개종'이라는 표현과 더불어 새롭게 부각된 '소명'이라는 표현을 함께 사용해야 한다고 생각합니다. 결국, 저의 결론은 '소명'과 '개종' 둘 다입니다. 바울에게 있어 다메섹 사건은 철저한 유대 율법 준수자로부터 그리스도인으로 변화한 '개종'이며 (빌 3:4-8), 동시에 유대 바리새인으로부터 이방인을 향한 선교사로의 '소명' 입니다(갈 1:11-17). 이러한 바울의 영적 이중성에 대해 바클레이는 "바울이야말로 유대교적 배경 속에서 그리스도교를 이해할 수 있으며 동시에 유대인들에게 그리스도교를 전할 수 있는 가장 적절한 인물이었다."라고 평했습니다.[25]

예수님을 중심으로 열두 제자들을 비롯한 여러 동역자가 있었듯이, 바울에게도 다메섹 사건을 전후로 그와 함께 동역자들이 있었습니다. 특별히 스데반은 자신의 순교로 잠시 후 핍박자 바울을 전도사 바울이 되도록 도운 다메섹 사건 이전의 동역자였으며(행 7:54-60), 바나바는 바울이 사도로 인

---

24 P.T. O'Brien, *Gospel and Mission in the Writings of Paul* (Grand Rapids, Michigan: Baker Books, 1995), pp.4-5.

25 William Barclay, *The Mind of St. Paul* (New York: Harper & Brothers Publishers, 1985), p.19.

은혜는 성숙이다

정받을 수 있도록 도운 동역자였고(행 9:26-27), 아볼로와 실라, 누가 등은 바울의 전도사역에 있어 동역자들이며, 디모데와 디도 같은 사람들은 바울을 계승한 동역자라 할 수 있습니다. 이처럼 바울의 변화는 다메섹 사건을 전후로 하나님께서 사도 바울 주변에 붙여주신 여러 동역자들의 도움이 있었기에 가능한 것이었습니다.[26]

질문 5 "기독교인이 된 후 그의 업적은 무엇인가요?"(주후 37-66년)

답변 5 기독교인이 된 후 바울이 남긴 업적은 그야말로 전무후무(前無後無)한 것이었습니다. 총 3차에 걸친 전도 여행(지중해, 소아시아)을 다녀오고, 그 과정에서 믿음의 제자들을 양육하고, 여러 교회를 개척하며 설립했고, 무엇보다 편지 전달을 통한 문서 전도까지 실시하였습니다. 바울이 전도하면서 직접 발로 밟은 그 거리를 오늘날의 항공마일(airplane mileage)로 환산하면 총 13,400마일(21,565.21km) 정도가 된다고 합니다. 이것은 한국 인천 국제공항에서 미국 동부지역까지의 거리입니다. 놀랍지 않습니까? 이 기간 동안 그는 평생 오로지 목숨을 걸고 예수 그리스도의 복음만 전파하다가 주님 곁으로 돌아갔습니다. 그의 나이 30세 후반부터 60세 초반까지의 시간이었습니다. 그 기간 동안 그는 오로지 혼자 살면서 복음전파에만 힘을 썼습니다.

그런데 바울은 과연 결혼했을까요? 저는 개인적으로 바울이 결혼한 적이 있었다고 추측합니다. 왜냐하면, 바울은 본인 스스로 말하기를 자신은 "율법의 의로 흠이 없는 자(빌 3:5)"라고 말할 정도로 유대 율법을 다 지켰다고 말했기 때문입니다. 바울의 율법준수와 그의 결혼 사이의 상관관계에 대해 미국 보스톤대학(Boston University)의 엔슬레이(F. G. Ensley) 교수는 이렇

---

26 Leslie B. Flynn, *The Other Twelve* (Wheaton, IL: Victor Books, 1988), p.9.

게 말했습니다.

> 물론, 바울은 한 번도 그의 아내에 대해 말한 적은 없지만, 그 당시 유대
> 인들의 율법풍습에 따라 아직도 가문의 혈통을 중요시 여기는 사람들에
> 의해 바울은 적절한 나이가 되었을 때 결혼했을 것으로 본다. 실제로 바울
> 은 결혼에 대해 교훈할 때(고전 7:8-10, 36-38) 현실과는 완전히 동떨어진
> 이론가로의 모습이 아닌(a theorizing bystander) 실제 결혼생활을 직접 했던
> 사람만이 할 수 있는 전문성을 보여준다. 하지만 그가 선교편지를 쓸 당시
> 에는 부인이 없었던 것 같다. 그때는 아마도 바울이 홀아비(widower)였을
> 가능성이 있다.[27]

그 당시 유대 율법에 결혼 문화의 배경에 비추어 보면 그 당시 바울의 나
이는 이미 결혼했을 나이였습니다. 바울이 다메섹에서 예수님을 만났을 때
의 나이를 30-40대로 봅니다. 물론, 성경은 이 부분에 침묵하고 있지만,
그 당시 율법관에 비추어 볼 때 바울이 결혼했을 가능성을 절대 무시할 수
없습니다. 그러나 바울이 전도여행을 할 때는 이미 부인이 없는 상태였습니
다(고전 7:8). 그러므로 바울은 복음전파자가 된 이후 이혼했거나 부인과 따
로 별거생활을 했을 수도 있습니다. 동시에 그때를 전후하여 부인이 사망했
을 가능성도 있습니다. 물론, 이러한 바울 결혼설을 반대하는 사람들도 여
전히 있습니다.[28]

---

27 Francis Gerald Ensley, *Paul's Letters to Local Churches* (New York: Abingdon
    Press, 1951), p.13.

28 David Wenham, *Paul and Jesus: The True Story* (Grand Rapid, Michigan: Wm. B.
    Eerdmans Publishing Company, 2002), p.5.

은혜는 성숙이다

질문 6 "그는 어떻게 죽었나요?"(주후 67년경)

답변 6 그가 어떻게 죽었는지에 대하여 의견이 다양합니다. 바울에 대한 성경의 역사적 행적은 바울이 온 이태를 자기 셋집에 머물면서 하나님 나라와 예수 그리스도에 대해 가르쳤다(행 28:30-31)는 누가의 기록으로 끝이 납니다. 초대교회 클레멘트(Clement) 교부가 로마 교회에 보낸 편지 5장 5-7절에 보면 다음과 같은 내용이 있습니다.

> (5) 질투와 싸움 때문에 바울은 그의 본보기에 의하여 참아내는 인내를 위한 상을 받는 길을 가르쳐 주었습니다. (6) 그가 여러 번 수감이 되고, 추방이 되었고, 돌로 맞았고, 그러면서 서쪽과 동쪽에서 복음을 전한 뒤에, (7) 전 세상에 의를 가르치고 서쪽 가장 먼 끝까지 이르면서, 그는 그의 신앙에 대한 참된 영광을 얻었습니다. 마지막으로 그가 통치자들 앞에서 그의 증언을 했을 때 비로소 그는 참아내는 인내의 뛰어난 본보기가 되면서 세상을 떠나서 거룩한 장소로 들어갔습니다.[29]

이것에 근거하여 슈인 화이트(Sherwin-White) 교수는 바울은 이후 잠시 석방되었을 가능성이 있다고 주장하며 만약 바울이 사도행전 28장 이후 바로 유죄선고를 받고 처형되었다면 64년 로마 대화재 이후 로마 성도들이 핍박받을 때 바울이 순교했을 것이라는 전승은 거짓이 된다고 말했습니다.[30] 추측하기는 이때 잠시 놓인 바울은 그가 그토록 소망했던 마지막 선교지역이었던 서바나(지금의 스페인 지역)에 선교하러 떠난 듯합니다(롬

---

29 J. B. Lightfoot and R. Harmer trans, *The Apostolic Fathers*. Second Editon, 이은선 역, 『속사도 교부들』(서울: CLC, 1994), 47쪽.

30 A. N. Sherwin-White, *Roman Society and Roman Government and Law in the New Testament* (London: Oxford, 1963), p.57.

16:23). 그리고 다시 과거 자신이 전도했던 동쪽지역으로 다시 돌아와 전도 활동을 했을 가능성도 있습니다.[31] 이 전도활동 때 바울은 다시 투옥되었으며 65-67년경 그가 네로(Nero) 황제에 의해 오스티아 거리(Ostian Way)의 세 번째 지계석 근처에 있는 트레폰타네(Tre Fontane)에서 참수형으로 순교했을 수 있습니다.[32] 프레드릭 브루스 교수는 네로 통치 말년 어느 때에 바울이 신문과 재판을 당하고 로마에게 처형되었음을 여러 자료를 통해 주장했습니다.

만약 바울이 순교했다면 그곳은 틀림없이 로마였을 것이다. 2세기 말 가이오는 프로클러스(Proclus)에게 편지를 보내면서 바울의 죽는 장면을 기념한 비석이 로마 오스티아로 가는 길에 있다고 말했다. 그곳은 오늘날 산 파울로(San Paolo fuori le Mura) 공회당 인근의 가까운 지역이다. 유세비우스(Eusebius)는 가이오와 같은 시대를 살았던 고린도의 디오니시우스(Dionysius) 주교는 로마 교회에 보내는 편지에서 베드로와 바울 두 사람이 자기 교회와 함께 교제했다고 말했는데 그들은 그곳에서 거의 동일한 때에 순교했다고 기록했다. 또 그는 바울이 네로 황제 때 순교했다는 것은 오리겐의 창세기 주석 제3권에서도 분명히 증거된다고 했다. 바울은 로마에서 참수형을 당했고 베드로도 역시 십자가형으로 죽었으며 그 증거로 베드로

---

31 클레멘트의 로마에 보낸 편지 외에도 기원후 175년경에 쓰여진 무라토리 정경(Muratorian Canon)에 바울이 로마에서 서바나로 향하여 여행한 사실에 대해서 기록되었으며, 기원후 180-200년경에 기록된 외경인 〈베드로 행전: *Acts of Peter*〉은 바울이 이탈리아에서 배로 서바나를 향하여 출발한 일에 대해 언급하고 있다. Robert L. Reymond, *Paul Missionary Theologian*, 원광연 옮김, 『바울의 생애와 신학』(서울: 크리스챤다이제스트, 2003), 305-306쪽.

32 F. F. Bruce, *Paul: Apostle of the Heart Set Free* (Grand Rapids, Michigan: Wm. B. Eerdmans Publishing Co., 1998), pp.450-451.

은혜는 성숙이다

와 바울의 이름이 그 매장지 명단에 기록으로 남겨져 있다는 네로 당시의
기록을 들 수 있다.[33]

어떤 학자들은 바울이 죽기 전에 선교활동을 한 이 기간을 사도 바울의
제5차 전도여행기간으로 설명하기도 합니다.[34] 바울의 말년에 대한 이러한
역사적 모호성 때문에 바울의 옥중서신이 서바나 선교 이전의 편지였는지
아니면 그 이후였는지에 대한 논쟁은 여전히 있습니다. 왜냐하면, 바울의
옥중서신이 가지고 있는 증거들은 그 정확한 연대적 시기와 지리적 장소를
선정하기가 매우 어렵기 때문입니다.

질문 7 그의 외모는 어떠했나요?

답변 7 사도 바울의 외모에 대하여 성경은 최소한의 정보만 제공합니
다(고후 10:10, 12:7; 갈 4:13-15, 6:7). 그래서 다른 문헌에 의지해야 하는데,
다행히 성경으로 인증 받지 못한 '위경(僞經)' 중 하나인 『The Acts of Paul
and Thecla』[35]에 그의 외모에 대한 기록이 있습니다. 그 책의 1장 7절에
따르면, 바울은 약한 체구에 작은 키, 거의 대머리에 가까운 머리, 다부진

---

33 F. F. Bruce, *New Testament History*, pp.364-365.

34 Otto F. A. Meinardus, *St. Paul's Last Journey* (New York: Caratzas Brothers, Publishers, 1979), pp.125-146.

35 위경 『바울과 디글라 행전』의 기록과 전설에 따르면 '디글라(Thecla)'는 사도 바울을 통해 예수 그리스도를 믿게 된 후, 사도 바울과 함께 사역하면서 평생 처녀로 주님께 헌신한 그 당시 보기 드문 여자 사도(woman apostle)로 묘사되고 있습니다. 이 위경을 통하여 사도 바울의 외모는 일반적으로 잘 알려지고 받아들여졌지만, 불행히도 여자 사도 디글라의 존재와 사역에 대하여는 거의 아는 사람이 없습니다. 이유는 여러 가지인데, 특별히 이 위경이 초대 교회 이단 종파 중 하나인 영지주의 문서(Gnostic document)이기 때문이며, 초대교회 성차별로 인한 무관심 때문입니다. 참고하세요. "The Acts of Paul and Thecla" (http://gbgm-umc.org/umw); Bart D. Ehrman, *After the New Testament: A Reader in Early Christianity* (New York: Oxford University Press, 1999), pp.278-284.

건장한 체격, 꼬부라진 발, 서로 중간에 붙어 있는 눈썹들, 꺾어진 매부리코를 가진 사람이지만, 그의 얼굴에서 나오는 빛 때문에 어떤 때에는 사람의 얼굴로 보이고, 어떤 때에는 천사의 얼굴로 보였다고 합니다.[36] 그러나 이것이 정말 정확한 바울의 외모인지는 아무도 모릅니다. 따라서 그저 우리가 생각할 수 있는 결론은 바울의 외모가 그리 출중한 편은 아니었다는 낭만적인 상상뿐입니다.

정리합니다. 지금까지가 7개의 질문과 대답 통해 요약해 본 사도 바울에 대한 이해입니다. 그러나 여전히 부족한 점이 많습니다. 그러나 그렇다고 해서 포기할 일은 아닙니다. 윌슨(A. N. Wilson)은 "우리가 바울의 생애를 완벽하게 그려낼 순 없지만, 그 대신에 그의 (영적) 세계는 충분히 발견해낼 수 있다."[37]고 주장했었습니다. 그런 방법 중 하나가 그의 편지를 통해 그의 영적 성숙을 추적해 보는 것입니다. 바로 여기에 이제부터 우리가 사도 바울이 쓴 편지를 통해 그의 영적 성숙 과정을 추적해 보려는 이유가 있습니다.

3. 사도 바울: 우리 영적 성숙 과정의 성경적 모델(Model)

> 이 모든 일에 전심 전력하여 너의 성숙을 모든 사람에게 나타나게 하라
>
> (딤전 4:15)

이 말씀은 바울이 자신의 영적 아들인 디모데에게 유언처럼 전한 권면입

---

36 *The Apocryphal New Testament*, newly translated by M. R. James (London: Oxford, 1924), p.367.

37 A. N. Wilson, *Paul: The Mind of the Apostle* (New York: W. W. Norton & Company, 1997), p.13.

은혜는 성숙이다

니다. 이 말씀에서 사용된 '성숙(progress & (maturity)'이라는 표현이 매우 중요합니다. 왜냐하면 이 '성숙'이라는 단어는 사도 바울이 디모데에게 전한 가르침의 핵심이요 본서 전체의 흐름을 꿰뚫는 핵심 단어라 할 수 있기 때문입니다. 이렇게 사도 바울이 담대하게 디모데에게 이와 같은 교훈을 전할 수 있었던 것은 사도 바울 자신이 먼저 디모데 앞에서 성숙하고 성숙해진 신앙의 모범을 보였기 때문입니다.

사도 바울은 정말 우리가 평생 거울로 삼고 본받아야 할 위대한 사도요 신앙의 위인이었습니다. 그러나 한편으로는, 그도 우리와 똑같은 사람이었습니다(행 14:14-15; 고후 12:7; 갈 4:13). 그는 절대로 신(神)이 아니었습니다. 하나님이 아니란 말입니다. 오히려 그는 하나님께 사로잡힌바 된 성령님의 사람이었지, 절대 그 자신이 성령님이 아니었고, 절대 그 자신이 하나님이 아니었습니다. 바울도 우리와 똑같이 죄인이었다가 예수 그리스도의 은혜로 하루아침에 신분이 바뀐 사람입니다. 그리고 그의 평생을 통하여 그 바뀐 신분답게 살아가려고 하나님의 은혜를 구하며 그의 긴 삶의 여정을 통하여 위대한 신앙의 성숙과 성숙을 이루었던 사람입니다. 그러므로 사도 바울도 우리와 같은 신앙의 갈등이 있었고, 고민이 있었고, 좌절이 있었습니다. 그는 그러한 자신의 고통스런 영적 성숙 과정을 다음과 같이 고백했습니다.

내 속 곧 내 육신에 선한 것이 거하지 아니하는 줄을 아노니 원함은 내게 있으나 선을 행하는 것은 없노라 내가 원하는 바 선은 행하지 아니하고 도리어 원하지 아니하는 바 악을 행하는도다 만일 내가 원하지 아니하는 그것을 하면 이를 행하는 자는 내가 아니요 내 속에 거하는 죄니라 그러므로 내가 한 법을 깨달았노니 곧 선을 행하기 원하는 나에게 악이 함께 있는 것이로다 내 속사람으로는 하나님의 법을 즐거워하되 내 지체 속에서 한 다른 법이 내 마음의 법과 싸워 내 지체 속에 있는 죄의 법으로 나를 사로

잡는 것을 보는도다 오호라 나는 곤고한 사람이로다 이 사망의 몸에서 누가 나를 건져내랴(롬 7:18-24)

우리는 이 고백 속에서 사도 바울이 자신의 영적 성숙 과정을 이루어가면서 마치 누에고치가 허물을 벗는 듯한 깊은 진통과 고통을 함께 경험했음을 짐작할 수 있습니다. 사도 바울의 신분은 하루아침에 다메섹 언덕에서 바뀌었습니다(칭의: justification). 그러나 그 바뀐 신분에 걸맞은 성숙과 성숙을 이루기 위해서는 그의 평생에 뼈를 깎는 훈련 과정이 있었음이 분명합니다(성화: sanctification). 이러한 사도 바울의 모습은 오늘날 우리가 성숙의 모범으로 삼아야 할 귀한 성경인물 중 한 명입니다.

그래서 오스왈드 샌더스(J. Oswald Sanders) 목사는 『Paul, the Leader』라는 책의 제1장 〈A Man Just Like Us〉에서 사도 바울은 하나님께서 우리에게 신앙 성숙의 성경적 모범으로 허락하신 우리와 똑같은 사람임을 말하며 그가 쓴 편지들을 통해 그 과정을 추적할 수 있음을 아래와 같이 주장했습니다.

우리는 이러한 영적 원리들을 단순한 학문적 명제로 설명할 때보다 한 사람의 삶 속에서 구체적으로 드러날 때에 더 빨리 파악할 수 있다. 바로 여기에 우리와 같은 사람들의 삶 속에서 하나님의 섭리가 어떻게 역사했는지를 추적(trace)해 보는 것이 가장 유익한 성경묵상인(rewarding Bible studies) 이유가 있다. … 성경은 사람들의 결점을 하나도 숨기지 않고 신중하게 그 사람의 모습 있는 그대로 기록하고 있다(wart and all). … 하나님께서는 사도 바울을 '우리와 같은 사람'의 모범으로 주셨다. 바울은 위대한 영적단계에 도달한 사람이었지만, 더불어 실패도 경험한 사람이었다(롬 7:24-25). … 그는 우리가 도달할 수 없는 위대한 성인이 아니라 우리와

은혜는 성숙이다

똑같이 죄인이었다. 그러기에 바울은 우리가 필요로 하는 것에 공감하며 답을 줄 수 있는 사람이다.[38]

우리는 바울이 그의 편지를 통해 무의식적으로 자신의 인간적인 모습을 스스로 드러내고 있다는 점에 있어 그에게 감사해야 한다. 이것이 바울의 편지들이 가지고 있는 특징들이다. 우리는 바울의 편지를 통해 누가가 쓴 사도행전의 역사적 기록보다 훨씬 더 학문적으로 다듬어지지 않은(unstudied references) 실제적인 바울의 모습을 간접적으로 배울 수 있다. … 우리는 한때 하나님으로부터 완전히 버림받았다가 변화된 사람이 그 세대 안에 무엇을 성취할 수 있는지에 대한 영적모범(an inspiring prototype)을 바울에게서 발견할 수 있다.[39]

이처럼 사도 바울은 우리의 영적 성숙 과정을 되돌아보게 하는 성경적 본보기이며 그가 남겨둔 편지들(성경)은 그것을 추적할 수 있는 귀한 자료입니다. 그래서 평생 역사인물의 전기문(biograph)을 써온 저술가 윌슨(A. N. Wilson)은 사도 바울이 자서전적 편지를 남긴 사람이며 그의 이러한 인간적인 고뇌와 내적 갈등이 그가 쓴 13개 편지 속에 그대로 살아 숨 쉬고 있음을 볼 때 바울은 평생 자신과의 힘겨운 싸움을 한 사람(Paul was self-contradictory)이라 평가했습니다.[40] 심지어 벤자민 로빈슨(Benjamin W. Robinson) 교수도 사도 바울에 대하여 말하기를 하나님의 은혜 가운데 자기 내면의 충돌(a man of conflicts)을 잘 해결한 사람이라고 평가할 정도였습니다.[41]

---

38 J. Oswald Sanders, *Paul, The Leader* (Colorado Springs, CO: Navpress, 1984), pp.8-9.

39 위의 책, p.10.

40 A. N. Wilson, *Jesus* (New York: W. W. Norton & Company, 1992), p.23, 39.

41 Benjamin Willard Robinson, *The Life of Paul* (Chicago: The University of Chicago

따라서 사도 바울을 무조건 완벽한 사람으로 인정하고, 그를 거룩한 사람으로만 추대하여 높이 평가하는 것은 올바른 성서적 인물해석이 못됩니다. 대신에, 사도 바울도 우리와 똑같은 성질과 감성을 지녔던 평범한 사람임을 전제하고 오히려 그가 성령의 도움으로 맡은 바 사명을 잘 감당한 사람으로 보는 것이 더 성서적인 인물해석 방법입니다.

여러분들은 모두『왕자와 거지 이야기』라는 동화를 잘 아실 것입니다. 이 동화는 '칭의(稱義, Justification)'와 '성화(聖化, Santification)'를 이해하기 위해 너무나도 좋은 동화입니다. 왕자와 거지는 서로 옷을 바꾸어 입음으로서 하루아침에 그들의 신분이 바뀌었습니다. 그러나 각자의 변한 신분에 맞게 행동하는 데에는 적지 않은 시간이 걸렸습니다.

하나님의 자녀로서의 '신분(position)'은 하루아침에 하나님의 은혜로 바뀔 수 있습니다. 그것을 우리는 '칭의'라고 합니다. 그러나 하나님의 자녀로서 알맞은 영적 성숙과 성화를 이루기 위한 '과정(process)'은 하나님의 은혜 속에서 긴 시간이 걸리기 마련입니다. 이것을 '성화'라고 합니다. 바로 '구원 그 이후'의 삶입니다. 물론 '칭의"와 '성화"는 '구분(categorize)'은 될 수 있으나 '분리(separate)'되지는 않습니다. 하지만, 칭의는 일순간의 은혜요, 성화는 오랜 기간 동안 평생 지속되는 은혜입니다.

그렇다면 하루아침에 '칭의'를 경험한 사도 바울을 하나님께서는 어떠한 모습으로 '성화'되도록 하셨을까요? 그리고 그 과정 속에서 하나님께서는 어떻게 사도 바울의 영적 성숙을 허락하셨을까요? 정작 사도 바울 자신은 어떠한 경로를 통하여 영적 성숙을 이루었기에 디모데에게 그렇게 교훈할 수 있었을까요? 그리고 우리는 사도 바울의 그러한 성숙 과정을 보면서 무엇을 배울 수 있을까요? 우리가 이 질문에 대한 해답을 추적하는 과정에

Press, 1966), pp.37-42.

은혜는 성숙이다

서 사도 바울은 다시 한번 우리 앞에 귀한 영적 성장의 성경적 모범으로 되살아날 것입니다.

2장
왜 바울의 편지들인가?

이미 언급한 바와 같이, 이 책의 목적은 우리가 사도 바울의 신앙 성숙 과정을 추적해 봄으로써 그가 보여준 신앙 성숙의 결과를 오늘날 우리 모두의 모범으로 삼고, 그것을 현재 우리의 삶에 그대로 재현시키는 것입니다.

그런데 문제는 우리가 현재 사도 바울을 직접 만날 수 없다는 것입니다 (물론 나중에 천국에 가면 보겠지만). 그렇다고 해서 현재 우리가 바울의 설교나 이야기를 녹음기로 남겨 놓은 설교 자료나 강연 자료가 있느냐? 그렇지도 않습니다. 더구나 그 옛날에 누가 요즘같이 바울의 뒤를 졸졸 따라다니면서 비디오나 DVD에 녹화해 놓은 것도 없습니다. 다시 말하자면, 사도 바울의 영적 성숙을 추적하기 위해 우리가 사용할 수 있는 현대 문명의 혜택은 전혀 없다는 뜻입니다. 그저 우리에게 있는 것은 오로지 성경 하나뿐입니다. 스프로울(R. C. Sproul) 교수의 주장처럼 성경을 읽는 것과 공부하는 것이 서로 다르지만 읽는 것이나 공부하는 것이나 하나님 말씀을 묵상한다는 점에서 동일합니다.[42] 우리는 그 묵상을 통하여 과거의 바울을 오늘날 간접적으로 만날 수 있습니다.

다행히 하나님께서는 성경 말씀을 통하여 우리들에게 두 가지 역사적 자

---

42   R. C. Sproul, *Knowing Scripture* (Illinois: InterVarsity Press, 1977), p.17.

은혜는 성숙이다

료를 허락하셨습니다. 하나는 누가(Luke)라는 역사가(의사)가 바울과 함께 다니면서 기록한 책입니다. 바로 신약성경의 사도행전입니다. 그리고 다른 하나는 바울이 직접 남겨 놓은 문서입니다. 바로 그의 13개 편지들입니다. 그러므로 사도행전은 바울에 대한 기록이며(about Paul), 13개 편지들은 바울이 직접 남겨 놓은 글입니다(Paul's own writing). 그러므로 우리에게는 둘 다 중요한 사료이자 하나님의 말씀입니다.

그러나 본서가 추구하고 있는 목적에 알맞은 사료는 사도행전보다는 바울의 13개 편지들입니다. 왜냐하면 바울의 영적 성숙과 성숙 과정을 추적하려면 다른 사람이 사도 바울에 '대하여(about)' 쓴 사도행전보다는, 사도 바울이 직접 기록한 그의 편지를 우선적으로 보는 것이 더 도움이 될 수 있기 때문입니다.

그래서 프레드릭 브루스(F. F. Bruce) 교수는 『바울: 자유의 사도』라는 책에서 "바울은 자신이 쓴 편지 안에 자신의 신학과 신앙을 담았다."[43]라고 말했고, 『사도행전의 바울은 진짜 바울인가?』라는 논서(essay)에서도 "사도행전의 바울과(Paul in Act), 바울의 편지 속에 있는 바울(Paul in His letters)을 비교하며 사도행전의 바울보다는 바울 편지 속에 묘사되어 있는 바울이 그의 개인적 정보를 더 정확하게 보여준다."[44]고 평했습니다.

발톤(S. C. Barton) 교수도 『바울에 대한 사회과학적 접근』이라는 논서에서 "바울이 직접 쓴 편지들은 우리에게 바울의 개인적 성숙 과정을 찾을 수 있는 최고의 자료"[45]라고 평했으며, 익명(匿名)으로 인터넷(Internet)에 소개

---

43 F. F. Bruce, *Paul: Apostle of the Heart Set Free*, p.16

44 F. F. Bruce, "Is the Paul of Acts the Real Paul?," *Bulletin of the John Rylands Univeristy* (Library), Manchester 58 (1975-76), pp 282-305.

45 S. C. Barton, "Social-Scientific Approaches to Paul," In G. F. Hawthorne & R. P.Martin (Eds.), *Dictionary of Paul and his letters* (Downer Grove, IL: InterVArsity,

된 『바울 서신의 심리주의 비평적 접근』이라는 논서에서도 "바울의 친필 서신들 가운데는 신변잡기적 진술이나 고백, 탄식, 원망, 희구, 저주, 환상 등의 정신분석학적 자료와 그 단편조각들이 풍부하기 때문에 다양한 심리작용을 발견하여 논할 수 있다."[46]고 했습니다.

노틀담(Notre Dame)대학의 제롬 네이레이(Jerome Neyrey) 교수와 크리톤(Creighton)대학의 브루스 멜리나(Bruce Malina) 교수도 『바울의 초상화』라는 책을 통하여 "우리는 바울의 편지를 통하여 그의 자기계시를 읽어낼 수 있다."[47]고 말하면서 바울이 직접 쓴 편지들을 사도행전보다 중요시 생각했고, 예일대학교(Yale University)의 기독교 역사가 라투렛(Kenneth Scott Latourette) 교수도 "바울을 알기 위해서는 바울의 친필 편지인 서신서가 사도행전보다 더 큰 역사적 사료로서 우위성을 가지고 있다."[48]고 설명했으며, 선교신학자 데이빗 보쉬(David J. Bosch)도 사도 바울의 선교신학을 분석함에 있어 "나는 전적으로 바울이 직접 쓴 편지들에만 의존할 것이다."[49]라고 단정한 바 있습니다.[50]

1993), p.892. C. K. Barret, *Paul: An Introduction to his thought* (Louisville: Westminster/John Knox, 1994), pp.174-175

46 http://www.reportnet.co.kr/detail/116/115806.html (2007년 3월 4일)

47 B. J. Malina & J. H. Neyrey, *Portraits of Paul: An Archaeology of Ancient Personality* (Louisville, KY: Westminster/John Knox, 1996), p.x-xv.

48 Kenneth Scott Latourette, *A History of Christianity* (New York: Harper & Brothers Publishers 1953), p.68.

49 David J. Bosch, *Transforming Mission: Paradigm Shifts in Theology of Mission* (Maryknoll, New York: Orbis Books, 1993), p.123.

50 사도행전은 비교적 바울의 초기나 중기 편지들보다 늦게 쓰여진 성경입니다. 그럼에도 불구하고 사도행전에는 바울의 편지에 대한 언급이 전혀 없습니다. 이것은 사도행전을 기록했던 누가(Luke)가 사도 바울의 외적 선교업적에 관심을 가지고 있었지 사도 바울의 편지 속에 담겨 있는 사도 바울의 내적 성숙에는 비교적 그리 큰 신경을 쓰지 않았다는 또 하나의 증거가 될 수 있습니다. Bo Reicke, *Re-Examining Paul's Letters* (Harrisburg,

그러므로 성경 속에 수록된 사도 바울의 13개 편지는 그의 모든 인간적 정보를 추적할 수 있는 '판도라 상자(pandora box)'입니다. 그래서 저도 이 책에서 의도하고 있는 바를 확실시하기 위해 사도행전보다는 사도 바울이 직접 쓴 13개 편지의 내용에 보다 중요한 관심을 두고 추적하려 합니다.[51] 그러므로 우리는 사도 바울의 13개 편지들을 제일 먼저 살펴보아야 합니다. 왜냐하면, 사도 바울 자신도 인정했듯이(고후 3:2), 그의 13개 편지는 우리가 그의 영적 성숙 과정을 추적할 수 있도록 돕는 최고 최대 최선 최상의 역사적 자료이자 영적 유산이기 때문이며, 동시에 절대적인 하나님의 말씀이기 때문입니다.[52]

PA: Trinity Press International, 2001), p.32.

51 그러나 이 말은 똑같은 하나님의 감동하심으로 된 성경인 사도행전을 무시한다는 뜻이 절대 아닙니다. 사도행전도 분명한 하나님의 말씀이며 성경입니다. 다만 이 책이 의도하고 있는 추적 방법에 따라 어디까지나 사도행전은 사도 바울의 영적 성숙 과정을 보충하고 협조하는 '협력 사료(secondary historical resource)'로 사용되게 됨을 설명하는 것뿐입니다. 이것은 사도행전의 '본질'을 말하고 있는 것이 아니라 사도행전을 묵상하는 사람의 '접근방법'을 말하는 것입니다. 사도 바울의 외적 삶의 모습을 묵상하려면 사도행전이 더 좋으며, 사도 바울의 내적 성숙의 모습을 묵상하려면 그의 13개 편지가 도움이 됩니다. 그러나 둘 다 동일한 하나님의 말씀이며 서로를 보완하며 서로를 지원합니다. 이것은 서로 다른 관점을 가지고 있는 4복음서를 묵상할 때의 자세와 동일한 이치입니다. 이러한 사도행전과 13개 서신의 상호연관성에 대하여는 John Knox, *Chapter In A Life of Paul* (New York: Abingdon Press, 1980), p.14를 참고하세요.

52 일부 사람들 중에는 '목회서신(딤전, 딤후, 딛)'을 비롯하여 바울의 13개 편지 중 일부를 그의 저작(著作)으로 인정하지 않는 사람도 있으나, 본서(本書)는 13개 편지 모두를 바울이 쓴 편지임을 인정하고 쓰여진 책입니다. 개인적으로 저는 13개 편지를 모두 바울이 쓴 편지임을 전제(前提)한 상태에서 본서를 기록하고 있습니다.

3장

왜 바울의 편지를
'쓰여진 순서대로' 묵상해야 하는가?

I. 쓰여진 순서대로 묵상하는 바울의 편지

이제는 방법론입니다. 그럼 사도 바울이 남겨 놓은 13개 편지를 통하여 그의 신앙의 성숙 과정을 추적하기 위해서 우리는 그의 편지를 어떤 방법으로 묵상해야 할까요? 다음과 같은 두 가지 방법이 있습니다.

첫째는, 성경에 '수록된 순서대로' 묵상하는 방법이고, 두 번째는, 바울이 '쓴 순서대로(chronicle)' 묵상하는 '연대기적 묵상법'입니다. 이 두 가지 방법 중에 어떤 방법으로 묵상하느냐에 따라 각 서신서들의 배열순서가 달라집니다. 그럼 일단 제시된 두 가지 방법대로 13개 편지를 차례대로 재배열해 볼까요? 먼저 성경에 수록된 순서대로 배열한 바울의 편지입니다.

로마서, 고린도전후서, 갈라디아서, 에베소서, 빌립보서, 골로새서,

데살로니가전후서, 디모데전후서, 디도서, 빌레몬서

다음은 '쓰여진 순서대로' 묵상하는 바울 서신입니다. 학자들 간에 아직도 논란의 여지가 있지만, 일반적으로 사도 바울의 13개 편지를 그것이 '쓰여진 순서대로' 재배열하면 대체적으로 다음과 같이 정리가 됩니다.

은혜는 성숙이다

초기(주후 50−57년) : 갈라디아서, 데살로니가전후서, 고린도전후서,

　　　　　　　　　　 로마서

중기(주후 60−64년) : 골로새서, 빌레몬서, 에베소서, 빌립보서

후기(주후 65−66년) : 디모데전서, 디도서, 디모데후서

　일단 확인한 것과 같이, 둘의 배열순서가 좀 다르지요? 일단 바울의 13개 편지를 '성경에 수록된 순서대로' 묵상하든지, 아니면, '바울이 쓴 순서대로' 묵상하든지, 두 가지 방법 모두 일장일단의 결과를 가지고 있습니다. 그리고 바울의 13개 편지를 어떻게 묵상하든지 그것은 어디까지나 묵상하는 사람의 자유입니다. 그러나 우리는 이 책에서 사도 바울의 편지를 그것이 '쓰여진 순서대로'만 묵상하려 합니다. 왜냐하면 사도 바울의 개인적 신앙 성숙 과정을 추적하려면 그의 편지를 '쓰여진 순서대로' 묵상하는 방법이 가장 적절한 방법이기 때문입니다. 이에 대한 로버트 레이먼드(Robert L. Reymond) 교수의 말을 들어봅니다.

　　바로 그렇게 때문에 − 이 '그리스도에 취한 사람'이 교회들을 세울 때에 특별한 정황들이 있었고 그리하여 그가 자기의 편지를 쓰도록 시킨 사실이 우리가 지닌 성경의 서신서 이면에 있기 때문에 − 성경에 나타나 있는 인위적인 순서를 따라서 그의 서신들을 연구하는 것은 그야말로 가장 나쁜 방법일 것이다. 그 서신들이 나오게 된 그 시대와 그 정황을 존중하지 않는 이상 그것들을 절대로 이해할 수가 없는 것이다. 그러므로 가장 좋은 방법은 그 서신들의 역사적인 순서를 존중하며, 아무런 선입관 없이 그가 받아쓰게 한 순서대로 하나씩 감사한 마음으로 또한 겸손하게 받아들이고, 그리하여 모든 서신들들을 우리 앞에 갖게 된 연후에 그것들의 정경성(canonicity)을 살펴보는 것이라 하겠다 … 우리의 영어 성경(한글 성경도 마찬

가지다._역자 주)에 나타나 있는 바울 서신의 순서가 대체로 그 길이대로 - 가장 긴 순서로 - 인위적으로 배열해 놓은 것이기 때문에, 바울 서신의 내용을 구체적으로 살펴보기 전에, 먼저 … 그의 … 서신들과 관련된 기본적인 역사적 순서를 살펴볼 필요가 있다.[53]

로버트 레이먼드는 바울 서신을 연구함에 있어 '가장 나쁜 방법'과 '가장 좋은 방법'을 대조하고 있습니다. 그가 제시한 가장 나쁜 방법은 성경에 수록된 순서대로 바울 서신을 묵상하는 방법이요, 그가 추천한 가장 좋은 방법은 쓰여진 순서(연대기 순서)대로 묵상하는 방법입니다. 그의 이러한 주장은 바울의 영적 성숙 과정을 추적하기 위해서 우리가 선택할 수 있는 최선의 방법이 쓰여진 순서대로 묵상하는 바울 서신, 즉 '연대기적 묵상법'임을 재확인시키고 있습니다.

거듭 강조하는 말이지만, 우리가 이 책에서 의도하는 것은 바울의 신학을 '체계화(categorize)'하는 것이 아닙니다. 오히려 이 책이 목적하는 바는 사도 바울의 신앙 성숙이 어떤 경로(徑路)를 거쳐서 성숙되었는지 그 과정을 추적해 보려는 것입니다. 다시 말하자면, '정해진 항목(category)'을 '조직화(systemize)내지는 분류화(classify)'하는 것이 아니라 '성숙하는 과정(process)'을 '추적(trace)'하는 것입니다.

따라서 이 목적에 비추어 볼 때 종전(從前)까지 우리가 묵상하던 방법(성경에 수록된 순서대로)은 우리에게 그리 좋은 결과를 주지 못합니다. 왜냐하면 그것은 '쓰여진 순서대로'가 아니기 때문입니다. 모름지기 바울의 13개 편지들은 그것이 '쓰여진 순서대로' 묵상해야 사도 바울이 그 편지를 쓸 때에

---

53 Robert L. Reymond, *Paul Missionary Theologian*, 원광연 옮김, 『바울의 생애와 신학』(서울: 크리스챤다이제스트, 2003), 38-40쪽.

은혜는 성숙이다

쳐해 있었던 역사적 상황과 흐름을 잘 알 수 있습니다.

이것은 마치 임진왜란 때 이순신 장군이 전쟁 중에 느꼈고 경험했던 숱한 개인적 마음의 성숙을 그가 직접 쓴 『난중일기(亂中日記)』를 그 날짜별로 읽어나가며 추적하는 것과 동일한 이치라고 보시면 됩니다. 또한 제가 제 아내의 이 메일을 날짜 순서대로 읽는 것과 똑같은 경우입니다. 모름지기 모든 글은 그 쓰여진 순서대로 봐야 그 속에 담긴 내용의 진정한 의미의 발달과정을 볼 수 있습니다.

2. 쓰여진 순서대로 묵상하기 위한 전제조건

쓰여진 순서대로 바울의 편지(말씀)을 묵상함에 있어 다음과 같은 질문이 생깁니다. "성숙이라 할 때 바울의 편지내용(말씀)에 대한 본질의 변화(change)인가? 아니면, 전하는 태도와 방법의 발전(development)인가?" 이 질문에 대한 대답은 우리가 쓰여진 순서대로 바울의 편지를 묵상하며 바울의 영적 성숙 과정을 추적할 때 반드시 미리 파악하고 있어야 할 전제조건입니다.

저는 이 책을 쓰기 전, 이 책에 쓰여진 내용을 설교하기도 하고 강의하기도 했습니다. 그때마다 말씀에 은혜를 받았다며 '따뜻한 격려와 감사'의 말씀을 주시는 분들이 있었는가 하면, 반면에 성경의 권위를 추락시켰다는 '매서운 비평과 충고'를 주시는 분들도 있었습니다. 그 분들의 비판은 매우 귀중했습니다. 왜냐하면, 그 분들의 비판이 있었기에 저는 처음보다 좀 더 잘 다듬어진 책의 내용을 지금과 같이 묶어 낼 수 있었다고 생각하기 때문입니다. 저는 현재 이 책을 읽고 있는 분들 가운데에도 제가 받은 것과 동일한 도전을 주실 분들이 있으리라 생각해서 그분들의 오해를 조금이나마 풀어드리기 위하여 여기서 잠깐 보충설명을 드리려 합니다. 저에게 들려온 비평과 충고는 아래와 같은 것들이었습니다.

"아니! 성경을 자료로 삼아서 사도 바울의 성숙 과정을 추적한다면 그것은 일점일획도 변함없는 완전무결한 하나님의 말씀에 대한 도전이 아닌가?"

"사도 바울의 편지를 통해 보여지는 그의 성숙 과정을 추적한다면, 완전한 하나님의 말씀도 변화가 있었다는 뜻인가?"

"하나님의 말씀에 초기와 중기와 후기가 어디 있는가?"

"이러한 추적은 성경을 통하여 사도 바울을 보려는 것이 아니라 사도 바울을 보기 위해 하나님의 말씀인 성경을 남용(濫用)하는 처사가 아닌가?"

"이러한 시도는 하나님의 말씀의 내용을 파괴하는 것 아닌가?"

"이것은 이미 만들어진 자신의 틀을 가지고 성경 속으로 들어가 마치 퍼즐 맞추기 방식으로 그려낸 내용이 아닌가?"

"이것은 사도 바울의 편지를 억지로 잘못 해석하다가 멸망에 이른 사람들이 있다는 베드로의 충고(벧후 3:15-16)를 전혀 고려하지 않은 태도가 아닌가?"

이런 질문들에 대해 다음과 같이 답하려 합니다.

이 책을 통하여 말하고 있는 사도 바울의 '성숙'은 하나님께서 사도 바울을 통하여 계시하신 성경말씀의 본질적 '변화'를 뜻하지 않습니다. 오히려

은혜는 성숙이다

그 말씀을 전하고 있는 바울의 태도와 방법에 성숙의 '발전'이 있었음을 의미합니다. 그리고 그 성숙의 과정을 그가 쓴 13개 편지에 나타난 글의 분위기를 통하여 추적하는 것입니다. 그러므로 결국 복음 자체의 '변화과정'을 추적하는 것이 아니라 오히려 그 복음을 전하는 바울의 태도와 방법이 어떻게 성숙했는지 그 '발달과정'을 추적하는 것입니다.

그러므로 이 책에서 '성숙'이라는 말은 절대로 '변화'를 의미하지 않습니다. 오히려 '진보(advance)'나 '발달(development)'이라고 말하는 것이 더 좋겠습니다. '성숙'이란 변하지 않는 복음의 진리 속에서 이루어지는 하나의 성숙 발달 과정이요, '변화'란 이전 것과는 전혀 다른 또 다른 하나의 그 무엇이 생기거나 없어지는 완전한 탈바꿈입니다. 그런데 이 책에서 말하고자 하는 것은 '사도 바울의 성숙'이지 그를 통해 하나님께서 계시하신 '말씀의 변화'가 아닙니다. 그리고 그러한 사도 바울의 성숙이 그가 쓴 13개 편지의 문체와 분위기 속에서 드러난다는 점입니다. 그래서 그것을 추적하자는 것입니다. 이것은 이 책을 읽어나가는 데 있어 독자 분들이 꼭 명심하고 있어야 할 매우 중요한 필수전제조건입니다.

거듭 강조하지만, 하나님께서 바울을 통하여 전한 복음의 핵심은 절대로 변함이 없습니다. 하나님께서 그를 통하여 전하신 복음은 13개 편지 모두를 통하여 여전히 초지일관, 수미일관 계속 동일합니다. 다만 하나님께서 허락하신 그 복음의 핵심을 설명하는 바울의 방법과 태도와 강조점에 있어 몇 가지 차이점이 있다는 것입니다.

그래서 브라이언(P.T. O'Brien) 교수는 『*Advance of the Gospel*』라는 논서에서 하나님께서 바울을 통하여 전하신 동일한 복음의 내용(same content)은 그것을 선포하는 다양한 과정 속에서 실제화된다고 설명했습니다.[54] 이

---

54 P.T. O'Brien, *Gospel and Mission in the Writings of Paul*, p.113.

것은 복음의 내용이 가지고 있는 '불변성'과 그것을 전달하는 바울의 태도와 방법 속에 나타나는 '다양성'을 언급한 것입니다. 특별히 제임스 던 교수도 아래와 같이 말했습니다.

> 우리는 바울 신학의 발전 과정에 대하여 어떻게 말할 수 있을까? … 지금까지의 우리 연구가 바울의 편지 속에 발견되는 그의 신학적 중요한 발전의 순간들이 있었음을 보여주었는가? … 이 문제와 관련하여 우리는 바울의 편지가 쓰여진 시기 – 데살로니가전서를 쓴 때와 빌레몬과 골로새서를 썼던 때의 십여 년에 걸친 시기에 초점을 둘 수밖에 없다. … 아마도 우리는 몇몇 사건들과 경험들로 말미암아 바울이 강조점들을 좀 바꾸거나 해명하거나 하였지만 그의 신학이 가지고 있는 전체적인 요소들은 그다지 교체되지 않았다.[55]

> 우리는 바울의 신학과 그의 신학계열에 발전 과정이 있었다고 말할 수 있다. – 여러 면에 있어서의 발전들. 그러나 바울 신학의 주요 성격과 주제들은 주목할 정도로 일관된 통일성을 가지고 있다. 그런 면에서 바울의 신학은 살아있고 역동적인 성격을 가지고 있는 셈이다.[56]

제임스 던의 말을 요약하면 바울의 신학에 발전의 순간이 있었으나 변화된 것은 없다는 뜻입니다. 쉽게 예를 들어 말씀드리자면, 전략(戰略)은 하나이지만 그 전략을 수행하는 전술(戰術)은 여러 가지입니다. 그리고 차려진 음식은 하나이지만 그것을 음미하며 먹는 방법은 여러 가지입니다. 또한

---

55 James D. G. Dunn, *The Theology of Paul the Apostle* (Grand Rapids, Michigan: William B. Eerdmans Publishing Company, 1998), pp.730-731.

56 위의 책, p.733.

똑같은 베토벤(Beethoven)의 "월광 피아노 소나타(Moonlight Sonata)"이지만, 그것을 연주하는 사람의 태도와 방법은 여러 가지입니다. 이것은 똑같은 전략이지만 그 전략을 수행하는 방법과 태도에 있어 성숙이 보였다는 뜻이며, 똑같은 음식이지만 그 음식을 먹는 방법과 태도에 성숙이 나타났다는 말이고, 똑같은 월광 소나타 음악이지만, 그것을 연주하는 방법과 태도에 있어 성숙함이 돋보였다는 의미입니다. 한마디로, 같은 주제를 말해도 그 깊이와 넓이와 높이가 더 발전하고 진보했다는 뜻입니다. 프레드릭 브루스는 바울의 〈교회론〉을 말하며 이 사실을 아래와 입증했습니다.

> 그의 초기 편지들, 특별히 〈고전 12:12-27〉과 〈롬 12:4-8〉에서 바울은 그리스도인들의 상호 유기적인 삶을 묘사하기 위해 그리스도의 몸이라는 비유를 사용한다. … 바울은 로마의 그리스도인들을 "그리스도 안에서 한 몸(롬 12:5)"이라 했다. 바울은 고린도의 그리스도인들에게도 이와 비슷하게 "그리스도의 몸이요 지체의 각 부분(고전 12:27)"이라 불렀다. … 골로새서와 에베소서에서는 유대인과 이방인의 새로운 연합을 '몸'이라는 단어를 써서 강조한다. 교회는 이제 지역적일 뿐만 아니라 보편적인 측면에서 부활한 그리스도가 머리가 된다. … 바울이 후기 편지들을 쓰진 몇 년 전에는 "이제 내가 산 것이 아니요 오직 내 안에 그리스도께서 사신 것이라(갈 2:20)" 말한 적이 있다. 그러나 이제 그는 이처럼 믿음으로 그리스도와 연합한다는 중요한 사실을 발전적으로 표현하기 위해 그것을 몸과 머리의 관계 안에서 발전하는 효과적인 용어를 사용하고 있다.[57]

---

57 F. F. Bruce, *Paul and Jesus* (Grand Rapids, Michigan: Baker Book House, 1974), pp.36-37.

윌리엄 바클레이(William Barclay) 교수 또한 "바울의 편지에 드러난 그의 신학적 강조점에 변화가 있었다는 점은 사실이다."[58]라고 주장하며 바울의 〈교회론〉에 그러한 발전이 있었다고 주장했습니다.

> 고린도 교인들에게 보낸 바울의 두 편지들 안에는 바울의 신학에 특정한 발전 과정이 있었음을 보여주는 암시가 있다(a hint of a development). 두 편지들은 모두 고린도에 있는 하나님의 교회에 보낸 편지들이다(고전 1:2; 고후 1:1). 그곳의 그리스도인 공동체는 더 이상 고린도 교회가 아니다(the Church of Corinth). 그들은 고린도에 있는 하나님의 교회다(the Church of God). … 교회는 더 이상 고린도 교회, 갈라디아 교회, 로마 교회와 같이 그 지역 이름으로 불리는 일이 없다. 이제 교회는 모두 다 하나님의 교회다. 교회에 대한 바울의 신학이 이런 방향으로 움직이게 된 데는 몇 가지 요인이 있다.[59]

여기서 프레드릭 브루스와 바클레이가 강조하는 것은 바울이 〈교회론〉을 말할 때 똑같이 그리스도의 몸이라는 용어를 사용했지만 시간이 지나면서 그 용어의 함축적 의미가 점차적으로 그 발전했다는 점입니다. 그러나 그렇다고 해서 그리스도의 몸으로 비유되는 바울의 〈교회론〉이 처음과 완전히 달라진 것은 아니었습니다.

특별히 바클레이는 이 점에 있어 많은 정보를 제공하고 있는데, 그는 바울이 즐겨 사용한 〈예수 안에서〉라는 말에도 이러한 현상이 보인다고 했습니다.

---

58 William Barclay, *The Mind of St. Paul* (New York: Harper & Brothers Publishers, 1985), p.109.

59 위의 책, p.234.

은혜는 성숙이다

그리스도 안에(in Christ) … 이 말은 바울 신학의 정수(essence)라기보다는
요약(summary)이라 할 수 있다. … 바울의 초기 편지들 중에 데살로니가후
서에서만 유일하게 이 말이 안 쓰인다. 바울에게 있어 이 말의 의미는 시
간이 흐를수록 더욱더 깊어지고, 풍부해지며, 정교해졌는데 이러한 발전
과정 그 어느 누구도 부정하지 못한다. 그러나 이 말과 그 의미가 바울의
신학에 있어 전에 없던 것이 갑자기 생겨난 것이 아니라는 점 또한 사실이
다. 이 말은 바울의 신앙생활에 있어 처음부터 끝까지 그의 영적체험의 중
심이자 생명이었다.[60]

바클레이는 〈종말론〉에 있어서도 동일한 현상이 나타난다고 주장했습
니다.

바울에게 있어 그리스도의 재림을 이해함에 어느 정도 특정한 신학적 발
전 과정이 있었다는 평가가 일반적이다. 그리스도의 재림에 관한 바울 신
학에 분명한 변화가 있었다는 점은 사실이다. 그러나 그것 때문에 그리스
도의 재림에 대한 바울 신학이 이전의 사상에서 벗어났거나 그것을 포기
했다는 것은 사실이 아니다. 처음부터 끝까지 바울 신학은 원래 그 자리에
계속 있었다.[61]

여기서 바클레이가 주장하는 것은 "바울의 편지들 중에 초기 편지들보
다 후기 편지들에 갈수록 재림에 대한 언급이 약해지기는 했지만 바울이 쓴

---

60 위의 책, p.121.
61 위의 책, p.218.

편지의 처음부터 끝까지 재림은 항상 바울 신학의 중심에 있었다.ﾠ"[62]는 점입니다. 데이빗 윈헴 교수도 "많은 학자들이 바울의 종말과 재림 이해에 있어 초기 편지와 후기 편지 사이 시간의 흐름에 따라 어떤 변화를 겪었는지 논의해왔다고 말하면서도 초기와 후기 바울이 가지고 있던 그 종말과 재림의 근본 이해는 차이가 없다."[63]고 말했습니다. 실제적으로 바울의 종말과 재림론은 〈임박한 종말론〉에서 〈지연된 종말론〉으로 발전했으며 나중에는 〈실현된 종말론〉의 형태를 가지게 되었습니다. 바클레이의 주장은 계속됩니다. 그는 예수님의 〈십자가〉와 〈부활〉의 상관관계에 있어서도 이러한 발전과 진보가 있었음을 주장합니다.

> 바울의 편지에 드러난 그의 신학적 강조점에 변화가 있었다. 초기 바울의 신학적 강조점은 십자가에 있었고, 예수 그리스도의 대속과 희생적인 죽음에 있었던 것이 사실이다. 그러나 그의 생애 마지막 무렵에 바울에겐 부활이 그 당시 초대교회 전반의 분위기가 그랬듯이 그리스도교 신앙의 중이었던 것 또한 사실이다.[64]

지금까지 여러 학자들의 말을 인용했습니다. 결론은 이렇습니다. 사도 바울의 편지를 통하여 그의 영적 성숙 과정을 추적한다는 것은 이러한 성숙의 발전 과정을 추적하는 것이지, 완전한 변화를 찾는 과정이 아니라는 겁니다. 이 추적과정은 변할 수 없는 전략 자체의 변화를 추적하거나, 음식을 아예 바꾸거나, 음악 자체를 바꾸어 버리는 과정이 아닙니다. 다시 언급

62　위의 책, p.221.

63　Wendham, David. *Paul: Follower of Jesus or Founder of Christianity?*, p 298.

64　William Barclay, *The Mind of St. Paul*, p.109.

은혜는 성숙이다

하지만, 전략, 음식, 베토벤의 월광 소나타는 처음부터 끝까지 똑같습니다. 다만 그것을 수행하는 사람의 전술과, 먹는 방법과, 연주하는 태도와 방법에 성숙이 있었을 뿐입니다. 우리는 바로 그 발전 과정과 진보 과정을 성숙이라는 관점에서 추적하는 것입니다.[65]

3. 갈라디아서와 로마서: 동일한 말씀, 그러나 다른 태도와 방식

하나님께서 사도 바울의 13개 편지를 통하여 전달하신 말씀 가운데 가장 중요한 복음이 바로 "믿음을 통한 하나님의 은혜로 구원을 얻는다."는 '이신칭의(以信稱義: Justification by grace through faith)'의 말씀입니다. 그래서 이러한 '이신칭의'의 말씀은 바울의 13개 편지를 통해 꾸준히 동일하게 나타납니다. 그러나 동일한 '이신칭의'의 말씀을 담고 있는 바울의 13개 편지는 그 '이신칭의'를 계시함에 있어 다른 분위기를 뿜어냅니다.

이러한 현상을 가장 잘 보여주는 사례가 바로 갈라디아서(50년대 초반)와 로마서(57년경)입니다. 두 편지 모두 초기 편지(주후 50-57년경)에 속합니다. 그러므로 같은 초기 편지지만 두 편지 사이에는 약간의 시간적 차이(대략 4-7년)가 있습니다. 갈라디아서와 로마서, 두 편지 모두 '이신칭의'의 말씀을 가르치는 대표적인 편지입니다. 그러나 '이신칭의'를 가르침에 있어 두

---

65 그러나 일부 학자들 가운데는 사도 바울이 전한 말씀(복음)의 내용 자체에도 성숙, 성숙, 수정, 발전이 있었다고 주장합니다. 구체적인 예로, 첫째, 철학적 지혜로 설교함으로써 실패를 맛본 아덴(Athens)지역 선교 이후, 바울이 고린도전서를 쓰면서 오로지 십자가만을 설교하겠다고 선언했다는 점과(고전 2:1-2), 둘째, 처음에는 미혼(未婚)을 권면하며 결혼을 일종의 성욕(性慾)을 제어하기 위한 한 해결책으로 설명했던 바울이(고전 7장), 나중에는 오히려 결혼생활을 '예수님과 교회의 관계모델'로 설명하고(엡 5:22-6:4) 나중에는 급기야 결혼을 적극적으로 지원했다는 점(딤전 5:14), 셋째, 초기 편지(살전, 살후)에서는 재림과 종말만을 강조하다가 후에 "믿음으로 구원을 얻는다."는 '이신칭의'의 교리로 그 강조점이 변화했다는 점 등입니다. 朴昶環, 『新約聖書槪論』(서울: 大韓基督敎書會, 1972), 203쪽.

편지가 우리에게 주는 느낌과 분위기는 너무나 다릅니다.

미국 유니온(Union)신학교의 어네스트 스캇(Ernest F. Scott) 교수는 "로마서는 갈라디아서와 동일한 이신칭의의 복음을 전달하고 있지만, 그 저술 목적과, 태도와, 느낌과, 분위기와, 그 외의 모든 조건 상황은 갈라디아서를 전달할 때와는 완전히 다르다."[66]고 주장했으며, 리트풋(J. B. Lighfoot) 교수도 "갈라디아서는 그 당시 이신칭의의 복음을 파괴하려는 사람들과 그것에 동조하는 사람들을 향하여 사도 바울이 매우 분노한 가운데 쓴 아주 거친 형태(in indignant remonstrance)의 편지지만, 로마서는 같은 이신칭의를 전하면서도 편안하고 안락한 분위기 속에서 깊은 묵상을 하며 쓴 편지다(he writes at leisure, under no pressure of circumstances)."[67]라고 설명했고, 프레드릭 브루스(F. F. Bruce) 교수도 "로마서에서 전한 이신칭의의 가르침은 갈라디아서에서 전한 이신칭의의 가르침보다 좀 더 폭넓은 조건과 상황에서 증보된 내용으로 쓰여진 것이다(he sets this teaching in a wider context), 그러나 그 가르침의 근본 내용은 동일하다."[68]라고 해석했습니다. 더 나아가 미국 듀크(Duke)대학의 제임스 프라이스(James Price) 교수는 "갈라디아서는 기독교인 자유 대헌장(the magna carta)이고, 로마서는 그 헌장에 대한 해설(commentary)이다."라고 결론을 내렸습니다.[69]

결국, 다음과 같은 결론이 나옵니다. 갈라디아서와 로마서는 모두 동일한 '이신칭의'의 말씀을 전달하고 있습니다. 그런데 둘은 서로 다른 느낌을

---

66   Ernest F. Scott, *The Literature of the New Testament* (New York: Columbia University Press, 1957), pp.156-157.

67   J. B. Lightfoot, *St. Paul's Epistle to the Galatians* (London, 1865), p.49.

68   F. F. Bruce, *Paul: Apostle of the Heart Set Free* (Grand Rapids, Michigan: Wm. B. Eerdmans Publishing Co., 1998), p.326.

69   James L. Price, *Interpreting The New Testament* (New York, Holt: Rinehart and Winston, 1961), p.386.

은혜는 성숙이다

줍니다. 그 이유는 사도 바울이 전한 복음의 핵심자체에 어떠한 변화가 있어서 그런 것이 아니라, 그 복음을 전달할 당시 사도 바울의 외적 환경과 내적 영감에 차이점이 있기 때문입니다.

그렇다면 사도 바울의 개인적인 영적 성숙과 성숙 과정도 이러한 차이점을 만들어내는 이유가 될 수 있지 않을까요? 저는 개인적으로 충분한 이유가 된다고 생각합니다. 따라서 본서는 갈라디아서 또는 데살로니가전서부터 디모데후서에 이르기까지(십여 년간), 사도 바울이 경험했던 영적 성숙의 과정도 그러한 차이점을 보이는 한 가지 이유가 될 수 있다는 것을 전제한 책입니다. 이러한 전제를 사도 바울의 13개 편지들로 확대하여 십여 년간 사도 바울의 성숙 과정을 추적해보려는 것입니다. 왜냐하면 이러한 상황은 사도 바울의 13개 서신에 동일하게 적용이 되기 때문입니다. 물론 이것이 성경 전체에 동일하게 적용된다는 것은 너무나 당연한 일입니다.

같은 하나님의 말씀이지만, 솔로몬이 한창 젊었을 때 기록한 〈아가서〉와 그의 노년에 기록한 〈전도서〉의 느낌은 확실히 다릅니다. 그 이유는 그 세월 동안 솔로몬의 가치관과 신앙관에 성숙과 진보가 있었기 때문입니다. 그러나 아가서와 전도서 모두 하나님의 은혜와 사랑에 대하여 말하고 있습니다. 또한, 동일한 이스라엘의 역사기록이지만, 열왕기서와 역대기서의 분위기가 전혀 다릅니다. 이유는 열왕기서 저자와 역대기서 저자의 역사적 관점이 다르기 때문입니다. 더 나아가 같은 예수님에 대한 기록이지만, 마태, 마가, 누가, 요한 모두 서로 다른 관점에서 예수 그리스도를 묘사하고 있습니다. 마태는 왕이신 예수님, 마가는 종이신 예수님, 누가는 이방인을 위한 예수님, 요한은 하나님이신 예수님을 묘사합니다. 그러나 그 모든 것은 다 동일한 하나님의 말씀이며 동일한 예수 그리스도입니다. 바울 서신을 통해서 보는 바울의 영적 성숙 과정도 이와 같은 맥락에서 이해할 수 있을 것입니다. 즉, 본질의 변화가 아닌 태도와 관점과 자세의 성숙의 맥락입니다.

그러므로 성경말씀을 통해서 사도 바울의 영적 성숙 과정을 본다는 것은 변할 수 없는 하나님의 말씀을 향한 사악한 도전이 아니라, 변할 수 없는 하나님의 말씀을 기록했던 사도 바울의 발전적인 성숙 과정을 그 말씀의 분위기를 통해 추적하는 탐색과정입니다. 따라서 사도 바울이 직접 쓴 편지이자 동시에 완전무결한 하나님의 말씀인 13개 편지를 가지고 사도 바울의 영적 성숙 과정을 추적한다는 것은 절대로 성경말씀의 영적 권위를 파괴하려는 시도도 아니며, 무시하려는 의도도 아니며, 더 나아가 그것을 무시하는 작업도 아닙니다. 오히려, 하나님께서 완전한 자기 계시로서 성경을 기록하실 때에 그 말씀을 기록하는 인간의 자유의지를 주권적으로 사용하셨다고 하는 '성경의 유기적 영감설'을 지지하는 새로운 시도가 될 것입니다.

4. 구름같이 허다하게 둘러싼 수많은 증인들(히 12:1-3)

비록 단편적이지만 이와 같은 시도를 했던 사람들이 많습니다.

윌리암 바클레이 교수는 바울의 '재림론'과 '결혼관'을 추적했습니다. 그는 바울이 딱딱하게 고정된(static) 신학을 가진 조직신학자(systematic theologian)가 아니라, 환경에 따라 상황화되는(changing situation) 체험 중심의 믿음(an experienced-based faith)을 가진 신앙인이었다고 주장했습니다.[70] 그에 따르면 '재림론(Second Coming)'은 사도 바울이 죽기 전까지 잊지 않고 전한 일관된 주제였으나, 시간의 흐름에 따라 '임박한 재림'에서 '지연된(delayed) 재림'으로 그 형태가 성숙했다고 말합니다.[71] 바클레이는 바울의 편지를 쓰여진 연대순으로 분석하며 처음에는 '임박한 재림'을 주장하던 바

---

70 William Barclay, *The Mind of St. Paul* (New York: harper & Brothers Publishers, 1985), pp.54-55.

71 위의 책, pp.218, 221.

은혜는 성숙이다

울이(살전, 살후, 고전 7:25-29) 시간이 흐르면서 '지연된 재림'(엡, 빌 1:20-26, 3:10-16)으로, 그리고 후기 때에는 아예 종말에 대한 언급이 매우 약해졌다고 말했습니다(딤전, 딤후, 딛). 그리고 그것을 바울이 초기에 독신생활(celibacy)을 권면할 수 밖에 없었던 상황적 이유로 설명합니다(고전 7:26, 38-40).[72] 결국 바울은 재림이 지연되는 것을 보고 후기에 와서 전기 때와는 정반대로 결혼을 적극적으로 추천했습니다(딤전 5:14).[73]

제임스 프라이스(James Price) 교수는 데살로니가 전서와 후서는 둘 다 모두 동일한 재림과 종말의 말씀을 전하고 있지만, 그 표현 방법과 언어 형태 그리고 전체적인 문장에서 느껴지는 강조점의 분위기가 조금 다르다고 주장했습니다. 바울은 처음에 그냥 일반적인 종말론을 전하다가(살전 5:1-11) 후에는 확실한 징조 후에 나타나는 조건부 종말론(살후 2:1-12)을 전하고 있다고 합니다. 그리고 바울의 종말론이 이러한 성숙을 보인 이유를 처음 편지(살전)를 받고 몇 사람들이 시한부 종말론을 주장하게 된 상황적 조건에서 찾고 있습니다. 또한 그는 후기 편지들이(딤전, 딤후, 딛) 이전 편지들과는 그 표현 방법과 언어 형태 그리고 분위기가 너무나 달라 바울이 직접 쓰지 않았을 가능성까지 언급했을 정도입니다(not by Paul but by Paulinist).[74]

프레드릭 브루스(F. F. Bruce) 교수는 바울의 내세관과 종말론에 대한 분석을 하면서 바울이 에베소 사역을 통해 죽을 뻔했다가 가까스로 살아난 이후 이때 그가 겪은 영적인 위기를 '두 번째 회심(second conversion)'이라 주장했습니다. 그러면서 그는 바울이 이 위기를 경험한 후에 쓴 후기 편지들에서 그의 '기질의 변화(a change of temper)'를 보이는데 이것이 '바울의 영적

---

72 위의 책, p.220.

73 Manfred T. Brauch, *Hard Sayings of Paul* (Dowmers Grove, Illinois: InterVarsity Press, 1989), pp.108-113

74 James L. Price, *Interpreting The New Testament*, pp.361-363, pp.473-476.

성숙(Paul's spiritual development)'이라고도 했습니다.[75] 더 나아가 그는 바울이 다메섹에서 받은 일시적인 계시도 있었지만 그의 계시는 그 자리에서 끝난 것이 아니라 그 뒤에도 계속 점진적으로 진행되어 그의 발전된 영적 성숙에 영향을 주었다고 주장했습니다. 한마디로, 그는 바울의 다메섹 언덕의 사건 이후부터 그의 모든 생애가 이러한 성숙의 과정이었음을 주장한 셈입니다.[76]

김세윤 교수는 바울이 가지고 있었던 이방인의 사도로서의 자기정체성에 이러한 발전과 성숙 과정이 있었음을 추적했습니다. 그는 바울이 다메섹 사건에서 이방인을 향한 자기 소명을 받았으나, 그 후 그 소명의 중대성에 대한 확신이 서는 데까지는 10여 년 이상의 시간이 걸렸을 것임을 인정했습니다. 즉, 사도 바울이 처음부터 완전히 100% 확실하게 정립된 신학과 신앙을 가지고 있지 않았다는 것입니다. 다만 다메섹 사건 때 그의 신앙과 신학의 핵심적인 요소만이 잡혀 있었다는 이야기입니다. 물론 다메섹 사건이 바울 신학과 신앙의 근원이자 출발점이지만, 그것은 시간이 흐름에 따라 훗날 성숙되고 증보되었다는 말입니다. 심지어 김세윤 교수는 이러한 추적의 과정은 사도 바울의 신학뿐만 아니라 그의 삶과 사역 전체를 조망함에 있어 가장 최고의 방법임을 거듭 강조했습니다. 이러한 김세윤 교수의 주장은 사도 바울이 다메섹 사건을 출발점으로 하여 자신의 신앙 성숙을 완전히 이루어감에 있어 어느 정도의 시간이 소요되었음을 뜻하며, 그 모든 과정은 그가 쓴 13개 편지들 속에서 추적할 수 있음을 의미하기도 합니다.[77]

---

75 F. F. Bruce, *Paul: Apostle of the Heart Set Free* (Grand Rapids, Michigan: Wm. B. Eerdmans Publishing Co., 1998), p.300.

76 위의 책, pp. 80, 188.

77 Seyoon Kim, *The Origin of Paul's Gospel*, 홍성희 역, 『바울 복음의 기원』(서울: 도서출판 엠마오, 1994), 102, 164-165, 555, 564-565쪽.

은혜는 성숙이다

미국의 저술가 윌슨(A. N. Wilson)의 경우 '기독론(예수관)'의 성숙에 관심이 있었습니다. 그는 특별히 'hyperbolic(과장된)'이라는 용어를 쓰면서 사도 바울의 기독론이 후기로 갈수록 점점 더 넓어지고 포괄적으로 성숙했다고 주장합니다.[78]

필자가 공부했던 미국 컨콜디아(Concorida)신학교의 신약학자 존 노들링(John Nordling) 교수는 사도 바울의 13개 편지를 통한 이러한 추적은 이때까지 흔치 않았던 시도로 매우 흥미 있고 가치 있는 작업이라고 저를 격려한 바 있습니다.[79]

이와 같이 구름같이 허다하게 둘러싼 수많은 증인들이(히 12:1~3) 바울의 편지를 쓰여진 순서대로 묵상하며 바울의 영적 성숙을 추적할 수 있는 가능성을 제시하고 있습니다. 바로 여기에 우리가 사도 바울의 편지를 성경에 수록된 순서가 아닌 '쓰여진 순서대로' 묵상하면서 사도 바울의 신앙을 추적해 봐야 하는 합리적 이유가 있습니다.

---

78 A. N. Wilson, *Jesus* (New York: W. W. Norton & Company, 1992), p.20.

79 존 노들링 교수와의 면담(面談), 2007년 4월 26일, 목요일, 오전 10시부터 11시 30분까지, 노들링 교수의 교수실에서. 존 노들링 교수는 위스콘신대학(University of Wisconsin)에서 철학박사(Ph.D) 학위를 받았습니다. 그의 대표작으로는 『빌레몬서 주해서(Nordling, John G. *Concordia Commentary: Philemon*. St. Louis, MO: Concordia Publishing House, 2004.)』가 있는데, 이 주해서는 1장(25절)으로 구성되어 있는 바울의 편지 빌레몬서를 무려 379쪽의 방대한 분량으로 분석해 놓은 대작입니다. 특별히 주후 1세기 기독교 세계의 노예제도에 대한 연구는 그 주해서의 백미(白眉)입니다. 그는 한때 텍사스(Texas) 베일로(Baylor)대학의 교수로 있다가 현재 인디아나(Indiana) 컨콜디아신학교의 신약학(바울 서신) 교수로 재직하고 있습니다.

4장
쓰여진 순서대로의 역사

3시대 구분: 초기·중기·후기

자! 이제 우리는 사도 바울의 편지를 그것이 '쓰여진 순서대로' 묵상하기로 결정했습니다. 그렇다면 이제 '쓰여진 순서대로'인 사도 바울의 편지들이 어떠한 역사적 과정을 통하여 저술되었는지 한 번 살펴보려 합니다. 일반적으로 사도 바울이 행한 선교 사역의 역사적 구분을 기준으로 해서 그 시기를 초(初)·중(中)·후(後) 3기로 나눕니다. 따라서 사도 바울의 13개 편지를 그 역사적 흐름에 따라 시대 구분하는 기준은 그의 역사적 사역의 구분과 연결시켜 이루어진 것입니다. 그럼 이제 그것들은 하나하나씩 좀 더 자세히 살펴볼까요?

1) 초기 편지(주후 50-57년경): 살전, 살후, 갈, 고전, 고후, 롬

먼저 초기의 편지부터 살펴봅시다. 사도 바울은 주후 47년경부터 57년경까지 총 3차에 걸친 세 번의 전도여행을 하게 됩니다. 그 과정에서 총 4개 지역(Galatia, Macedonia, Achaia, Asia)을 중심으로 순회합니다. 여기까지의 모든 내용은 누가(Luke)가 기록한 사도행전을 통하여 자세히 확인할 수 있습니다. 그럼 어디 한번 자세히 살펴볼까요?

은혜는 성숙이다

예수님께서 33년에 죽으시고, 부활하신 뒤, 승천하셨다고 가정하면, 바울이 다메섹 언덕에서 예수님을 만난 경험은 그로부터 3-4년 뒤인 36년이나 37년경이 됩니다. 그 뒤 바울은 곧바로 열정적으로 예수 그리스도를 전파하지만 목숨을 위협받는 어려움에 직면하게 됩니다(행 9:1-30). 그 뒤 바울은 아라비아에 갔다가 다메섹으로 갑니다. 그리고 3년 뒤 예루살렘을 방문합니다(갈 1:15-20).[80] 그 뒤 약 몇 년의 공백 기간이 지나고 사도 바울은 드디어 바나바(Barnabas)의 초청으로 안디옥에서의 바나바와 함께 본격적인 선교목회를 시작합니다(행 11:19-26). 그러므로 사도 바울이 처음 다메섹 언덕에서 예수님을 만난 뒤, 나중에 그가 제1차 전도여행을 떠나기까지는 적지 않은 오랜 공백기간(empty period)이 있었습니다. 예수님에게도 '숨겨진 생애(hidden period: 소년시절)'가 있었듯이, 사도 바울에게도 거의 10년에 가까운 '숨겨진 생애(unknown years)'가 있었다는 말입니다. 그것은 바로 다메섹 사건 이후부터 그가 바나바의 초청으로 안디옥 교회에 부름을 받기 전까지 그 모든 기간을 의미합니다.

바울이 이 숨겨진 기간 동안 무엇을 하였는지에 대하여 많은 역사가들의 추측이 있습니다. 한 가지 정확한 한 것은 사도 바울이 이때 아라비아로 갔다는 사실입니다(갈 1:15-17). 그렇다면, 그는 그곳에 왜 갔을까요? 많은 사

---

80 사도 바울의 다메섹 사건 뒤의 행적에 대하여는 사도행전의 기록과 사도 바울 자신의 증언(편지 내용) 사이에 쉽게 풀리지 않는 혼선(confusing)이 있습니다. 사도행전은 다메섹 사건 뒤 바울이 예루살렘에 올라가 많은 제자들을 만났음을 증언합니다(행 9:26-27). 그러나 사도 바울 자신은 바로 예루살렘에 가지 않았고, 오로지 게바(베드로)와 야고보(예수님의 남동생)만 만났다고 고백합니다(갈 1:18-20). 사도행전은 바울이 예루살렘에 총 5번 방문한 것으로 증언하지만(행 9, 11, 15, 18, 21장), 사도 바울의 편지들은 세 번 방문한 것으로 말합니다(갈 1, 2장; 롬 15장). 그런데 전통적으로 사도행전의 증언보다 바울 자신의 직접적인 증언(편지내용)에 더 큰 신빙성(信憑性)을 두고 있습니다. 따라서 필자도 이러한 전통적 견해를 따르고 있습니다. 사도행전과 바울의 편지 사이에 나타난 이러한 차이점들에 대한 분석과 도표(graph)는 다음을 참고하세요. L. Michael White, *From Jesus To Christianity* (New York: Harper San Francisco, 2004), p.147-148.

람들의 공통적인 해석은 이 기간 동안 사도 바울은 예수님의 계시를 직접 받았으며(갈 1:11-24), 삼층천(三層天)에도 다녀오고(고후 12:1-4), '육체의 가시'도 얻게 되는 등(고후 12:7-10),[81] 나름대로 하나님께서 앞으로 쓰실 사역자로서 준비하는 과정을 거쳤다고 말합니다. 흔히 군대에 입대하여 자대배치를 받기 전 6주간의 신병 훈련 기간이 있습니다. 이때 조교들은 '신병 길들이기'를 합니다. 이와 마찬가지로 이때 사도 바울도 '새로운 사도로서의 훈련기간(a training for the new apostle)'을 거친 듯 보입니다. 한마디로 하나님께서는 이 숨겨진 시기에 '바울 길들이기'를 하신 것 같습니다.[82]

어쨌든, 이후 바울은 바나바와 함께 1차 전도여행을 떠난 뒤(행 13:1-3), 전도 사역을 은혜 가운데 잘 마치고 다시 안디옥으로 돌아옵니다. 사람들은 바울이 제1차 전도여행 중에도 지속적으로 편지와 글을 썼을 것이라고 추정합니다. 그러나 애석하게도 그것을 증명할 만한 문서는 아직 발견되지 않았습니다. 그러므로 주후 50년경 이전에 쓰여진 바울의 편지는 아직 발견

---

81 바울이 가지고 있었던 '육체의 가시'에 대하여 많은 해석이 있습니다. 다메섹 언덕에서 받은 강한 빛에 의한 안질(眼疾), 그의 고질병인 간질(癎疾), 때때로 하나님의 은혜가 그를 떠날 때에 오는 삶의 괴로움, 개인적 외로움과 성적(性的) 욕구 등입니다. 그러나 바울이 고백한 '육체의 가시'가 정말 무엇인지는 아무도 모릅니다. 그래서 제 개인의 생각으로는 그 '육체의 가시'가 어떤 것인지는 그리 중요하지 않고, 오히려 하나님께서 왜 바울에게 그 '육체의 가시'를 주신 이유가 더욱더 중요한 문제라 생각합니다. 제 개인적인 생각으로는 이 '육체의 가시'란 마치 철없이 날 뛰는 손오공을 제압하기 위하여 삼장법사가 그의 머리 위에 씌운 머리띠와 같은 것으로 봅니다. 그러므로 이때의 '육체적 가시'는 바울이 고백한 것과 같이 바울이 심오한 계시의 체험으로 인해 자만하지 않도록 하나님께서 허락하신 일종의 '손오공 머리띠'일지도 모릅니다(고후 12:7). 심오한 계시의 체험 이후에도 자만하지 않게 된다는 것이 얼마나 큰 은혜입니까? 그래서 하나님께서는 "내 은혜가 네게 족하도다(고후 12:9)"하신 것일지도 모릅니다. 그래야 바울이 정말 하나님께서 원하시는 사도 바울이 될 수 있었기 때문이겠지요. 이것은 어디까지나 제 개인적인 생각입니다.

82 사도 바울의 이 숨겨진 기간에 대한 역사적 분석은 다음의 책을 참고했습니다. Martin Hengel and Anna Maria Schwemer, *Paul: Between Damascus and Antioch: The Unknown Years* (Louisville, Kentucky, Westminster John Knox Press, 1997), pp.24-132

은혜는 성숙이다

되지 않았거나, 또는 분실되었거나 최악의 경우, 아예 없다는 뜻이 됩니다 (고전 5:9; 고후 2:4; 골 4:16; 살후 3:17).

그러나 바울의 제1차 전도여행 직후부터 제2차 전도여행 사이에 바울의 편지가 등장합니다(행 15:36-41). 가장 먼저 쓰인 편지가 바로 갈라디아서(주 후 49년경: 남갈라디아설) 또는 데살로니가전서(주후 50-52년경) 입니다. 그러므 로 갈라디아서 또는 데살로니가전서는 성경에 수록된 바울의 13개 편지들 중에 가장 먼저 쓰여진 편지이며, 신약성경 27권 전체를 통하여서도 제일 먼저 쓰여진 편지입니다.[83]

바울은 제2차 전도여행을 마치고 다시 안디옥으로 돌아온 연속해서 제 3차 전도여행을 시작합니다. 이 과정에서 갈라디아서(53-56년경: 북갈라디아 설)와 고린도전서와 고린도후서(55-56년경)를 기록합니다. 그리고 제3차 전

---

[83] 갈리디아서의 저작연대는 뜨거운 논쟁입니다. 갈라디아서가 갈라디아의 남쪽과 북쪽 중 어느 지역으로 보내졌는가에 따라 〈남갈라디아설〉과 〈북갈라디아설〉로 나누어집니다. 만약 〈남갈라디아설〉을 취하면 데살로니가전서보다 먼저 쓰여진 서신이 되며(1차 전도 여행 직후), 〈북갈라디아설〉을 지지하면 데살로니가전서보다 늦게 쓰여진 서신이 됩니다 (3차 전도여행 중). 〈남갈라디아설〉을 주장하는 사람들은 바울과 바나바가 안디옥으로 귀 환하는 중에 남갈라디아 교회들을 다시 방문한 사건과 연결합니다(행 14:21) 동시에 갈라 디아서의 최대 논쟁 중 하나인 이방인의 할례 문제를 다루면서 바울이 이미 그 논쟁의 해 결점을 제시한 예루살렘 총회의 결정사항을 단 한 번도 언급하지 않았다는 사실을 덧붙 입니다. 그래서 그들은 갈라디아서가 예루살렘 총회(행 15장) 이전에 쓰여진 것으로 주장 합니다(주후 49년경). 반면에 〈북갈라디아설〉을 지지하는 사람들은 〈갈 2:1-10〉의 모임이 예루살렘 총회 모임이었음을 주장합니다. 그리고 그 당시 갈라디아 교인들로부터 사도성 의 진정성을 의심받고 있던 바울이 갈라디아 교인들에게 나쁜 영향을 미친 전도자들이 속 한 예루살렘 총회의 결의사항에 힘입어 자신이 예수님께로부터 받은 고유한 신학을 주장 하고 싶지 않아 일부러 언급하지 않았다고 말합니다. 따라서 그들은 갈라디아서를 예루 살렘 총회 이후에 쓰여진 편지로 인식합니다. 그러나, 둘 중에 어떤 가설을 선택하든지 갈 라디아서가 바울의 초기 서신이라는 점에는 변화가 없습니다. 따라서 필자는 이러한 논 쟁과는 상관없이 갈라디아서를 그냥 초기 서신으로 인정하고 본서에서 적용하려 합니다. Bruce Wilkinson & Kenneth Boa, *The Wilkinson & Boa Bible Handbook* (Nash-ville, Tennessee: Thomas Nelson Publishers, 1983), pp.394-395.

도여행이 끝나갈 무렵(또는 다 끝낸 뒤) 고린도 지역에서 그의 대표작인 로마서(주후 57년경)를 기록합니다. 그 뒤 바울은 체포당하고 결국 죄수의 몸으로 로마에 도착합니다. 여기까지가 사도행전의 내용입니다.

이처럼 사도 바울의 초기 편지들(갈, 살전, 살후, 고전, 고후, 롬)은 모두 사도행전을 통하여 거의 정확한 역사적 추적이 가능합니다. 그리고 그것들은 모두 제1차 전도여행 직후로부터 제2차와 제3차 전도여행 과정 때 쓰여졌습니다. 그러므로 사도 바울의 초기 편지는 그것이 초기라고 해서 절대로 그의 사역 초기 때의 편지가 아닙니다. 여기서 초기 편지라고 말하는 것은 성경에 수록된 그의 13개 편지들과 관련해서 볼 때에 초기 편지라는 뜻이지, 그의 사역 초기에 기록된 초기 편지는 아닙니다. 오히려 그의 초기 편지들은 그의 선교사역이 최절정(제2, 3차 전도여행)에 달해 있을 때에 쓴 것들입니다. 이러한 역사적 내용에 비추어 바울이 쓴 편지들을 사도행전의 역사 속에 다시 끼워 넣어 정리하면 아래와 같습니다.

> 바울의 다메섹 사건과 초기 사역(행 9:1-30)
>
> 바울의 숨겨진 기간(행 9:31-11:18)
>
> 바나바가 바울을 안디옥에 청빙함(행 11:19-26)
>
> 바울의 1차 전도여행(행 13-14장)
>
> 바울의 2차 전도여행(행 15:36-18:22): 갈, 살전, 살후
>
> 바울의 3차 전도여행(행 18:23-21:16): 고전, 고후, 롬
>
> 로마에 죄수의 몸으로 도착해 행한 선교사역(행 21-28장)

2) 중기 편지(주후 60-64년): 골, 몬, 엡, 빌

이제 중기 편지를 살펴보겠습니다. 성경은 죄수의 몸으로 로마에 도착한 사도 바울에 대하여 "그가 자기 셋집에 머물며 지속적인 선교사역을 하였다

은혜는 성숙이다

(행 28:30-31)"라고 기록합니다. 그러나 이 기록 외에 성경은 그 이후의 행적에 대하여 그 어떤 정보도 제공하고 있지 않습니다. 다만 성경은 그 시기에 사도 바울이 쓴 편지들을 담고 있습니다. 그래서 그의 편지를 통하여 그때를 추측해보는 방법 외에 다른 방법이 없습니다. 중기 편지는 바울이 바로 이때 쓴 것들입니다.

따라서 사도 바울의 중기 편지는 전부가 감옥에서 쓴 옥중서신(엡, 빌, 골, 몬)입니다. 즉, 로마에 죄인으로 잡혀있을 때에 쓴 편지라는 말입니다. 이후 바울은 하나님의 은혜로 석방되고, 석방되자마자 또다시 선교사역을 시작합니다. 그러나 이 선교사역에 대하여는 성경을 통해서나 그 외의 다른 사료를 통해서도 아직까지 확실한 정보가 제공되지 않아 그저 무수한 추측만 난무하고 있습니다. 어떤 역사가는 그가 그렇게 소망하던 서바나 지역으로 가서 선교사역을 수행했다고 주장하는 사람도 있고, 다른 사람은 다시 동방 지역으로 돌아와 그가 총 3차에 걸쳐 선교하였던 지역을 다시 돌아보았다고 주장하는 사람도 있습니다.

어쨌든 바울이 로마에서 석방되어 다시 선교사역을 했다는 것은 확실한 사실입니다. 그래서 어떤 역사가들은 이때를 가리켜 사도 바울의 '제4차 전도여행 시기'로 인정하기도 합니다. 사도 바울의 중기 편지들은 바로 이러한 역사적 배경을 가지고 기록되었습니다.

3) 후기 편지(주후 65-66년): 딤전, 딛, 딤후

석방된 이후 바울은 제4차 전도 여행을 하다가 또다시 죄수의 몸이 됩니다. 그리고 바울은 자신의 죽음을 앞두고 자신의 신앙적 후계자인 디모데와 디도에게 편지를 쓰게 됩니다. 그리고 이때 쓴 편지들이 바로 그의 후기 편지로 남습니다. 그래서 중기 편지들이 모두 옥중서신인데 비해, 후기 편지들은 모두 목회서신입니다. 특별히 디모데후서는 그가 죽기 바로 직전에 쓴 것으로 추정이 됩니다(주후 66년경). 때문에 흔히 그의 마지막 유언서라고 불리기도 합니다. 또한 그가 로마 감옥에 다시 투옥된 다음에 쓴 편지라는 가설 때문에 '옥중 목회 서신'으로 분류하기도 합니다.

은혜는 성숙이다

5장
어떤 성숙의 주제들을 추적하는가?

이동원 목사는 〈야고보서〉 강해설교를 통하여 성숙에 대해 말했습니다. 그는 하나님께서 〈야보고서〉를 통해 말씀하고 싶으셨던 계시의 주제가 바로 그리스도인의 성숙이라 했습니다. 그리고 그는 〈야고보서〉를 통해 우리가 점검해야 할 성숙의 주제들을 소개했는데 모두 열 가지였습니다.

> 야고보서는 왜 썼을까요? 개인의 경건한 삶을 다루기 위해 썼습니다. 한 영혼이 그리스도 예수 안에서 물과 성령으로 거듭나자마자 주께서 먼저 그들에게 기대하는 바는 인격의 성숙입니다. 그런데 교회 안에는 영적으로 미성숙한 사람들로 인해 많은 문제가 생깁니다. 이런 복잡한 문제들에 관하여 어떻게 해야 하는가를 야고보서는 취급하고 있습니다. 그러므로 야고보서에서 제일 많이 나오는 단어 중의 하나가 '온전'이란 단어입니다. 당신이 영적으로 성숙하기를 원하십니까? 그러면 반드시 야고보서를 공부해야 합니다.[84]

야고보서에서 제일 중요한 주제는 성숙한 그리스도인이 되는 것입니다.

---

84 이동원, 『이렇게 성숙하라』(서울: 나침반사, 2002), 23쪽

이 말씀을 공부하는 중 우리는 얼마나 성숙하였습니까? 다음의 질문은 우리의 영적 성숙을 테스트하는 것입니다. (1) 나는 삶의 시련을 잘 견디는가? (2) 나는 욕심의 미혹을 잘 이겨내고 있는가? (3) 나는 하나님의 말씀을 공부만 하는가 아니면 순종하고 있는가? (4) 나는 인간에 대한 편견을 가지고 사람들을 접근하지 않는가? (5) 나는 혀를 잘 다스리는가? (6) 나는 평화를 만드는 사람인가? (7) 나는 하나님의 뜻 가운데 삶을 계획하는가? (8) 나는 돈을 가지고 남을 위해 사용하는가? (9) 고난을 만날 때 원망하지 아니하고 기도하는가? (10) 나는 고난을 만난 형제를 기꺼이 돕고자 하는가?[85]

이처럼, 성숙이라는 주제는 매우 중요합니다. 그리고 우리가 추적해야 할 성숙의 주제들도 이처럼 많고 다양합니다. 흔히 〈야고보서〉는 믿음을 강조하는 바울과는 다르게 행함을 강조하는 서신으로 알려져 있습니다. 그러나 〈야고보서〉에서 말하는 행함은 믿음을 무시한 행함이 아니라 오히려 믿음을 증명하는 행함입니다. 이러한 행함은 절대로 율법주의적 행함을 뜻하지 않고 진정한 믿음에서 자연스럽게 나타날 수밖에 없는 믿음의 열매로서의 행함입니다. 〈야고보서〉는 예수님 말씀을 많이 인용하고 있으며 〈야고보서〉와 예수님의 〈산상수훈〉의 주제와 서술구조는 매우 흡사합니다. 바울이 믿음으로 구원을 얻는 '이신칭의(以信稱義)'를 말했다면, 〈야고보서〉는 그렇게 얻게 된 믿음이 진짜임을 증명하는 '이행증신(以行證信)'의 행함을 말하고 있습니다. 그러므로 둘은 절대로 적대적인 관계가 아니라 상호보완적입니다. 그래서 둘 다 성숙이라는 주제에 있어서는 공통분모를 가지고 있습니다. 이동원 목사님이 〈야고보서〉를 통해 성숙을 말한 것과 같이 저 또

---

85 위의 책, pp.197-198.

은혜는 성숙이다

한 바울이 쓴 13개 편지들을 통해 성숙이라는 주제를 추적하려 합니다. 그러나 이동원 목사님이 위에서 제시한 열 가지 항목을 다 추적하지는 못하고 제가 나름대로 바울의 13개 서신을 묵상하다가 발견하게 된 다음과 같은 네 가지 주제를 추적하려 합니다.

　(1) 자기 정체성의 성숙
　(2) 타인을 향한 태도의 성숙
　(3) 감사의 태도에 대한 성숙
　(4) 삶의 만족에 대한 성숙

위에 제시된 네 가지 주제들은 오늘날 기독교인들이 현실적으로 적용 가능한 실제적 주제들입니다. 그리고 위에 제시된 네 가지 주제는 성숙한 기독교인이 되기 위하여 꼭 한 번 점검하고 넘어가야 하는 주제들입니다. 따라서 본 네 가지 주제를 사도 바울을 통하여 알아보려 합니다. 그래서 사도 바울의 성숙을 오늘날 우리의 거울로 삼고 그것을 본받으려 합니다.

여기까지가 사도 바울의 13개 편지를 추적하기 위한 신학적 이론이며 준비단계였습니다. 약간 지루하셨나요? 아마 그랬을지도 모릅니다. 그러나 사도 바울의 영적 성숙을 추적하기 위해서는 이때까지의 단계가 필수적이었기에 여기까지 와야만 했습니다. 자! 이제 기대하십시오. 이제부터 재미있어집니다! 이제부터 본격적으로 사도 바울의 영적 성숙 과정을 하나하나 추적해 보도록 하겠습니다.

바울과 그의 영적 성숙
- 신앙적 묵상

1장
자기 정체성의 성숙

1. 초기 편지: 야! 나는 사도 중의 사도란 말이야!

제일 먼저 사도 바울이 초기 편지를 쓸 때에 자기 정체성이 어땠는지 살펴보려 합니다. 결론부터 말씀드리면 초기의 편지들은 사도 바울이 굉장히 자신의 사도성을 변호하며 사도로서의 자기 정통성을 매우 강조하고 있음을 보여줍니다. 특별히 초기 편지들 속에서 사도 바울은 뭔가 이상하게 사도라는 자기 정체성에 굉장히 민감한 반응을 보입니다. 한마디로 말해서 "나도 다른 사람 못지않은 정통 사도다!"라는 것을 매우 강조하고 있음을 확인하게 됩니다. 자! 그럼 그것이 사실인지 하나하나 추적하며 살펴볼까요?

우선 고린도전서 9장 1-6절을 묵상해 봅시다.

(1) 내가 자유인이 아니냐 사도가 아니냐 예수 우리 주를 보지 못하였느냐 주 안에서 행한 나의 일이 너희가 아니냐 (2) 다른 사람에게는 내가 사도가 아닐찌라도 너희에게는 사도이니 나의 사도됨을 주 안에서 인친 것이 너희라 (3) 나를 비판하는 자들에게 변명할 것이 이것이니 (4) 우리가 먹고 마

실 권리가 없겠느냐 (5) 우리가 다른 사도들과 주의 형제들과 게바와 같이 믿음의 자매된 아내를 데리고 다닐 권리가 없겠느냐 (6) 어찌 나와 바나바만 일하지 아니할 권리가 없겠느냐

일단 3절 말씀을 한번 볼까요?

나를 비판하는 자들에게 변명할 것이 이것이니

일단 이 말씀을 통하여 알 수 있는 것은 고린도 교회 안에 바울을 비판하는 사람들이 있었다는 점입니다. 다시 말하자면, 바울을 싫어하는 사람들, 바울을 미워하는 사람들, 바울을 반대하는 사람들이 있었다는 말입니다.[1]

그럼 그들은 왜 바울을 비판할까요? 무슨 근거로 바울을 비판하는 것일까요? 그리고 그 비판의 근원에는 무엇이 있었을까요? 이 질문에 대한 해답은 바울이 그들을 향하여 변명하는 내용들을 세밀히 살펴보면 저절로 알 수 있습니다.

우선 1절 말씀을 다시 한번 볼까요? 바울이 직접 고린도 교회 사람들에게 다음과 같이 물으면서 자기주장을 합니다.

내가 자유인이 아니냐 사도가 아니냐 예수 우리 주를 보지 못하였느냐 주 안에서 행한 나의 일이 너희가 아니냐

---

1 바울의 평생 동안 그 주변에 대적자들이 있었습니다. 그 사실은 그의 13개 편지 모두를 통해서 나타납니다. 대적자들의 공격은 주로 그의 사도로서의 정체성과 그의 가르침 그리고 그의 선교 방법에 대한 도전이었습니다. Jerry L. Sumney, *Servants of Satan, False Brother, and Other Opponents of Paul* (Sheffield: Sheffield Academic Press, 1999), pp.303-322. 이러한 대적자들의 도전에 맞선 사도 바울의 반응에 대하여는 본서 '3부 2장 타인을 향한 태도의 성숙'에서 다루어질 것입니다.

바울의 이 같은 자기주장은 "나도 예수를 만나 본 경험이 있는 사도다!"라는 것을 나타내기 위한 것입니다. 그래서 그는 계속해서 "내가 사도로서 헌신한 열매의 결과가 바로 고린도 교회의 너희들이다."라고 주장합니다. 특별히 여기서 바울은 자신이 직접 "내가 예수님을 보았다!"라는 사실을 강조하는데, 그 이유는 그 당시 "나는 예수님을 직접 보았다."라는 사실이 정통 사도로서 인정받을 수 있는 중요한 조건 중의 하나였기 때문입니다(행 1:21-22).

한마디로 바울은 이와 같이 말함으로써 자기도 남들 못지않은 정통 사도임을 주장하고 나선 것입니다. 따라서 이 말은 사도 바울 자신이 자기가 사도됨을 강한 어조로 고린도 교회의 사람들에게 주장하는 말입니다. 그리고 바울이 이렇게 자신의 사도성에 대하여 민감한 반응을 보이게 된 것은 그 당시 고린도 교회에 바울을 비판하는 사람들이 바울의 사도성의 진위여부에 대하여 문제를 제기했기 때문입니다. 그들은 바울이 사도로서 가지고 있는 권리에 대하여 시시비비를 따지며 도전해 왔던 것입니다. 그래서 바울은 계속해서 다음과 같이 사도로서 자신이 가지고 있는 권한을 주장합니다.

> (3) 나를 비판하는 자들에게 변명할 것이 이것이니 (4) 우리가 먹고 마실 권리가 없겠느냐 (5) 우리가 다른 사도들과 주의 형제들과 게바와 같이 믿음의 자매된 아내를 데리고 다닐 권리가 없겠느냐 (6) 어찌 나와 바나바만 일하지 아니할 권리가 없겠느냐

이것은 한마디로 바울 자신이 가지고 있는 사도로서의 권한과 권리를 자신 있게 주장하는 말입니다. 그러므로 고린도전서 9장 1-6절의 상황은 다음과 같이 정리됩니다. 그 당시 고린도 교회에 바울의 사도성과 그 권리에 의문을 품고 반대하는 사람들이 있었습니다. 물론 나중에 더 자세히 설명하

은혜는 성숙이다

게 되겠지만, 그 당시 고린도 교회의 몇몇 사람들은 바울과 다른 사도들을 서로 비교하면서 바울이 주장하는 사도성의 정통성에 의심을 가지게 되었습니다.

고린도 교인들이 가지고 있었던 이러한 바울에 대한 적대감은 여러 모양으로 표출되었습니다. 성경 속에 기록된 것만 해도 매우 많습니다. 그들은 바울을 공격하면서, 그의 선교 사역은 일관성이 없다느니(고후1:13), 바울은 아무에게도 추천장을 받은 적이 없다느니(고후 3:1, 4:2, 10:13), 바울의 가르침은 명료하지 않다느니(고후 4:3), 바울의 행동은 이해가 되지 않고 눈에 거슬린다느니(고후 7:2, 12:16), 바울은 멀리 떨어져서만 담대하다느니(고후 10:1, 10), 그는 예수 안에 속한 사람이 아니라느니(고후 10:7), 바울은 말재간이 없다느니(고후 10:11, 11:6), 그는 고린도 교회를 목회할 만한 능력이 없다느니(고후 11:7, 12:13), 예수님께서는 바울을 통하여 말씀하시지 않는다느니(고후 13:3) 등등, 뭐 공격할 수 있는 모든 범위 안에서 바울을 공격했던 것 같습니다. 그중에서 가장 바울의 마음을 찔렀던 부분이 바로 바울은 다른 사도보다 못한 사람이라는 비난이었습니다(고후 12:12).

이러한 상황에서 바울이 자기변호를 늘어놓게 되는 것은 너무나 당연한 일입니다. 왜냐하면 사도 바울도 감정이 있는 사람이었거든요. 그래서 바울은 그들에게 자신이 다른 사람들에 못지않은 합법적인 사도임을 악착같이 입증하려는 것입니다. 그래서 바울은 이 말씀을 통해 자신이 가지고 있는 사도로서의 권한과 권리를 매우 강하게 주장하고 있는 것입니다. 특별히 고린도 교회는 바울이 직접 개척한 교회입니다. 그런데 그 교회 사람들로부터 이러한 비난을 들으니 그 마음이 얼마나 답답하고 아팠을까요? 그런데 이러한 바울의 사도권 주장은 다른 곳에도 여전히 나옵니다.

고린도전서 15장 8-11절의 말씀을 묵상해 봅시다.

(8) 맨 나중에 만삭되지 못하여 난 자 같은 내게도 보이셨느니라 (9) 나는 사도 중에 <u>가장 작은 자</u>라 나는 하나님의 교회를 박해하였으므로 사도라 칭함 받기를 감당하지 못할 자니라 (10) 그러나 내가 나 된 것은 하나님의 은혜로 된 것이니 내게 주신 그의 은혜가 헛되지 아니하여 내가 모든 사도보다 더 많이 수고하였으나 내가 한 것이 아니요 오직 나와 함께 하신 하나님의 은혜로라 (11) 그러므로 나나 그들이나 이같이 전파하매 너희도 이같이 믿었느니라

일단 8절부터 9절까지의 말씀을 통하여 바울은 매우 겸손히 자신을 표현합니다. 아주 설명의 출발이 좋습니다. "만삭되지 못한 자", "사도 중 작은 자". "사도로 칭함 받기에 감당치 못할 자" 매우 겸손한 자세로 말합니다. 그러면서도 사도라는 단어는 절대로 빼뜨리지 않습니다. 그런데 문제는 그의 고백이 여기서 끝나지 않는다는 말입니다. 여기서 끝나면 별 무리가 없을 텐데, 그 뒤에 10절부터 "그러나" 하면서 또 다른 말을 시작합니다. 부연설명이 더 붙는다는 말입니다. 10절부터의 말씀은 바울 자신이 가지고 있는 사도로서의 정체성을 다시 강조하는 말입니다. "그러나 내가 다른 사도들보다 하나님의 은혜 가운데 고생을 더 했으면 더했지 절대로 못하지는 않았다."는 뜻입니다. 다시 말하자면, "다른 사도들 못지않게 나도 하나님의 은혜 속에서 고생할 만큼 고생하고 헌신할 만큼 헌신한 사도야!"라고 말하는 것입니다. 그러면서 결론적으로 "그러므로 그들이나 나나 똑같이 사도로서 헌신했고, 너희도 똑같이 믿은 것이다."라고 주장합니다. 이 말이 무슨 말인가 하면, "내나 저희나 다 똑같은 사도의 권위를 가지고 있는 사람이다!" 그 뜻입니다. 그것이 바울의 결론입니다. 결국 이 말을 하기 위해 처음 8절부터 겸손한 자세로 자기소개를 시작한 것입니다.

결국, 바울은 처음에 시작하기를 겸손한 어조로 차분히 정리된 단어를

은혜는 성숙이다

써가며 자신을 소개했지만 결국은 또다시 자신의 사도로서의 정체성을 거듭 강조한 결과를 맺고 말았습니다. 어찌 보면 처음에 사용된 겸손의 표현은 후반에 이야기하려는 사도성의 합법성을 대조시켜 강조하기 위한 고백이었는지도 모릅니다. 결국 11절에 "나도 그들과 똑같은 사도야!"라는 이 말을 하기 위하여 위에 "만삭되지 못한 자", "지극히 작은 자", "사도로 칭함을 받지 못할 자"라는 겸손의 말을 꺼낸 것 같은 기분이 들기도 합니다.

어쨌든, 정작 사도 바울이 하고 싶었던 말은 "나도 떳떳한 사도다!", "나도 다른 사람들과 같이 동등한 사도다.", "너희로부터 하나도 책망 받을 일 없고 판단 받을 일 없는 정당한 사도(고전 4:3-4)."라는 말이었습니다. 결국 고린도전서 15장 8-11절의 말씀도 결국에는 바울의 사도성을 주장하는 말씀입니다.

1) 사도로 인정받기에 2% 부족한 바울

그럼 여기서 다른 말씀들을 더 살펴보기 전에 잠깐 한 가지 확인하고 넘어가려 합니다. 자! 지금 우리가 바울의 초기 편지인 고린도전서의 몇 구절만 살펴보았는데, 그 말씀들을 묵상해보니까 어떻습니까? 마치 잘못 들으면 굉장히 강한 어조로 마치 약간 누군가에게 따지듯이 그 무엇인가를 주장하고 있지 않습니까? 여기서 바울이 좀 공격적인 말투로 열심히 주장하려고 하는 그 무엇이 있습니다. 그것이 무엇입니까? 바로 자기가 사도라는 점입니다. 자기는 다른 사도들과 비교해서 전혀 뒤떨어지지 않는 사도라는 점입니다. 바로 합법적인 사도로서의 자기 정체성을 강조하고 있는 것입니다. 그가 말하고 있는 것은 바로 "나도 사도다!"라는 점입니다.

야! 나도 사도야! 다른 사람들, 특히 베드로만 사도인줄 아느냐? 아니야! 나도 사도야! 나도 예수님 직접 봤어. 왜 이래?

왜 그것을 몰라! 내가 사도로서 행한 일의 열매가 너희 아니야?

그러니까 나도 사도야! 나도 사도라니까!

그럼 바울은 왜 이렇게 그의 사도됨을 강하게 주장할까요? 그 이유는 우리가 이미 고린도전서 9장 3절에서 확인했듯이 고린도 교회 속에 자기를 사도로서 인정하지 않는 사람들이 몇몇 있었기 때문입니다(고전 9:3). 물론 이것은 고린도 교회만의 일은 아니었을 겁니다. 그를 진정한 사도로 인정하지 않는 사람들은 고린도 교회 말고도 여기저기 몇몇 더 있었을 것입니다. 다시 말하자면, 바울이 주후 50년대에 전도 사업을 펼칠 그 당시 주변 사람들로부터 약간은 사도로서 그 정통성을 인정받지 못하는 입장에 놓여 있었다는 것을 짐작할 수 있습니다.

그러면 그들은 왜 바울을 정통 사도로 인정하지 않았을까요? 바울이 뭔가 부족하기에 그들은 바울의 사도성에 의문을 제기하게 되었을까요? 그들은 왜 무엇 때문에 바울로 하여금 그렇게 자신의 사도성을 강조도록 만드는 원인을 제공했을까요? 그 이유는 모두 두 가지입니다. 첫째는 바울이 예전에 기독교인들을 몹시 핍박했던 사람이라는 과거의 좋지 않는 이력 때문이고, 둘째는 그가 사도로서의 자격에 약간 미달되는 사람이었기 때문입니다.

주후 1세기 당시 합법적인 정통 사도로서 인정받으려면 기본적으로 네 가지 조건이 충족되어야 했습니다. 1) 예수님께서 살아계실 때 직접 부르신 사람, 2) 예수님께 부름 받은 후 함께 생활하며 사역하였던 사람, 3) 부활하신 예수님을 만난 사람, 4) 사도로서의 능력과 이적이 나타나는 사람입니다. 이 부분에 대하여 사도행전 1장 21-23절은 다음과 같이 증거합니다.

(21) 이러하므로 요한의 세례로부터 우리 가운데서 올려져 가신 날까지 주 예수께서 우리 가운데 출입하실 때에 (22) 항상 우리와 함께 다니던 사람

은혜는 성숙이다

중에 하나를 세워 우리와 더불어 예수께서 부활하심을 증언할 사람(사도)이 되게 하여야 하리라

　이것이 바로 사도가 되려는 사람이 갖추어야 할 가장 기본적인 조건이었습니다. 물론 꼭 이러한 조건에 걸맞지 않아도 사도는 될 수 있었을 것입니다. 그러나 정통사도, 즉, 사도로서 최고의 권위를 가진 사람으로 인정받으려면 위의 모든 조건에 충족되어야만 했습니다.

　그러므로 그 당시 최고의 권위를 인정받는 사도는 누가 뭐라 해도 예수님 살아생전에 함께 밥 먹고, 잠자고, 같이 호흡하며 같이 복음사역을 했던 사람일 수밖에 없었습니다. 그러므로 사도라고 해서 다 같은 사도가 아니었던 겁니다. 그러므로 그 당시에 사람들은 암암리에 보이지 않게 나름대로 사도들을 등급으로 나누어 이해했는데 그중에 가장 강한 권위를 가진 사도들은 두말할 나위 없이 바로 예수님의 열두 제자(가룟 유다 대신 선택된 맛디아를 포함)들이었습니다. 쉽게 말하자면 예수님께서 직접 데리고 다니셨던 제자들입니다. 즉, 예수님이 살아계실 때에 직접 예수님과 지냈던 사람들. 바로 그 사람들을 사도 중에 최고의 권위를 가진 사도로 인정하고 있는 상황이었습니다.

　그런데 바울은 어떻습니까? 그는 이 앞에서 설명한 네 가지 조건을 통하여 특별히 다른 사람들에게 사도로서 인정받을 만한 객관적인 자격을 갖추지 못한 사람이었습니다. 특별히 바울이 과거에 직접 예수님과 동고동락(同苦同樂)하지 않았다는 사실은 그에게 있어 결정적인 약점이었습니다. 애석하게도 바울에게는 그런 경험이 전혀 없었던 겁니다. 그러므로 최고의 권위있는 사도로 인정받기에는 뭔가 2% 약간 모자란 듯한 결정적인 약점이 그에게 있었던 것입니다.

　물론 바울도 다메섹 언덕에서 부활하신 예수님을 만난 경험이 있습니

다. 하지만 그것은 예수님께서 승천하시고 난 뒤, 그것도 그 뒤 몇 년이 흐른 뒤에 다메섹 언덕에서 갑자기 예수님을 만난 사건입니다. 다시 말하자면, 바울에게 있어서는 예수님이 십자가에서 돌아가시고 부활하신 뒤 예수님을 만난 것이 그가 처음 경험한 인격적인, 신앙적인 예수님과의 첫 만남이라는 뜻입니다.

또한 예수님 살아생전에 바울이 예수님을 직접 보고 만났을지도 모릅니다. 왜냐하면 그 당시 예수님은 워낙에 요즘 말하는 인기스타이자 문제인물이었기 때문에 바울이 먼발치에서 다른 무리들에 섞여서 그저 예수님을 피상적으로 멀리서 보았을 가능성이 있을지도 모릅니다.[2] 또한 사도 바울이 예수님이 잡히시던 그 밤에 로마 병정들과 함께 있었을 수도 있고, 예수의 재판과정을 옆에서 다 지켜보았을지도 모르는 일입니다.[3]

---

2 예수님의 십자가 사건 이전에 사도 바울이 예수님을 만나고 보았을 가능성을 주장하는 사람들과 그 이유에 대하여는 J. W. Fraser, *Jesus & Paul: Paul as Interpreter of Jesus from Harnack to Kummel* (Sutton Courtenay: The Marcham Manor Press, 1974), pp.46-48을 참조하세요.

3 기독교 전기 작가 (a Christian biographer) 윌슨(A. N Willsion)은 사도 바울이 바리새인이면서도 그 당시 유대 성전의 보안요원(a temple police)이었을 가능성을 주장하며(행 7:58; 갈 1:13) 이와 같은 가설(假設)을 주장했습니다. 더 나아가 그는 만약 그것이 사실이라면 마가복음에 나온 예수님의 수난기록(passion of Jesus)은 마가복음의 저자가 사도 바울의 증언이나 기록을 참조하여 쓴 것일 수 있다는 매우 파격적인 가설(假說)까지 내놓았습니다. 이유는 마가복음의 저자인 마가 요한(Mark John)은 바울과 함께 동역한 젊은이였으며(행 13:5; 딤후 4:11), 동시에 마가복음이 바울의 편지들보다 더 늦게 쓰여졌다고 믿기 때문입니다. 결국 그의 가설에 의하면, 사도 바울이 예수님 재판광경을 그대로 전한 원저자(Ur-author)가 되어버립니다. 그러나 그도 이러한 경험과 가설은 모두 사도 바울의 사도로서의 부름과는 전혀 상관없는 피상적(皮相的)인 것임을 인정했습니다. 동시에 그는 고후 5:16-17의 말씀의 배경에 바울 자신의 변호가 담겨 있다고 주장했습니다. 즉, 그리스도 안에 있는 새로운 피조물이란 과거 살아생전의 예수님에 대한 경험보다는 현재 부활하신 예수님의 경험 속에서 이루어지는 것임을 뜻한다는 말입니다. 참고하세요. A. N. Willson, *Paul: The Mind of the Apostle* (New York: W. W. Norton & Company, 1997), pp.53-55.

은혜는 성숙이다

그러나 그것은 어디까지나 추측일 뿐이며 무엇보다도 성경은 그 부분에 대하여 전혀 아무런 정보도 제공하지 않고 있습니다. 그리고 설사 그것을 인정한다 할지라도, 그때의 만남은 모두 그저 피상적인 것에 불과한 만남이었음이 분명합니다. 왜냐하면 바울이 실제로 인격적으로, 신앙적으로, 영적으로 예수님을 제대로 만난 것은 다메섹 언덕에서의 사건이 처음이었기 때문입니다.

그러므로 바울에게는 예수님이 살아계실 때에 예수님과 함께 동고동락하며, 같이 밥 먹으며, 같이 잠자며, 같이 다니며, 같이 복음사역을 한 경험이 (바울에게 정말 미안하고 애석한 이야기지만) 전혀! 전혀! 전혀! 아예 하나도 없습니다. 그는 예수님 살아계실 때의 기억에 대하여는 자기가 직접 체험한 바가 전혀 없는 사람입니다.

그래서 프레드릭 브루스(F. F. Bruce) 교수는 『바울과 예수』라는 책에서 "바울의 예수님은 부활한 후의 예수님이지 살아계실 때 다른 열두 제자와 함께 하셨던 역사적 예수님은 아니다."[4]라고 말하며, 더 나아가 『Paul and the Historical Jesus』라는 논서를 통해 그 증거를 제시했습니다. 그는 그 논서에서 바울의 편지 속에 계시된 복음은 복음서(마, 막, 눅, 요)의 내용과 같았지만, 그의 편지 속에는 복음서에서 볼 수 있는 예수님의 살아생전에 대한 기록은 거의 없다고 하며, 결국 바울은 이러한 약점 때문에 그의 초기 편지(고린도전후서)를 통해 자신의 사도성에 대하여 그렇게 간절히 변호할 수밖에 없었다고 설명했습니다.[5] 예일대학교의 기독교 역사가 라투렛(K. S. Latourette) 교수 또한 "우리가 만약 바울의 13개 서신만 묵상한다면 복음서

---

4 F. F. Bruce, *Paul and Jesus* (Grand Rapids, Michigan: Baker Book House, 1974), p.24.

5 F. F. Bruce, *Paul: Apostle of the Heart Set Free* (Grand Rapids, Michigan: Wm. B. Eerdmans Publishing Co., 1998), p.96-97.

에 그려진 예수님의 역사적인 모습은 전혀 재현할 수는 없을 것이다."[6]라고 말하기도 했습니다.

그런데 지금 이 말에 오해가 없으시기 바랍니다. 지금 이 말은 바울이 실제 예수님과 동행하는 삶을 살지 않았다는 말이 아닙니다. 오해 없으시기 바랍니다. 바울은 평생 예수님과 동행하는 삶을 살았습니다. 예수님과 함께 지낸 사람입니다. 다만, 그 역사적 시작점이, 출발점이 다른 사람들(예를 들면, 열두 사도들)과는 완전히 달랐다는 점입니다. 바울에게 있어 그 시작과 출발점이 예수님이 죽으시고 난 뒤 부활하신 그 다음부터라는 점입니다. 그가 실제로 예수님과 동행한 때는 예수님이 부활하신 뒤지, 예수님이 실제로 살아 계실 때에 같이 생활한 경험은 전혀 없습니다. 그러므로 그 당시 바울에게는 사도로서 인정받기에는 충분치 못한 결정적 약점이 있었던 것입니다.

바로 이러한 상황 때문에, 사람들은(특별히 바울을 싫어하는 사람들) 바울이 예수님 살아생전에 예수님을 직접 본 적도 없고 또 같이 만나서 함께 복음 사역한 일이 전혀 없다는 결정적인 약점을 파고 들어가 그를 정통 사도로 인정하지 않는 경우가 종종 있었습니다. 물론 그 당시 바울은 바나바의 도움으로 사도로서 인정을 받았습니다(행 9:27). 그러나 그럼에도 불구하고, 그는 어딘가 결정적인 순간 때에는 자기 사도의 정통성을 넓게 인정받지 못하는 안타까운 상황에 있었던 것입니다. 즉, 그는 다른 사도들에 비하여 뭔가 2% 모자란 사람이었습니다. 결국 이러한 이유로 인해 바울은 때때로 사람들로부터 뭔가 약간 정통사도로서 인정받기에는 자격이 모자라 때 아닌 서러움을 당해야만 했습니다. 결정적인 순간에는 사람들은 다음과 같이 물었겠지요. "바울 그 사람이 정말 사도일까?" "그 사람 예수님 살아계실 때

---

6   Kenneth Scott Latourette, *A History of Christianity* (New York: Harper & Brothers Publishers 1953), p.71.

은혜는 성숙이다

함께 사역한 경험이 없다며?" "다메섹 사건 그거 진짜야?" 그러므로 그 당시 사람들은 한편으로는 그를 사도로 인정하면서도 또 다른 한편으로는, 결정적인 순간에 베드로와 같은 다른 사도들과는 등급이 다른, 다시 말하자면 약간은 비정통 계열에 서 있는 후보급 사도로 그를 인정했던 것입니다. 운동선수로 말하자면, 주전급이 아닌 어느 날 갑자기 굴러 들어와 뛰어든 후보급 선수로 인정받았다는 점입니다.

그래서 바울이 고린도서를 쓸 당시의 그의 주변에 이러한 차별을 두고 있는 사람들이 있었고, 특별히 그 사람들 중에 바울을 대적하려는 사람들은 바로 이 점을 이용해서 바울을 괴롭혔던 것입니다. 그리고 바울도 주변 사람들로부터 이와 비슷한 차별을 피부로 암암리에 느꼈던 것이 분명합니다. 그러니 당연히 바울이 자기의 초기 편지를 통하여 자기 사도됨의 합법성을 주장할 수밖에 없었을 것입니다.

오해 없으시기 바랍니다. 이 말이 바울이 사도가 아니었다는 말이 아닙니다. 바울은 사도였습니다. 그도 사도입니다. 맞습니다. 사람들이 사도로 인정합니다. 그런데 어떤 결정적인 순간에 가서는 몇몇 사람들로부터 그의 사도성에 대한 정통성을 인정받지 못하는 형편에 있었다는 것을 말합니다. 사도라고 해서 다 같은 사도가 아니었다는 점이지요. 바울은 예수님 살아계실 때 그 옆에 없었던 사람이었다는 뜻입니다. 더구나 그것도 한때 예수님을 아주 깊이 박해했던 사람이라는 말입니다.

한번 상상해 봅시다. 아마 그 당시 사도 바울에게 핍박당하여 감옥에 가거나 고문을 당하거나 심지어는 죽임을 당한 사람들의 친척들이나 그 친구들이 그때에도 아직 살아있었을 것입니다. 그렇다면 그 사람들은 자기 친척과 형제와 부모와 친구에게 모진 고문과 학대를 가하고 심지어 감옥에 쳐넣고 죽이기까지 한 그를 정말 다른 사도들과 비교했을 때에 진정한 사도로 인정하기를 기뻐했을까요? 아무리 다메섹의 사건이 있었다 한들 그들에게 쉽게 납득이 갔을까요?

성경은 많은 어려움이 있었음을 보여줍니다(행 9:13-14, 21, 26). 더구나 바울의 전도사역에 뭔가 불만이 있는 고린도 교회의 몇몇 사람들은 아마 더 했을 것입니다. 거기에다가 바울이 직접 예수님 살아생전에 같이 전도 생활한 경험이 전혀 없다고 하니 이것은 바울에게 정통 사도의 권위와 권리를 인정받지 못하는 결정적인 약점이 되어버린 것입니다. 조금 전에 우리가 고린도전서의 말씀을 통하여 확인했듯이 사울 주변에 몇몇 사람들이 그를 사도로 인정하지 않았던 것입니다.

2) 그래서 바울은 자신의 사도성을 강조한다.

바로 이러한 이유 때문에 바울은 그렇게 강한 어조로 자신의 초기 편지들을 통하여 자신의 사도성을 강조한 것입니다. 물론 겸손하게 "사도 중에 작은 자"라고 말하고 "이 모든 것은 다 하나님의 은혜로 된 것이다."라고 말하고 있지만, 결국 이때 바울이 간절히 표현하고 싶었던 말은 "나도 사도다!", "나도 남들 못지않은 사도다!", "나를 사도로 인정해 달라!"는 겁니다. 이것이 초기 편지를 통하여 제시된 바울의 자기 정체성입니다.

그래서 일찍이 평생 바울의 삶을 연구하며 그의 위인전을 썼던 존 폴락(John Pollock)은 그의 책 『사도: 바울의 생애』을 통하여 "바울은 그의 초기 사역부터 줄곧 자신의 사도성에 꽤나 예민한 반응을 보였다(Paul was somewhat prickly about his apostolic status)."라고 기술했습니다. 그러면서 그는 계속해서 "바울은 예수님과 함께 생활했던 증인들과 조금도 부족하지 않다는 것을 그의 초기 편지를 통해 증명하려 매우 힘썼다."라고 말합니다.[7]

---

7 John Pollock, *The Apostle: A Life of Paul* (New York: Doubleday & Company, Inc., 1969), p.47.

은혜는 성숙이다

바로 이러한 상황에서 바울의 초기 편지들, 즉, 주후 50년부터 57년경에 썼던 편지들은 모두 자신의 사도성의 정통성과 그 진정성을 강조하고 자기의 사도성을 변호하는 내용들을 담고 있습니다. 특별히 고린도전서와 고린도후서와 그리고 갈라디아서에서 그 내용이 아주 강하게 나타납니다.

고린도전서 9장 1-6절을 다시 한번 묵상해 봅시다.

> ⑴ 내가 자유인이 아니냐 사도가 아니냐 예수 우리 주를 보지 못하였느냐 주 안에서 행한 나의 일이 너희가 아니냐 ⑵ 다른 사람들에게는 내가 사도가 아닐지라도 너희에게는 사도이니 나의 사도됨을 주 안에서 인친 것이 너희라 ⑶ 나를 비판하는 자들에게 변명할 것이 이것이니 ⑷ 우리가 먹고 마실 권리가 없겠느냐 ⑸ 우리가 다른 사도들과 주의 형제들과 게바와 같이 믿음의 자매된 아내를 데리고 다닐 권리가 없겠느냐 ⑹ 어찌 나와 바나바만 일하지 아니할 권리가 없겠느냐

자! 지금 다시 묵상하니까 느낌이 어떻습니까? 자신이 사도로서 인정받고 있지 못한 것에 대한 적극적이고 공격적인 변호와 주장이 들어있음을 느끼지 않습니까? 그런데 여기서 끝나지 않습니다. 이러한 그의 사도성 주장은 이후에 묵상할 말씀들을 통하여 더욱더 노골화됩니다. 그럼 이제 고린도후서로 가볼까요?

고린도후서 11장 5절을 묵상해 봅시다.

> 나는 지극히 크다는 사도들보다 부족한 것이 조금도 없는 줄로 생각하노라

이제 아예 바울은 대놓고 아주 노골적으로 자신의 사도성을 다른 사람들과 견주어 자신 있게 말합니다. 이것은 자기를 함부로 욕하거나 평가절하하지 말라는 뜻입니다. 그리고 그 뒤 아주 길게 그 이유에 대하여 설명합니다.

고린도후서 11장 22-31절을 묵상해 봅시다.

(22) 그들이 히브리인이냐 나도 그러하며 그들이 이스라엘인이냐 나도 그러하며 그들이 아브라함의 후손이냐 나도 그러하며 (23) 그들이 그리스도의 일꾼이냐 정신 없는 말을 하거니와 나는 더욱 그러하도다 내가 수고를 넘치도록 하고 옥에 갇히기도 더 많이 하고 매도 수없이 맞고 여러 번 죽을 뻔하였으니 (24) 유대인들에게 사십에서 하나 감한 매를 다섯 번 맞았으며 (25) 세 번 태장으로 맞고 한 번 돌로 맞고 세 번 파선하고 일 주야를 깊은 바다에서 지냈으며 (26) 여러 번 여행하면서 강의 위험과 강도의 위험과 동족의 위험과 이방인의 위험과 시내의 위험과 광야의 위험과 바다의 위험과 거짓 형제 중의 위험을 당하고 (27) 또 수고하며 애쓰고 여러 번 자지못하고 주리고 목마르고 여러 번 굶고 춥고 헐벗었노라 (28) 이 외의 일은 고사하고 아직도 날마다 내 속에 눌리는 일이 있으니 곧 모든 교회를 위하여 염려하는 것이라 (29) 누가 약하면 내가 약하지 아니하며 누가 실족하게 되면 내가 애타지 아니하더냐 (30) 내가 부득불 자랑할진대 내가 약한 것을 자랑하리라 (31) 주 예수의 아버지 영원히 찬송할 하나님이 내가 거짓말 아니하는 것을 아시느니라

자! 얼마나 길고 자세하게 설명합니까? 이 당시는 지금처럼 컴퓨터가 발달한 시대가 아닙니다. 컴퓨터라곤 아예 상상도 못했습니다. 그러므로 글을 쓴다는 것 자체가 그리 쉬운 때가 아니었습니다. 그러므로 무슨 글을 쓸려

은혜는 성숙이다

면 이집트의 대나무를 말리고 엮어서 만든 파피루스 종이나 또는 양의 가죽을 사용하여 아주 정교하고 세심하게 써야 했습니다. 그런데 그러한 방법을 써서 바울은 자기에 대하여 이렇게 많은 내용을 적었습니다. 물론 이 기나긴 말씀은 여기서 끝나는 것이 아니라 그 뒤에도 계속 나옵니다. 하지만, 일단 여기까지만 한번 묵상해 봅시다.

결국 30절 말씀에 "내가 부득불 자랑할진대 내가 약한 것(나의 약점)을 자랑하리라."라고 말했지만, 오히려 자신을 반대하는 고린도 교회의 몇몇 사람들에게 자신의 이력서와 신상명세서와 사도로서의 업무실적을 아주 자세하게 보고하며 상세하게 가르쳐준 셈이 되어 버렸습니다. 다시 말하자면, "너희가 현재 정통한 사도로 간주하고 있는 사람들과 비교해서 나는 절대로 부족한 것이 하나도 없다."는 말입니다. "내가 그들보다 예수님의 이름으로 고생하고, 핍박받고, 매를 맞고, 죽음의 고비를 넘겼으면 더 넘겼지, 절대로 내 수고가 다른 사도들보다 못한 것이 아니다!"라는 것을 보여줍니다. 그러면서 자신의 모든 설명에 대하여 그것이 진실임을 "자기는 하나님을 걸고 맹세한다(31절)."고 합니다. 자신의 사도성을 아주 단호하게 선포합니다.

고린도후서 12장 11-12절의 말씀을 묵상해 봅시다.

(11) 내가 어리석은 자가 되었으나 너희가 억지로 시킨 것이니 나는 너희에게 칭찬을 받아야 마땅하도다 내가 아무것도 아니나 지극히 크다는 사도들보다 조금도 부족하지 아니하니라 (12) 사도의 표가 된 것은 내가 너희 가운데서 모든 참음과 표적과 기사와 능력을 행한 것이라

여기서 바울이 "어리석게 된 것이 너희가 억지로 시킨 것이다."라고 합니다. 말씀은 바울 자신은 "내가 원래부터 내 이력서를 들먹여가며 나를 자

랑할 마음이 전혀 없었고, 또 이렇게까지 내 이력과 신상명세서와 사도로서의 업무실적을 밝히려고 의도하지 않았는데, 너희가 자꾸 나의 사도성에 대하여 의문을 가지고 시비를 거니까 내가 할 수 없어 자랑하게 되었다."라는 뜻입니다. 그러면서 오히려 자기를 칭찬해야 한다고 말합니다. 그리고 다시 한번 아예 노골적으로 다른 모든 큰 사도들보다 자기가 조금도 부족함이 없다는 것을 자신 있게 강조합니다. 그리고 "내가 사도의 표가 된 것을 너희가 직접 보지 않았느냐?"라고 되묻습니다. 자! 사도 바울이 계속해서 말하는 것이 무엇입니까? "나도 사도다!", "나도 다른 사람들과 비교해서 조금도 부족함 없는 사도다!"입니다.

고린도후서 11장 13-15절을 묵상해 봅시다.

(13) 그런 사람들은 거짓 사도요 속이는 일꾼이니 자기를 그리스도의 사도로 가장하는 자들이니라 (14) 이것은 이상한 일이 아니니라 사탄도 자기를 광명의 천사로 가장하나니 (15) 그러므로 사탄의 일꾼들도 자기를 의의 일꾼으로 가장하는 것이 또한 대단한 일이 아니니라 그들의 마지막은 그 행위대로 되리라

이제 바울은 자기의 사도성을 강하게 주장하는 것에 모자라 여기서는 오히려 다른 사람들 중에 거짓 사도가 있다는 점을 말합니다. 이 말을 돌려서 이해하자면, 자기는 거짓 사도도 아니고 사도로 가장한 이상한 사도도 아니라는 말입니다. 결국 자신의 사도성을 또다시 강조하는 구절입니다. 그런데 여기서 안 끝납니다. 이젠 갈라디아서로 한번 가보겠습니다.

갈라디아서 2장 8-9절의 말씀을 묵상합니다.

은혜는 성숙이다

⑻ 베드로에게 역사하사 그를 할례자의 사도로 삼으신 이가 또한 내게 역사하사 나를 이방인의 사도로 삼으셨느니라 ⑼ 또 기둥같이 여기는 야고보와 게바와 요한도 내게 주신 은혜를 알므로 나와 바나바에게 친교의 악수를 하였으니 우리는 이방인에게로, 그들은 할례자에게로 가게 하려 함이라

자! 여기서 바울은 자신을 누구와 견주어 비교하며 소개합니까? 베드로(게바), 요한 야고보입니다. 베드로와 요한은 예수님 살아생전에 함께 지냈던 사람들입니다. 특별히 야고보는 예수님의 친 남동생입니다(막 6:3). 그는 처음에 자신의 친형인 예수를 메시아로 믿지 않다가(요 7:1-5) 훗날 부활한 예수님을 직접 만나고 난 뒤 그리스도인이 됩니다(고전 15:7). 그리고 나중에 예루살렘 교회의 초대 총회장이 됩니다(행 15:12-21). 그리고 그후 〈야고보서〉를 기록합니다(약 1:1).

현재 바울이 인용하고 있는 이 모든 사람들은 전부 예수님이 살아 계실 때에 직접 예수님과 함께 동행하며 생활했던 사람들입니다. 바울은 지금 그 당시 누가 봐도 확실한 사도로서 인정할 만한 쟁쟁한 명성이 있는 사람들과 자신의 친분을 강조하고 있는 것입니다. 바울은 지금 그들과 자신을 견주어 비교합니다. 즉, 자신이 그 당시 정통 사도로 인정받고 있는 사람들과 어깨를 나란히 하고 있다는 것을 은근히 강조합니다.

그래서 미국 퀸즈대학(Queen's University)의 어네스트 베스트(Ernest Best) 교수는 "바울은 자신부터 일부러 어깨너머로(looking over his shoulder) 베드로나 야고보와 같은 동료 사도들의 행동과 말에 주의 깊게 관심을 가지고 있었으며 그들을 항상 유심히 지켜보았다(keep a watchful eye on)."[8]라고 설명했습니다.

---

8 Ernest Best, *Paul and His Converts* (Worcester: Billing and Sons Ltd, 1988), p.7.

이것은 뭘 말합니까? 사도 바울이 그들을 약간 신경 썼다는 것을 의미하며 동시에 다른 사람들에게 "나도 그들과 동등한 사도이다. 다만 그들과 나는 선교의 대상이 다를 뿐이다."임을 바울 스스로 인식하려는 무언(無言)의 반응입니다. 즉, 다른 사람들은 할례자를 위해 사도로 부름을 받았으나 바울 자신은 이방인을 위한 사도로 부름을 받았다는 뜻입니다.[9]

결국 여전히 바울은 이 말씀을 통하여 자신이 다른 사도들과 비교해서 동일한 위치에 서 있는 사도임을 밝히려는 것입니다. 그러면서 최종적으로 다음과 같이 선언합니다.

갈라디아서 6장 17절의 말씀을 묵상해 봅시다.

이후로는 누구든지 나를 괴롭게하지 말라 내가 내 몸에 예수의 흔적을 지니고 있노라

어떻습니까? 아주 무서우면서도 확실한 자기주장이지요? "이제는 나를 건드리지 마라!", "그 어느 누구도 나한테 시비 걸지 마라!", "내 안에 있는

---

9 사도 바울이 이방인의 사도로서의 자기정체성을 확립하게 된 정확한 시기에 대하여는 아직까지 논란이 있습니다. 일부는 다메섹 언덕의 사건 때임을 주장하고, 또 다른 사람들은 다메섹 사건 뒤에 생겨난 것임을 주장합니다. 후자(後者)의 경우 그 이유가 있습니다. 첫째, 이미 베드로와 야고보 같은 유대인을 위한 쟁쟁한 사도들이 유대인들에게 있어서 바울이 비집고 들어갈 틈이 없었으며, 둘째, 이방인들은 할례자와는 달리 유대교와 충돌하지 않고 예수 그리스도를 믿을 수 있었기 때문이며, 셋째, 이방인들은 사도로서의 사도 바울의 적합성을 전혀 문제 삼지 않았기 때문입니다. 제 개인적인 생각으로는 이방인의 사도로서의 정체성은 이미 다메섹 사건 때에 받았으나 그 구체적인 사역의 방향과 지침은 훗날의 전도사역을 진행하는 과정에서 다듬어졌다고 생각합니다. 참고하세요. Seyoon Kim, *The Origin of Paul's Gospel*, 홍성희 역, 『바울 복음의 기원』(서울: 도서출판 엠마오, 1994), pp.98-110, A. N. Wilson, *Jesus* (New York: W. W. Norton & Company, 1992), p.19.

은혜는 성숙이다

예수의 흔적을 너희가 무시하느냐?" 뭐, 이런 느낌의 주장입니다. '내 안에 있는 예수의 흔적'이란 무엇입니까? 사람마다 여러 해석상의 차이가 있지만, 바로 자신이 사도인 것을 이제는 더 이상 시비 걸지 말라는 말로 해석될 수도 있을 것입니다.

3) 야! 나는 사도야! 사도란 말이야!

자! 이제 돌아옵시다. 초기 편지들을 통하여(특별히 고전, 고후, 갈) 사도 바울이 그렇게 목마르게 알리려 했던 자신의 모습이 무엇입니까? 그 정체성이 무엇입니까? 그것은 다음과 같습니다.

> "야! 나도 사도야! 베드로와 요한과 야고보처럼 나도 그들과 동등한 사도야!"
> "나도 예수님 만나 봤어 … 왜 이래 … 그러니까 … 나도 사도야!"
> "그 사람들보다 고생하면 고생 더했지. 못한 것 없어!"
> "나 좀 인정해줘 … 제발 … 아니 글쎄! … 나도 사도라니깐 … !"

바로 사도성입니다. 한마디로 이것이 바울의 초기 편지에 묻어 있는 자기 정체성입니다. 어찌 보면 약간 처절해 보이기도 하지만 지금까지 묵상해본 성경말씀을 기초로 해서 생각할 때 바울은 끝까지 자기가 사도임을 주장하고 있습니다.

한편으로는 사도로 인정받으면서도 한편으로 결정적인 순간마다 그 정통성을 인정받지 못하니 지금 막 뜨거운 신앙의 열정과 믿음을 가지고 열심히 전도사업과 선교사업을 하려했던 바울의 마음이 얼마나 답답하고 안타까웠을까요? 그래서 그의 이러한 답답한 마음이 그가 편지를 쓸 때마다 은근히 표출되어 흘러져 나온 것이고 그 구구절절이 현재 우리가 묵상한 말씀들 속에, 그의 편지 속에 묻어난 것입니다. 이것이 바로 주후 50년에서 57년경에 쓴 그의 편지 속에 나타나는 바울의 자기 정체성입니다.

그런데 초기 편지를 통하여 이랬던 그가 나중에 성숙을 일으키게 됩니다. 이랬던 그가 시간이 지나면서 신앙이 성숙해지면서 자신의 정체성에 성숙을 일으킵니다. 여전히 자신이 사도라는 자기 정체성을 전혀 잃지 않으면서도 좀 더 성숙되고 발전된 자기 정체성을 지니게 됩니다.

그것이 궁금하신가요? 바울의 정체성이 그 뒤 어떻게 달라졌는지 알아보려면 그가 주후 60년대 초 중반에 쓴 편지의 내용을 살펴보아야 합니다. 자! 이제 그의 중기 편지를 묵상하며 사도 바울을 또 추적해 보도록 하겠습니다.

2. 중기 편지: 나는 성도요 일꾼이며 갇힌 자입니다!

초기의 편지에서 바울은 자신의 사도성을 매우 강하게 강조했습니다. 바로 자기는 사도라는 자기 정체성입니다. 그런데 그로부터 적지 않은 세월이 흐른 주후 60년대 초반과 중반에 이르러서는 그의 정체성에 성숙이 일어납니다. 하나님과 사람 앞에서 신앙적으로 좀 더 성숙해진 자기 정체성을 가지게 됩니다. 다시 말하자면, 여전히 사도라는 자기 정체성을 가지고 있으면서도 그것을 옛날만큼 매우 강조하지 않습니다. 오히려 그보다 더 성숙된 자기 정체성이 나옵니다. 그럼 같이 하나씩 추적해 볼까요?

에베소서 3장 7-8절을 묵상해 봅시다.

(7) 이 복음을 위하여 그의 능력이 역사하시는 대로 내게 주신 하나님의 은혜의 선물을 따라 내가 일꾼이 되었노라 (8) 모든 성도 중에 지극히 작은

은혜는 성숙이다

자보다 더 작은 나에게 이 은혜를 주신 것은 측량할 수 없는 그리스도의 풍성함을 이방인에게 전하게 하시고

자! 뭔가 성숙된 것이 보이지 않습니까? 이 말씀에 사도라는 말은 전혀 보이지 않습니다. 이 말씀 자체로 보았을 때 사도라는 말은 전혀 나오지 않습니다. 오히려 '일꾼' 그리고 '성도'라는 말이 나옵니다. 영어성경을 보면 '일꾼'은 'servant'입니다. 그리고 '성도'는 'the least all God's people'입니다. 아마 고린도서나 갈라디아서를 썼을 때 같으면 당연히 일꾼이나 성도라는 용어 대신 '사도(apostle)'이라는 단어를 당당히 썼을 것입니다.

우리가 이미 묵상한 말씀이지만 바울은 이전에 자신을 "사도 중에 작은 자(고전 15:9)"라고 주장하며 자신의 사도됨을 강조했습니다. 그런데 이제는 "성도 중에 작은 자(엡 3:8)"라고 겸손히 말합니다. 똑같이 작은 자는 작은 자인데, 이전 것은 '사도'였고, 지금은 '성도'입니다. 즉 'apostle'에서 'servant'로 바뀐 것입니다. 이 성숙이 느껴지십니까? 이제 에베소서와 비슷한 시기에 쓰인 빌립보서로 갑니다.

빌립보서 1장 1절을 묵상해 봅시다.

그리스도 예수의 종 바울과 디모데는 그리스도 예수 안에서 빌립보에 사는 모든 성도와 또한 감독들과 집사들에게 편지하노니

편지의 서두부터 자신을 무엇이라고 소개합니까? 이번에는 '종'입니다. 그러나 영어성경에는 똑같은 단어가 나옵니다. 바로 'servant'입니다. 에베소서와 동일한 것이지요. 이제 비슷한 시기에 쓰인 골로새서로 한번 가보도록 하겠습니다.

골로새서 1장 23-25절을 묵상해 봅시다.

> (23) 만일 너희가 믿음에 거하고 터 위에 굳게 서서 너희 들은 바 복음의 소망에서 흔들리지 아니하면 그러하리라 이 복음은 천하 만민에게 전파된 바요 나 바울은 이 복음의 일꾼이 되었노라 (24) 나는 이제 너희를 위하여 받는 괴로움을 기뻐하고 그리스도의 남은 고난을 그의 몸 된 교회를 위하여 내 육체에 채우노라 (25) 내가 교회의 일꾼 된 것은 하나님이 너희를 위하여 내게 주신 직분을 따라 하나님의 말씀을 이루려 함이라

자! 골로새서에도 여전히 바울은 자신의 정체성을 교회의 일꾼, 복음의 일꾼으로 묘사합니다. 여전히 영어성경에는 'servant'라는 단어로 나타납니다. 자! 여러분들은 어떤 성숙을 확인하고 계십니까? 이젠 바울의 입에서 옛날에 그렇게 입에 달고 살았던 사도라는 말이 쑥 빠져버렸습니다. 초기 편지였던 고린도전서와 고린도후서 갈라디아서에 그렇게 많이 나오던 사도라는 말이 어디론지 그냥 다 숨어 버렸다는 말입니다.

물론 에베소서와 골로새서에 사도라는 말이 안 나오는 것은 아닙니다. 여전히 사도라는 말이 나옵니다. 여전히 사도라는 단어는 등장합니다. 그런데 그 강조점이 다릅니다. 그 양상이 다릅니다. 사도라는 단어를 사용하는 그 의도가 그의 초기 편지인 고린도전서와 고린도후서 그리고 갈라디아서 때와는 좀 다릅니다. 많이 누그러졌다는 것을 느낄 수 있습니다.

중기 편지에서는 바울이 절대로 자신도 남들과 같은 사도인 것을 입증하기 위한 목표로 사도라는 단어를 쓰지 않습니다. 그냥 자기가 사도니까 그냥 사도라고 말하는 깃뿐입니다. 바울은 중기 편지에서 초기 편지에 보였던 것과 같이 사도성을 향한 특별한 집착과 노력을 나타내지 않습니다. 자신의 사도성을 입증하기 위하여 그렇게 애쓰지 않는다는 말입니다. 그 대신에 다

은혜는 성숙이다

른 용어가 자주 등장하기 시작하는데 오히려 자신을 종, 일꾼, 성도 등의 용어입니다. 그 증거가 에베소서, 골로새서와 비슷한 시기에 쓰인 빌립보서에 있습니다. 이제 빌립보서로 가보겠습니다.

빌립보서 3장 4-9절을 묵상해 봅시다.

> (4) 그러나 나도 육체를 신뢰할 만하며 만일 누구든지 다른 이가 육체를 신뢰할 것이 있는 줄로 생각하면 나는 더욱 그러하리니 (5) 나는 팔일 만에 할례를 받고 이스라엘 족속이요 베냐민 지파요 히브리인 중의 히브리인이요 율법으로는 바리새인이요 (6) 열심히는 교회를 박해하고 율법의 의로는 흠이 없는 자라 (7) 그러나 무엇이든지 내게 유익하던 것을 내가 그리스도를 위하여 다 해로 여길뿐더러 (8) 또한 모든 것을 해로 여김은 내 주 그리스도를 아는 지식이 가장 고상하기 때문이라 내가 그를 위하여 모든 것을 잃어버리고 배설물로 여김은 그리스도를 얻고 (9) 그 안에서 발견되려 함이니 내가 가진 의는 율법에서 난 것이 아니요 오직 그리스도를 믿음으로 말미암는 것이니 곧 믿음으로 하나님께로부터 난 의라

자! 이 말씀을 우리는 잘 이해해야 합니다. 여기서 바울은 또다시 자신의 이력서와 신상명세서를 소개합니다. 이것은 우리로 하여금 그의 초기 편지 중 하나인 고린도후서 11장에 나온 자기 소개서와 신상명세서를 회상하게 합니다. 거의 비슷한 내용입니다. 그런데 고린도후서 11장의 자기소개서와 여기 빌립보서 3장에서의 자기소개서는 겉으로 드러난 형태는 비슷하지만 그 속에서 주장하려고 하는 숨은 뜻은 매우 큰 차이를 보입니다.

고린도후서 11장의 자기소개서는 어떤 면에서 자신의 사도권을 남들에게 입증시키기 위한 것이었습니다. 다른 사도들보다 내가 못한 것이 없다는

것을 보여주기 위해 자기소개를 길게 늘어놓았던 것입니다. 그런데 빌립보서 3장에는 그 모든 것을 배설물로 여긴다며 무시해버립니다. 여기에는 사도권에 대한 그 어떤 주장과 변호와 입증을 위한 노력은 전혀 나오지 않습니다. 사도라는 말 자체가 아예 등장하지를 않습니다. 오히려 그저 오히려 예수님을 아는 지식의 고상함으로 강조하기 위하여 자신의 이력을 소개합니다. 예수님을 아는 지식을 얻기 때문에 그 모근 이력을 배설물과 같이 여긴다는 말입니다.

다시 말하자면, 고린도전서 11장에서의 자기소개서는 자기가 진정한 사도로서 재발견되고 싶은 마음에서 쓴 것이지만, 빌립보서 3장에서의 자기소개서는 '예수 그리스도 안에서 재발견되고 싶은 마음(9절)'에서 소개한 것입니다. 이 얼마나 큰 차이입니까? 똑같은 이력서요, 동일한 자기소개서이지만, 그 속에 숨어 있는 뜻은 너무나 다른 것입니다. 그런데 여기서 끝나는 것이 아닙니다. 중기 편지로 와서 바울은 일꾼, 종, 성도 외에도 또 다른 새로운 자기 정체성을 가지게 됩니다.

에베소서와 빌레몬서로 다시 묵상해 봅시다.

이러므로 그리스도 예수의 일로 너희 이방인을 위하여 **갇힌 자** 된 나 바울이 말하거니와(엡 3:1)

그러므로 주 안에서 **갇힌 내가** 너희를 권하노니 너희가 부르심을 받은 일에 합당하게 행하여(엡 4:1)

이 일을 위하여 **내가 쇠사슬에 매인 사신**이 된 것은 나로 이 일에 당연히 할 말을 담대히 하게 하려 함이라(엡 6:20)

은혜는 성숙이다

그리스도 예수를 위하여 <u>**갇힌 자**</u> 된 바울은 ···(몬 1:1)

나이가 많은 나 바울은 지금도 또 예수 그리스도를 위하여 <u>**갇힌 자**</u> 되어 갇힌 중에서 낳은 아들 오네시모를 위하여 네게 간구하노라(몬 1:9−10)

제가 더 긴 설명 드릴 필요가 없으리라 생각합니다. 바로 '갇힌 자'라는 자기 정체성입니다. 흥미롭게도 바울이 쓴 중기 편지들(엡, 빌, 골, 몬)은 거의가 감옥에서 쓴 옥중서신입니다. 그러므로 바울은 자기를 바로 '갇힌 자'라고 소개하는 것은 어찌 보면 너무나 당연한 일입니다.

그러나 이것은 육체적으로는 감옥에 갇혀 있는 자신의 외적 형편만을 의미하지는 않습니다. 영적으로는 예수님께 사로잡힌바 된 자신의 정체성을 자신의 외적 현실 속에서 동시에 같이 말하는 것입니다. 감옥에 갇혀 고통을 당하는 자신의 처지를 예수 그리스도 안에서 발견한 굳건한 신앙의 모습으로 새롭게 자신을 재발견하는 것입니다. 바로 예수 때문에, 예수 안에 사로 잡혀 예수 안에 '갇힌 자'를 말하고 있는 겁니다.

1) 종, 일꾼, 성도, 그리고 갇힌 자로서의 바울

자! 지금까지 묵상해 온 말씀을 통하여 발견하게 되는 바울의 정체성이 무엇입니까? 일단 사도라는 말이 많이 줄어든 것을 봅니다. 물론 여전히 사도라는 말은 여전히 나옵니다. 그러나 그 양상과 강조점이 예전과는 다르다는 것을 이미 말씀 드렸습니다. 중기 편지에서는 사도라는 말을 쓰면서 과거와 같이 자신이 사도인 것을 굳지 여러 가지 증거자료를 들어가며 증명하려 애쓰지 않습니다. 그냥 사도이기 때문에 사도라 하는 것이지 굳이 그것을 입증하려 하려 않습니다. 그 대신에 오히려 종, 일꾼, 성도, 그리고 갇힌 자라는 말이 자주 등장합니다.

바울의 중기 편지인 에베소서, 빌립보서, 골로새서, 빌레몬서를 통하여 우리는 바울이 자신의 정체성을 주장하는데 있어 초기 편지 때와는 달리 깊은 성숙과 성숙이 있었음을 알 수 있습니다. 얼마 전만에도 바울은 고린도전서와 후서, 갈라디아서를 통하여 자기도 남들과 같은 사도라고 아주 강하게 주장했습니다. 마치 어떻게 보면 약간 따지는 듯한 어조로 달려들던 바울이 이제는 그저 일꾼, 종, 여러 성도들 중에 작은 자, 또는 갇힌 자라고 하나님과 사람들 앞에서 겸손하게 자신을 표현합니다. 굉장히 겸손해지고, 부드러워진 표현입니다.

이때가 주후 60년대 초반에서 중반 때입니다. 그럼 이제 그의 후기 편지들은 어떨까요? 기대가 되지 않습니까? 자, 그럼 이제 그의 말기 때의 자기 정체성을 추적해 보도록 하겠습니다.

3. 후기 편지: 나는 죄인 중의 괴수입니다!

디모데전서 1장 12-15절을 봅시다.

> (12) 나를 능하게 하신 그리스도 예수 우리 주께 내가 감사함은 나를 충성되이 여겨 내게 직분을 맡기심이니 (13) 내가 전에는 비방자요 박해자요 폭행자였으나 도리어 긍휼을 입은 것은 내가 믿지 아니할 때에 알지 못하고 행하였음이라 (14) 우리 주의 은혜가 그리스도 예수 안에 있는 믿음과 사랑과 함께 넘치도록 풍성하였도다 (15) 미쁘다 모든 사람이 받을 만한 이 말이여 그리스도 예수께서 죄인을 구원하시려고 세상에 임하셨다 하였도다 <u>죄인 중에 내가 괴수니라</u>

자! 어떻습니까? 여러분들 이 바울의 고백을 들으면서 뭘 느끼십니까?

은혜는 성숙이다

가슴이 뭉클해지며, 영혼이 떨림을 느끼고 있지 않습니까? 굉장히 바울이 하나님과 사람들 앞에서 겸손해진 것을 느끼지 않습니까? 처절할 정도로 하나님 앞에서 낮아진 바울의 마지막 모습을 볼 수 있습니다. 자기 자신을 이해하고 소개하며 인식함에 있어 무척 겸손해진 바울의 모습을 보게 됩니다.

어디 하나하나 살펴볼까요? 12절에 먼저 감사의 말이 나옵니다. 뭔가 시작부터 다르지 않습니까? 그리고 13절에 가서 자신의 전의 모습을 솔직히 드러냅니다. 이전에는 이런 모습을 자신의 사도성을 입증하기 위한 겸손으로 사용했습니다. 그러나 여기서는 그 양상이 다릅니다. 그냥 솔직히 자신의 과거 허물에 대하여 말하면서 하나님의 은혜를 강조합니다.

그것은 어디까지나 성숙된 자신의 오늘날의 모습과 대조하기 위한 것입니다. 이제는 당당히 자신의 과거의 못된 행실을 고백합니다. "내가 전에는 비방자요, 박해자요, 폭행자였다." 그렇게 화려하게 늘어놓았던 사도로서의 자기 신상명세서와 자기소개서와 사도로서의 실적을 보고하는 내용은 어디 갔는지 다 사라지고 없습니다. 언급조차 되지 않습니다. 그리고 14절과 15절, 16절에 가서 하나님의 은혜를 말하지요. 그리고 최종적으로 자기에 대하여 말하기를 15절에 무엇이라고 합니다. "나는 죄인 중에 괴수니라!"

이 얼마나 귀한 표현입니까? 죄인은 죄인인데 그냥 죄인이 아니라 죄인 중의 괴수란 말입니다. 이전에 고린도전서에 나와 있는 바울의 모습과는 너무나 다른 자기 인식, 자기 정체성, 자기 고백이 아닙니까? 이때 바울이 "나는 죄인 중에 괴수니라!"라고 고백하는 것은 자신을 학대하기 위한 말이라기보다는 그러한 자신에게 임한 하나님의 은혜를 더욱더 강조하기 위한 표현입니다. 바울은 결국 자신의 정체성을 말하면서 자신을 드러내려 했던 사도의 모습을 버리고 온전히 하나님의 은혜만 강조하는 '죄인 중에 괴수'라는 자기 정체성을 말하게 된 것입니다.

우리는 사도 바울의 초기 편지를 통하여 그가 처음에는 자기도 베드로와 같은 다른 사도들처럼 똑같은 사도라고 열심을 다해 증거하고, 변호하며, 자신을 사도로서 인정해 달라고 하는 모습을 보았습니다. 초기 편지에서는 사도로서의 자기 자격과 정체성을 아주 강하게 드러냈습니다. 그러다가 그로부터 많은 시간이 흐른 뒤, 중기 편지에서는 사도라는 말이 쑥 빠져 버리고 오히려 자기를 일꾼, 종, 많은 성도들 중에 하나로, 그것도 작은 자로 고백하고 심지어 갇힌 자라고 주장합니다. 결국 죽기 바로 직전이자 말년인 후기에 와서는 자기를 사도는커녕, 일군은커녕, 성도는커녕, 오히려 죄인이라고 고백합니다. 그것도 그냥 죄인이 아니라 '죄인 중의 괴수'라고 고백합니다. 이때가 바로 사도 바울이 죽기 바로 직전인 65년경입니다.

죄인 중에 괴수라는 이 마지막 고백이 나올 때까지 사도 바울은 거의 십여 년 어간의 세월을 헌신하며 하나님 앞에 연단과 훈련을 받아 깨져야만 했습니다. 결국 바울의 편지를 그것이 '쓰여진 순서'를 통해서 묵상해 본 결과 바울의 자기 정체성의 성숙은 다음과 같습니다.

> 초기 편지(주후 50-57년): 사도(apostle)
>
> 중기 편지(주후 60-64년): 일꾼, 종(a servant,) 성도, 갇힌 자
>
> 후기 편지(주후 65-66년): 죄인 중의 괴수(sinner, I am the worst)

해 아래 새 것이 없듯이(전 1:9), 이러한 평가는 제가 처음이 아닙니다. 윌리엄 바클레이 교수도 이와 같은 묵상결과를 내놓았습니다.

> 바울의 영적 자서전을 보면 그에게 이상한 단계가 있었음을 볼 수 있습니다. 바울 서신 가운데 갈라디아서가 가장 먼저 기록된 것으로 보입니다. 그것은 아마 주후 48년경에 쓰여진 것 같습니다. … 바울은 자신을 일컬

은혜는 성숙이다

어 '사도 바울'이라고 했습니다(갈 1:1) ⋯ 그 후 칠년이 지난 주후 55년에 그는 고린도전서를 썼습니다. 거기에서 그는 이렇게 기록했습니다. "나는 사도 중에 가장 작은 자라 ⋯(고전 15:9)" ⋯ 그 후 팔년이 지난 주후 63년에 그는 에베소서를 썼습니다. 여기에서 그는 이렇게 말했습니다. "모든 성도 중에 지극히 작은 자보다 더 작은 나에게 이 은혜를 주신 것은 ⋯(엡 3:8)"[10]

오스왈드 샌더스(J. Oswald Sanders) 목사는『*Paul, the Leader*』라는 책의 제3장 〈Portrait of a Leader〉에서 바울이 가지고 있었던 지도자로서의 자질(quality)을 논하는 과정에서 저와 동일한 결론을 내렸습니다. 그는 바울이 보여준 '자기 정체성의 겸손 과정(a progressive humility for a humble self-image)'에 다음과 같은 3단계 발전 과정이 있었다고 분석했습니다.[11]

초기: 사도(apostles, 고전 15:9)
중기: 하나님의 성도(God's people, 엡 3:8)
후기: 죄인 중에 괴수(sinner, the worst, 딤전 1:15)

그런데 이런 결과분석에 약간 오해하시는 분들이 있습니다. "그러면 사도 바울은 자신이 죄인이라는 사실을 죽기 직전에 가서야 알았는가?" 그것은 아닙니다. 사도, 일꾼, 종, 성도, 갇힌 자, 죄인 이 모든 자기 정체성은 바울의 평생을 통하여 항상 같이 가지고 있던 자기 정체성이었습니다. 지금

---

10 William Barclay, *The Beatitudes & The Lord's Prayer for Everyman*, 문동학·이규민 옮김. 『바클레이의 팔복·주기도문 해설』(서울: 크리스챤 다이제스트, 2011), 34쪽.

11 J. Oswald Sanders, *Paul, The Leader* (Colorado Springs, CO: Navpress, 1984), pp.54-55.

소개된 이 모든 자기 정체성의 모습들은 사도 바울의 13개 편지를 통하여 모두 다 골고루 나옵니다. 다만 그 강조점이 각 때마다 달랐다는 점입니다. 초기에는 사도에 많은 강조점이 있었고, 중기에는 사도보다는 일꾼이요 종, 성도, 갇힌 자인 부분이 두드러졌고. 마지막에 가서는 죄인이라는 점이 드러나게 된다는 점입니다. 그 이유는 그것이 바로 그의 신앙이 성숙되고 성숙되었다는 것을 보여주는 외적 증거라는 말입니다.

이것은 마치 다음과 같습니다. 평생 서로에게 편지를 써온 부부가 나중에 자신들이 쓴 편지를 볼 때, 그 내용의 강조점이 연예시절 내용 다르고, 결혼해서 다르고, 애 낳았을 때 다르고, 애 키울 때 다르고, 뭐, 각 시기마다 그 내용의 강조점이 다 다릅니다. 그러나 그 모든 편지의 전편에 흐르는 내용은 "내가 당신을 사랑한다."는 말이거든요. 다만 그 강조점이 시대에 따라 때에 따라 성숙되었다는 말입니다. 그러므로 하나님 앞에서 자신이 죄인이라는 바울의 근본적인 죄인으로서의 자기 정체성의 원리는 처음부터 끝까지 동일합니다. 그러나 그 원리를 겉으로 표현하는 외적인 현상(external phenomenon)에 있어서 사도 바울은 시간이 흐름에 따라 성숙을 보였다는 뜻입니다. 따라서 이것은 신앙의 원리와 복음의 내용이 변했다는 뜻이 아닙니다. 그 신앙의 원리와 복음의 내용을 표현하고 전달하는 외적 태도와 방법에 성숙이 나타났다는 것입니다. 이것은 '변화(change)'가 아니라 어디까지나 '성숙의 발전단계(development)'를 말합니다.

이러한 선험적 이해는 이후로 우리가 살펴볼 다른 주제를 위해서도 꼭 잊지 말고 기억해야 할 중요한 기준입니다. 왜냐하면 이러한 이해구조가 이후에 계속 살펴보게 될 다른 주제들에도 동일하게 적용되기 때문입니다. 그러므로 독자들은 이점을 꼭 잊지 마시기 바랍니다.

은혜는 성숙이다

4. 그러면 우리의 자기 정체성은?

1) 우리는 바울과 정반대다.

사랑하는 독자 여러분! 이것이 신앙의 성숙입니다. 이것이 신앙의 역사입니다. 이것이 신앙의 기적입니다. 이것이 하나님이 오늘 이 시간 우리에게 바라시는 우리의 모두의 성숙된 신앙의 모습입니다. 바로 하나님께서 바울의 모습을 통하여 오늘날 우리에게 전하고 있는 성숙된 신앙의 모습이라는 말입니다.

초기의 바울과 중기의 바울와 후기의 바울은 우리가 지금 그의 편지를 그것이 '쓰여진 순서대로' 묵상하며 추적해 본 결과 너무나 달랐습니다. 그의 신앙생활은 절대로 제자리걸음하는 신앙생활이 아니었습니다. 뭔가 계속 발전하고 성장하는 성숙한 신앙생활이었습니다.

처음에 주변에서 자기를 정통 사도로서 인정해 주지 않을 때 그는 자기를 정통 사도로 인정해 달라고 강하고 확신 있게 자신의 사도성을 주장했습니다. 마치 약간 따지는 듯한 느낌으로 자신의 사도성을 주장했습니다. 그런데 시간이 흐르면서 그의 그 주장이 유연해지기 시작했고 자신은 그저 성도 중에 작은 자, 종, 일꾼, 갇힌 자 등으로 묘사했습니다.

그런데 결국 말년에 와서는 어떻습니까? 자신을 사도커녕, 교인은커녕, 일꾼은커녕 아예 하나님 앞에 철저한 죄인 중에 괴수라고 고백합니다. 그러면서 자신이 사도로서 해놓은 업적을 자랑하기 위한 이력서나 소개서를 말하지 않고 오히려 예수 죄인 중에 괴수와 같은 자기를 위하여 예수 그리스도께서 행한 은혜에 대하여 말하고 있습니다.

정작 이때는 오히려 많은 사람들이 바울을 사도로서 인정하고 있을 때였습니다. 그때는 오히려 사람들이 그를 진정한 사도로 인정하고 있었습니다. 그런데 그는 오히려 그러한 때 자신을 사도로 인정하기보다는 죄인 중에 괴수라고 고백합니다. 사도로 인정받지 못할 때 바울은 사도임을 주장했는데 정작 사도로 인정받을 때에 오히려 그는 자신이 죄인 중에 괴수임을 주장하고 있습니다.

현재 이 오늘 말씀을 통하여 우리는 무엇을 느끼고 있습니까? 무엇을 도전받고 있습니까? 무엇을 깨닫고 있습니다. 무엇을 생각하십니까? 그리고 무엇을 결심하게 됩니까? 이제 우리들의 모습을 한번 살펴봅시다. 우리는 어떻습니까? 우리가 가지고 있는 정체성의 성숙은 어떻습니까? 실제적으로 우리는 사실상 바울이 걸었던 성숙과는 정반대의 길을 걸어가고 있습니다.

처음을 한번 회상해 봅시다. 우리가 제일 처음 예수님의 은혜를 입고 그 은혜 속에 감격하여 살 때는 우리 모두 한 사람의 예외도 없이 하나님 앞에서 우리가 죄인이라고 고백합니다. 사도 바울처럼 죄인 중에 괴수라고 합니다. 눈물을 흘리며 고백합니다. 심지어는 자신을 벌레만도 못한 자라고 고백합니다. 그래서 눈물도 흘리고 회개하며 교회일도 열심히 합니다. 열정적으로 헌신합니다. 그러면서 정말 겸손하게 일합니다. 완전히 새 사람이 된 것처럼 성실하게 신앙생활합니다.

그런데 한 6-7년에서 10년 정도 지나게 되면 어떻습니까? 그때부터 약간씩 슬슬 우리의 본색이 드러나지요. 과거에 모습이 드러난단 말입니다. 자기가 드러난다는 말입니다. 슬슬 하나님과 교회 앞에 내 자신의 권리와 위치를 주장하기 시작한다 그 말입니다. "그동안 나 헌신 좀 했는데", "내가 예수님 때문에 고생도 좀 했는데", "아! 내가 이번에 건축헌금 얼마나 많이 냈는데…", "내가 이래 봬도 교사생활 20년째야!" 뭐, 이런 증상이 조금씩 나타나기 시작합니다.

그러다가 신앙생활 10년, 15년, 20년 지나면 어떻게 됩니까? 전혀 예상치 못했던 결과가 나옵니다. 교회에서 자기가 다 한 줄 압니다. 교회에서 자기가 최고인 줄 압니다. 자기가 교회 안에서 제일인 줄 압니다. 자기 위에는

은혜는 성숙이다

아무도 없습니다. 자기가 신앙생활 제일 잘하는 사람인 줄 압니다. 자기 교회 안 나오면 교회 다 망하는 줄 압니다. 조금 무시 받으면 아주 교회를 다 뒤집어 놓습니다. 그것만으로 모자라서 여기 저기 다니면서 교회 험담을 해서 이 사람 저 사람 모두 시험 들게 만듭니다.

아주 심각한 자기 착각현상! 아주 고치기 힘든 자기 정체성의 위기를 맞는다는 그 말입니다! 믿으면 믿을수록, 교회에 오래 다니면 오래 다닐수록, 우리도 사도 바울처럼 겸손해지고 하나님 앞에서 자신의 죄인 됨을 깨닫고 그런 죄인을 용서하시고 구원해주신 하나님의 은혜에 감사해야 하는데 오히려 우리 모두는 그 반대가 되고 있다는 말입니다. 오늘 우리 자신의 모습을 한번씩 살펴보자는 겁니다.

그래도 이러한 사람은 그나마 나중에라도 회개하고 돌아올 길이 있으니 정말 다행입니다. 심각한 것은 이보다 더한 사람이 있습니다. 어떤 교만한 사람은 급기야 갈 때까지 가서 결국 자기가 직접 자칭(自稱) 하나님이라고 합니다. 자칭 예수님이라고 합니다. 자기가 직접 성령님의 성령님의 나타나심이라고 말합니다. 이단이 달래 이단이고, 사이비가 달리 사이비인 줄 아십니까? 전지전능하신 하나님 앞에서의 자신의 정체성을 잃어버리고 교만 방자해질 때에 이단이 되고 사이비가 되는 겁니다. 그렇기 때문에 자기 정체성의 성숙과 성숙이 중요한 것입니다. 그래서 사도 바울은 이러한 위험성을 너무나 잘 알기에 자신이 죽기 직전에 유언과 같은 말로써 자신의 영적 아들이 디모데에게 다음과 같이 말한 것입니다.

> 이 모든 일에 전심 전력하여 너의 성숙함을 모든 사람에게 나타나게 하라
>
> (딤전 4:15)

하나님께서는 오늘 이 책에 나온 모든 말씀을 통하여 다음과 같이 우리

에게 말씀하십니다. "네 신앙의 성숙을 이루어가라", "네 신앙의 성숙을 보여라." 하나님께서 오늘 우리들에게 이것을 말씀하고 계신 것입니다 하나님께서는 이 사도 바울의 편지에 나타난 자기 고백을 통하여 기독교인의 자기 정체성이 어떻게 발전하고 성숙되어야 하는지 보여주고 계십니다.

2) 라스콜니코프는 왜 전당포의 할머니를 죽였는가?

여러분들은 19세기 러시아 작가 도스토옙스키(Dostoevsky)를 잘 아실 것입니다. 그는 톨스토이(Tolstoy)와 함께 19세기 러시아 문학을 대표하는 작가입니다. 그리고 개인적으로 제가 제일 좋아하는 작가 중 한 명입니다. 그래서 저는 도스토옙스키와의 만남을 하나님께서 나에게 허락하신 '문학적 세례'라고 감히 인정하고 있습니다.[12] 특별히 『지하생활자의 수기』, 『죽음의 집의 기록』, 『죄와 벌』, 『백치』, 『악령』, 『카라마죠프가의 형제들』과 같은 전무후무한 그의 명작들을 인간이 하나님 앞에서 자신의 죄인 된 정체성을 잊어버리고 교만하게 행동할 때에 과연 어떠한 비극적 결과를 초래하게 되는지 너무나도 잘 보여준 작품들입니다.

그래서 훗날 도스토옙스키의 작품은 수많은 신학자들과 신앙인들에게 많은 영향을 끼쳤습니다. 그래서 한때 20세기 독일 신학자 트루나이젠(Eduard. Thurneysen)은 1963년도에 『도스토옙스키 평전(評傳)』을 쓰기도 했습니다.[13] 그리고 트루나이젠으로부터 도스토옙스키의 작품을 소개받아 읽

---

12 개인적으로 저는 네 가지 이유 때문에 도스토옙스키를 좋아합니다. 1) 그의 작품을 통하여 내 속에 숨어 있는 죄의 본성을 재확인하였습니다. 2) 그의 작품을 통하여 어쩔 수 없는 죄인을 회복시키시는 하나님의 놀라운 은혜를 깨닫게 되었습니다. 3) 그의 작품을 통하여 많은 신학적 도전과 적용을 가지게 되었습니다. 4) 그의 작품을 통하여 소외되고 억눌린 사람들의 고통을 간접적으로 접할 수 있었습니다.

13 Thurneysen, Eduard. *Dostojewski*, trans. Crim, Keith R. *Dostoevsky*. Richimond, Varginia: John Knox Press, 1964.

은혜는 성숙이다

은 또 다른 20세기 신학자 칼 바르트(K. Barth)는 그의 대표작 『로마서 강해 2판』의 저술 과정을 소개하면서 "만약 내가 도스토옙스키의 작품을 읽지 않았다면 이 책을 쓸 수 없었을 것이다."[14]라고 했을 정도입니다.[15] 때문에 저는 한 때 두 사람(도스토옙스키와 칼 바르트)의 영적 관계를 심각하게 추적해보기도 했습니다.[16]

특별히 저는 여기서 도스토옙스키의 대표작인 『죄와 벌』의 주인공 '라스콜니코프(Raskolnikov)'에 대하여 말하려 합니다. 왜냐하면, 도스토옙스키가

---

14 John D Godsey, Karl Barth's Table Talks, 김희은 역, 『바르트 사상의 변화』(서울: 신일 출판사, 1981), 37쪽.

15 도스토옙스키의 영향은 그가 죽은 뒤 20세기로 들어와 인간들의 탐욕과 죄악이 불러낸 세계대전(世界大戰)을 통하여 더욱더 그 진가를 발휘하게 됩니다. 그리고 그의 작품 속에 묻어 있는 '인간론(人間論)'과 '죄론(罪論)'은 20세기가 낳은 최고의 신정통주의(New-Ortho-doxy) 신학자인 "칼 바르트(Karl Barth)'에게까지 미칩니다. 그것은 바로 19세기 러시아 소설가 도스토옙스키와 20세기 현대신학의 거장(巨匠) 칼 바르트의 영적 만남이었습니다. 그들은 서로 삶의 시대가 달라 실제로 만난 경험은 없으나 인간의 영적 타락상을 인식하기 위한 영적 교감(交感)은 그 시대를 초월하여 가능했습니다. 이 과정에서 칼 바르트는 도스토옙스키의 작품이 말하고 있는 '인간 죄악의 현주소'를 깊이 통찰하고, 동시에 하나님 앞에서 철저한 죄인이 된 인간의 비극을 절실히 실감하게 됩니다. 결국 칼.바르트는 이러한 도스토옙스키의 작품에 영향을 받아 1922년에 그의 대작 『로마서 강해』 2판을 쓰기 시작했고, 마치 칼 바르트에게 끼친 도스토옙스키의 영향력을 증명이라도 하듯이 『로마서 강해』 2판에는 도스토예프스 작품에 대한 언급이 무려 15회 이상이나 반복이 되어 나옵니다. 참고하세요. Karth, Barth, Der Romerbrief, 조남홍 역, 『로마서 강해』 2판 (서울: 도서출판 한들, 1997), 67, 147, 155, 187, 321, 350, 371, 448, 503, 539, 601, 658, 736, 771, 777, 800쪽.

16 추적의 결과는 도스토옙스키의 작품이 칼 바르트의 '인간론'과 '죄론'에 깊은 영향을 끼쳤다는 점이었습니다. 참고하세요. R. Birch Hoyle, The Teaching of Karl Barth (London: Student Christian Movement Press, 1930), pp.23, 55. Thomas F. Torrance, Karl Barth: An Introduction to His Early Theology, 1910-1931 (London, SCM Press LTD, 1962), pp.39, 43-44, 63. John Bowden, Karl Barth (London: SCM Press, 1971), pp.12, 42, 53. David L. Mueller, Karl Barth (Waco, Texas: Word Books, 1972), p.24. John Webster, Karl Barth (Cambridge: Cambridge University Press, 2000), p.300. Busch, Eberhard, Karl Barth und die Pietisten, trans., Daniel W. Bloesch, Karl Barth & the Pietists (Downers Grove, IL: InterVarsity Press, 2004), pp.70-73, 94, 115.

그려놓은 라스콜니코프의 삶은 사도 바울이 경험한 자기 정체성의 성숙을 문학이라는 틀 속에서 너무나 잘 예표하고 있기 때문입니다.

라스콜니코프는 어느 날 자신이 자주 가던 전당포의 할머니를 도끼로 머리를 찍어 죽입니다. 그리고 그 장면을 목격한 할머니의 여동생까지 같이 죽입니다. 그렇다면 그는 왜 전당포 할머니를 죽이게 되었을까요? 그것은 바로 그가 믿고 있던 '인본주의적 초인사상(超人思想: a theory of superman)' 때문입니다.

그 당시 19세기에는 나폴레옹을 대표로 하는 영웅이나 초월적 인간의 숭배사상이 팽배해 있던 시기였습니다. 그러한 영웅을 하나님보다 더 중시하는 '인본주의적 초인사상'이 유행했던 시기였습니다. 이러한 사상에 영향을 받은 라스콜니코프는 결국 세상의 인간은 두 가지 종류로 분류된다는 결론에 이르게 됩니다. 즉 인간은 '초인간적인 권리를 지닌 특별인' 과 그러한 '특별인'들에게 죽기까지 무조건 복종해야 하는 '일반인'으로 나뉜다는 겁니다.

따라서 '특별인'들은 인류의 안녕과 평화를 위한다는 명목 하에 어떠한 범죄를 저질러도 아무런 죄가 되지 않는다는 이상한 사상이 생겨나게 되었습니다. 그의 이러한 경향은 라스콜니코프가 대학시절 쓴 그의 논문인 『범죄에 관하여』라는 소설 속에 자세하게 묘사됩니다.

불행히도 라스콜니코프는 이러한 비성서적 사상에 영향을 받아 비록 자신은 가난하고 궁핍한 사람이지만 자기는 나폴레옹과 같은 초인적 영웅이라는 이상한 환상을 가지게 된 것입니다. 급기야 라스콜니코프는 자신의 목을 조여 오는 경제적 위기상황을 극복해 보기 위하여 자신이 정말 초인인지 아닌지를 실험하기에 이릅니다. 결국 그는 자신이 항상 찾아가던 전당포의 한 못된 할머니를 실험목표로 정했습니다.

라스콜니코프는 그 전당포에 갈 때마다 돈과 경제력은 있으나 사회의 발전에 아무런 영향도 주지 못하는 인간쓰레기 같은 할머니와, 반면에 미래에

은혜는 성숙이다

대한 원대한 꿈과 비전을 가지고 인류를 위해 헌신할 수 있는 성실한 청년이지만 다만 돈과 경제력이 없어 구차한 삶을 살고 있는 자기 자신의 삶을 비교하면서 많은 열등감과 분노를 느꼈던 것입니다.

결국 자신은 모든 범죄가 허용되는 나폴레옹과 같은 초인적 '특별인'이요, 그 할머니는 이러한 영웅에게 죽기까지 복종해야 할 쓸데없는 '일반인'이므로 자기가 이 할머니를 살해하더라도 자기에게는 아무런 도덕적, 종교적 양심과 가책도 느낄 필요가 없다는 것을 믿게 됩니다. 그리고 그는 결국 준비해 간 도끼로 그 할머니를 살해합니다. 그리고 그 장면을 목격한 그 노파의 여동생까지 살해하는 정당한 살인자가 되어 버립니다.

이러한 동기에 의해 저질러진 라스콜니코프의 범죄는 그야말로 완벽했습니다. 그런데 범죄행각 전에는 당연해 보였던 자신의 행동과 믿음에 이상이 생기는 것을 이 주인공은 느끼게 됩니다. 죽이기 전에는 당연한 올바른 행동인 것으로 생각했는데 그 결과는 개운치 못했던 것입니다. 바로 그가 '죄의식'을 느끼기 시작한 것입니다.

그러나 그는 자신을 '죄인'으로 인식하기보다는 자신이 나폴레옹과 같은 '특별인'이 아니라 하찮은 '일반인'이었다는 것을 확인하게 된 데에만 좌절하고 괴로워하는 자기당착적인 모순에 빠지게 됩니다. 마치 창세기에 나타나는 아담과 이브가 자신의 부끄러운 죄를 허무하게 감추려 노력하는 헛된 노력을 이 소설의 주인공도 몸부림치며 겪고 있었던 것입니다. 아직 자신이 '죄인'이라는 정체성이 없는 것입니다.

그러던 중 그는 술집의 창녀 쏘냐라는 여인을 만나게 되고 그녀가 전해주는 성경 말씀의 복음을 통하여 새로운 갱생의 삶을 꿈꾸면서 자수하게 되고 시베리아 유형생활을 떠나게 됩니다. 그리고 머지않아 그는 결국 자기 자신이 하나님 앞에 불쌍한 죄인임을 깨닫게 됩니다. 그러면서 소설은 끝이 납니다.

여기서 우리는 청년 라스콜니코프가 경험한 자기 정체성의 성숙을 읽을 수 있습니다. 그것은 다음과 같습니다.

> 살인사건 전: 나는 특별인(special)이다!
>
> 살인사건 후: 나는 결국 일반인(normal)이었구나!
>
> 창녀 쏘냐가 전해 준 성경말씀을 들은 후: 나는 철저한 죄인(sinner)이다!

이것이 바로 도스토엡스키가 라스콜니코프를 통하여 보여주고 싶었던 하나님 앞에 서 있는 인간의 실존이었습니다. 라스콜니코프는 처음에 자기가 초인과 같은 '특별인'이라는 망상적 자기 정체성에서 시작하여, 나중에 가서는 자기가 그저 평범한 '일반인'임을 깨닫게 되고, 결국에 가서는 자신가 하나님 앞에 '큰 죄인'임을 자각(自覺)하게 됩니다.

> '특별인' ⇨ '일반인' ⇨ '죄인'

이것은 하나님께서 도스토엡스키의 작품을 통하여 우리에게 보여준 자기 정체성의 모범입니다. 도스토엡스키가 그려놓은 청년 라스콜니코프의 성숙 과정이 사도 바울의 성숙 과정과 얼마나 잘 어울립니까? 결국 하나님 앞에서 우리가 할 수 있는 최고의 고백은 '죄인'이라는 것 외에는 아무것도 없습니다.

3) 우리 모두는 하나님 앞에 '죄인 중에 괴수'

그러나 여기서 오해가 없어야 합니다. '죄인 중에 괴수!' 이것은 우리가 우리 스스로를 학대하고 벌주기 위한 고백이 아닙니다. 우리는 이미 더 이상 '죄인 중의 괴수'가 아닙니다. 그러나 우리가 이 고백을 잊지 말고 기억해

은혜는 성숙이다

야 할 절대적인 이유가 있습니다. 왜냐하면 '죄인 중에 괴수'와 같은 우리를 '최고의 의인"으로 만들어 주신 하나님의 은혜를 매번 강조하고 잊지 않기 위해서입니다. 바로 '올챙이 시절을 잊어버리지 않는 개구리'가 되기 위함입니다.

나 같은 죄인에게 허락하신 하나님의 그 놀라운 은혜를 잊지 않고 그 놀라운 사랑에 항상 감사하기 위하여 그래서 우리는 '죄인 중에 괴수'라는 고백을 기억하고 고백해야 합니다. 따라서 '죄인 중에 괴수'라는 고백은 나를 벌하기 위한 고백이 아니라 그러한 나를 은혜로 구원해 주신 하나님의 은혜에 감사하여 더 이상 교만하지 않고 겸손히 하나님의 사명을 감당하기 위한 것입니다.

'죄인 중에 괴수'라는 고백이 사도 바울의 최종고백으로 강조될 때까지 사도 바울은 십여 년의 세월 동안 연단 받으며 훈련 받았습니다. 그럼 우리는 이때까지 몇 년 동안 예수님을 믿어왔습니까? 이제 우리에게 몇 년의 시간이 남았습니까? 우리는 현재 어떠한 정체성을 가지고 어느 단계에 와 있습니까? 우리는 하나님과 사람들과 교회 앞에 누구입니까? 누구라고 소개하시겠습니까? 바로 이 시간 하나님이 물으시는 질문입니다.

2장
타인을 향한 태도의 성숙

이제 바울의 성숙 과정 두 번째 주제로 넘어갑니다. 바로 타인을 향한 태도의 성숙입니다.

과연 바울은 타인을 향한 태도에 있어 십여 년 사이에 어떻게 성숙하고 성숙했을까요?

앞에서 살펴본 경우와 동일하게 바울이 남겨 놓은 편지의 고백을 중심으로 한번 추적해 보겠습니다.

1. 초기 편지: 야! 너희들! 왜 그 모양이냐?

바울 초기의 편지를 살펴보면 바울은 다른 사람들을 대할 때에 그 사람이 자기보다 좀 수준이 낮은 등급에 있는 사람으로 인정하고 말하는 경향이 있음을 포착하게 됩니다. 특별히 신앙생활에 있어서 자신이 다른 사람보다 장성한 사람의 위치에 서 있고, 다른 사람들은 약간 자기보다 못한 위치에 서 있다고 생각합니다. 그래서 그들을 모두 자기의 돌봄을 받아야만 성장할 수 있는 열등한 존재로 묘사하는 듯합니다.

그럼 그것이 정말 사실인지 하나씩 추적해 볼까요?

은혜는 성숙이다

데살로니가전서 2장 7절을 묵상해 봅시다.

> 우리가 그리스도의 사도로서 마땅히 권위를 주장할 수 있으나 도리어 너
> 희 가운데서 유순한 자가 되어 유모가 자기 자녀를 기름과 같이 하였으니

여기서 말하는 '우리'는 데살로니가전서에 편지한 바울, 실루아노, 디모데(살전 1:1)를 말합니다. 그러므로 그냥 바울이라고 생각해도 무리가 없습니다. 묵상해 보니 어떻습니까? 바울은 자신을 젖먹이는 유모라고 하면서 데살로니가 지역 사람들을 어린애 젖먹이로 취급하지 않습니까? 그러므로 데살로니가 사람들은 자기가 길러야 하는 어린 아기들입니다. 자기와 데살로니가 사람들을 유모와 어린아이 관계로 묘사합니다. 물론 이러한 태도는 그들을 사랑하는 바울의 마음을 표현한 것이지만, 일단 바울은 타인과 자신과의 사이를 확실히 구분하고 있습니다. 이러한 바울의 태도는 초기 편지들에 자주 나옵니다.

데살로니가 2장 11절도 마찬가지입니다.

> 너희도 아는 바와 같이 우리가 너희 각 사람에게 아버지가 자기 자녀에게
> 하듯 권면하고 위로하고 경계하노니

이번에는 유모가 아닌 아버지입니다. 여전히 바울은 타인과 자신의 관계를 장성한 어른과 어린 아이, 즉 아버지와 자녀의 관계로 설명합니다. 역시 자신과 타인의 수준을 확실히 구분짓고 있는 것입니다. 이러한 바울의 이분법은 이후로도 계속 됩니다. 고린도전서로 가 볼까요?

고린도전서 3장 1-2절을 묵상해 봅시다.

(1) 형제들아 내가 신령한 자들을 대함과 같이 너희에게 말할 수 없어서 육에 속한 자 곧 그리스도 안에서 어린 아이들을 대함과 같이 하노라 (2) 내가 너희를 젖으로 먹이고 밥으로 아니하였느니 이는 너희가 감당치 못하였음이거니와 지금도 못함이라

여기서 바울은 이제 대놓고 고린도 교회의 사람들을 마치 어린아이처럼 대하겠다고 선언합니다. 다시 말하자면, 고린도 교회 사람들을 바울 자신이 먹여주는 모든 것을 감당하지 못하는 열등한 아이들로 취급한 것입니다. 그것도 그냥 어린아이가 아니라 젖먹이 어린아이입니다. 현재 바울은 어떤 면에서 고린도 교회 사람들을 철저히 평가절하하고 있습니다.

고린도전서 4장 14-16절까지 말씀을 묵상해 봅시다.

(14) 너희를 부끄럽게 하려고 이것을 쓰는 것이 아니라 오직 너희를 내 사랑하는 자녀같이 권하려 하는 것이라 (15) 그리스도 안에서 일만 스승이 있으되 아버지는 많지 아니하니 그리스도 예수 안에서 내가 복음으로써 너희를 낳았음이라 (16) 그러므로 내가 너희에게 권하노니 너희는 나를 본받는 자가 되라

여기서도 여전히 바울은 고린도 교회의 사람들을 어린아이 취급합니다. 그와는 대조적으로 바울은 자기 스스로를 무척 높이고 있는데, 자기를 고린도 교회의 아버지라고 소개합니다. 즉, 스승은 많지만, 아버지는 그리 많지 않은데, 그리 많지 않은 아버지 중의 한 사람이 바로 바울 자신이라는 뜻

은혜는 성숙이다

입니다. 그러면서 아주 자신 있게 자기를 본받으라고 말합니다. 이러한 바울의 자존감은 이미 자기는 신앙 안에서 장성한 사람이고 너희 고린도 교회 사람들은 나와 같이 장성한 사람에게 돌봄을 받아야 할 어린 아이와 같다는 생각에서 비롯됩니다.

계속 살펴볼까요?

고린도후서 12장 14절을 묵상해 봅시다.

> 보라 내가 이제 세 번째 너희에게 가기를 준비하였으나 너희에게 폐를 끼치지 아니하리라 내가 구하는 것은 너희의 재물이 아니요 오직 너희니라 어린 아이가 부모를 위하여 재물을 저축하는 것이 아니요 부모가 어린 아이를 위하여 하느니라

여기서도 역시 바울은 여전히 고린도 교회 사람들은 어린 아이와 같은 자신의 자녀이고, 자기는 그 어린 아이를 돌봐야 하는 어른, 즉 아버지와 같은 존재임을 강조합니다. 즉, "내가 너희에게 가는 것이 이번에 벌써 3 번째인데 절대 다른 뜻은 없다. 그저 아버지가 자녀를 만나보려 하는 마음으로 가는 것이다."고 말합니다. 그러나 여전히 고린도 교회 사람들을 신앙 안에서 어린아이 취급합니다. 반대로 바울은 여전히 자기는 장성한 사람임을 강조합니다.

고린도전서 13장 11절을 봅시다.

> 내가 어렸을 대에는 말하는 것이 어린 아이 같고 깨닫는 것이 어린 아이 같고 생각하는 것이 어린 아이 같다가 장성한 사람이 되어서는 어린아이

의 일을 버렸노라

이 말씀은 우리가 너무나 잘 아는 사랑장(고전 13장)에 나오는 말씀입니다. 저는 개인적으로 이 사랑장을 고린도 교회 성도들에게 향한 바울의 설교라고 인정하면서 동시에 이것은 바울 본인이 하나님 앞에서 행한 참회의 고백이라고 생각하고 있습니다. 과거에 사랑 없었던 자신의 모습을 현재 예수님의 신앙 속에 성숙된 자신의 모습으로 투영시켜 참회하는 마음으로 적어 나간 말씀이라는 뜻입니다.

그런데 이 말씀 속에서 바울은 자신은 이미 어린 아이의 수준에서 벗어난 장성한 사람이라고 주장합니다. 즉, "신앙 안에서 나 바울은 이미 더 이상 어린 아이가 아니다."는 말입니다. 이것은 고린도 교회 성도들을 어린 아이 취급하는 그의 모습과는 너무나 대조적인 자기인식입니다. 고린도 교회 사람들과 바울 자신 사이에 확실한 차이와 구분을 둔 선언입니다.

앞에서 우리가 바울이 보여준 자기정체성의 성숙을 추적해 볼 때 알게 된 것과 같이 "내가 다른 사도들 보다 조금도 부족함이 없다!"고 당당히 주장한 그의 모습과 너무나 잘 어울리는 태도입니다. 즉, 바울은 신앙의 수준에 있어 자기와 타인을 확실히 구분지어 표현합니다. 이러한 그의 이분법은 결국 다른 사람들에게 바울 자신을 본받으라는 또 다른 선언으로 이어집니다.

1) 너희는 나를 본받아라.

결국 바울은 총 3번에 걸쳐서 다른 사람들에게 감히 "너희는 나를 본받으라"고 말합니다. 한 개씩 살펴볼까요?

> 우리에게 권리가 없는 것이 아니요 오직 스스로 너희에게 본을 보여 우리를 본받게 하려 함이니라(살후 3:9)

은혜는 성숙이다

그러므로 내가 너희에게 권하노니 너희는 나를 본받는 자가 되라(고전 4:16)

내가 그리스도를 본받는 자가 된 것 같이 너희는 나를 본받는 자가 되라(고 전 11:1)

확인하셨지요? 좋은 말도 3번 들으면 기분 나쁜데, 오히려 바울은 자기 편지를 읽는 상대방에게 오히려 자기를 본받으라고 여러 번 말합니다. 결국 지금까지 묵상해 본 말씀들을 토대로 하여 우리는 바울이 자신과 남과 비교 할 때 자신이 훨씬 모든 면에 있어 높은 수준에 있는 사람으로 자기 스스로 를 높게 인정하고 있음을 알 수 있습니다. 이것은 반대로 말하자면, 그가 다 른 사람을 수준 낮게 평가한다는 말입니다. 그래서 그런지, 초기 편지들에 는 상대편을 향한 그의 거친 말과 행동이 종종 간헐적으로 나옵니다.

그래서 다른 사람이 기독교 신앙에서 벗어나거나 복음의 기준에서 벗어 나는 말과 행동을 보였을 경우 바울은 지체 없이 다짜고짜 그 자리에서 상 대방을 직선적으로 책망합니다. 이때 바울은 그러한 사람들을 함부로 책망 하고 직선적인 언어와 행동으로 야단칩니다. 그럼 그의 이러한 경향을 그가 남긴 초기 편지를 통하여 하나씩 또 추적해 보도록 하겠습니다.

고린도전서 15장 35-36절을 봅시다.

(35) 누가 묻기를 죽은 자들이 어떻게 다시 살아나며 어떠한 몸으로 오느냐 하리니

(36) 어리석은 자여 네가 뿌리는 씨가 죽지 않으면 살아나지 못하겠고

바울은 여기서 35절의 나타난 '죽은 자의 부활'에 관한 질문을 한 사람에게 다짜고짜 직선적으로 '어리석은 자'라고 핀잔을 줍니다. 쉽게 말하면, "야! 이 어리석은 놈아! 무슨 그런 질문을 하느냐?" 이런 식의 말입니다.

한번 상상해 봅시다. 35절에 나타난 '죽은 자의 부활'이 어디 쉽게 이해하기 쉬운 문제입니까? 이것은 목회자들 사이에서도 심지어 신학자들 사이에서도 많은 연구가 필요한 질문입니다. 정말 '죽은 자의 부활'에 대한 문제는 모든 사람이 다 궁금해하고, 그리고 사실상 무척이나 이해하기 힘든 신학적이고 철학적인 질문 중 하나입니다. 그러므로 사람들이 이러한 의문을 가지고 와서 묻는 것이 당연하지 않나요?

이러한 질문은 오늘날에도 여전히 비신자들은 말할 것도 없고 심지어는 기독교인들 사이에서도 종종 나오는 질문입니다. 그러므로 목회자들이나 선교사들은 그 질문에 화를 내지 말고 성실히 답해 줄 의무가 있습니다. 특별히 사도 베드로는 이러한 질문에 대답함에 있어 '온유'와 '두려움'으로 하라고 권면했을 정도입니다(벧전 3:15-16).

그런데 바울은 그 질문에 답을 해 주면서 첫 인사가 "야! 이 어리석은 사람아!"입니다. 이거 좀 심하지 않은가요? 그리고 설사 그들의 질문이 질문 같지 않다고 칩시다. 그런데 꼭 그것에 답해주면서 시작부터 다른 사람에게 그러한 핀잔을 주는 것이 올바른 교육방법인가요? 그런데 바울은 지금 그렇게 하고 있는 겁니다. 이러한 태도는 다른 곳에서도 나옵니다.

갈라디아서 3장 1-3절을 묵상해 봅시다.

(1) 어리석도다 갈라디아 사람들아 예수 그리스도께서 십자가에 못 박히신 것이 너희 눈 앞에 밝히 보이거늘 누가 너희를 꾀더냐 (2) 내가 너희에게서 다만 이것을 알려 하노니 너희가 성령을 받은 것이 율법의 행위로냐 혹은

은혜는 성숙이다

듣고 믿음으로냐 (3) 너희가 이같이 어리석으냐 성령으로 시작하였다가 이제는 육체로 마치겠느냐

여전히 바울은 타인에게 "어리석다!"고 말합니다. 바울은 현재 자기가 전에 가르쳤던 은혜와 믿음의 복음을 잊어버리고 율법의 종교생활로 돌아가려고 하는 갈라디아 지역 사람들에게 올바른 길로 다시 돌이키라고 권면하고 있는 것입니다. 그런데 자세히 읽어보면 권면이라기보다는 책망과 야단에 가까운 구절들이 종종 보입니다.

꼭 그렇게까지 과격하게 말해야만 했을까요? 물론 바울 나름대로 자기가 전한 복음을 따르지 않는 그들을 보면서 무척 답답하고 화도 났겠지만, 모든 사람이 돌려서 읽을 회람편지에 공개적으로 그 사람들은 모두 싸잡아 "어리석은 사람들"이라고 야단치는 것은 약간 심하지 않았나요?

여러분들 중에 누가 "아! 바울이 어리석은 사람들에게 어리석다고 말했는데 뭐가 잘못이야?"라고 되물으신다면, 그 분에게 저도 뭐 할 말은 없습니다. 그러나 그 사람들이 정말 그런 어리석은 사람이라고 해서 아예 처음부터 대놓고 그 사람들의 모자란 부분을 함부로 말하고, 그것도 공개적으로 비방해도 된다면, 이 세상에 상처 안 입는 사람 어디 있고, 사람들 사이에 지켜야 할 최소한의 예의와 인간 도덕이 필요한 이유가 어디에 있겠습니까? 그렇지 않습니까? 그런데 더욱더 이상한 것은 바울은 오히려 타인에게 자신의 어리석은 것을 좀 이해해달라고 호소한다는 점입니다.

고린도후서 11장 1절, 16절을 한번 묵상해 봅시다.

(1) 원하건대 너희는 나의 어리석은 것을 용납하라 청하건대 나를 용납하라

(16) 내가 다시 말하노니 누구든지 나를 어리석은 자로 여기지 말라

바울이 지금 고린도 교회의 사람들에게 뭐라고 합니까? 자기를 어리석게 보지 말라고 명령합니다. 바울 자신은 다른 사람들에게 함부로 "어리석다!"고 말하면서 오히려 다른 사람들보고는 자기에게 "어리석다!"고 하지 말랍니다. 더 나아가 자기가 이렇게 어리석게 자기 자랑을 늘어놓게 된 것에 대한 변명을 하는데 그 변명 역시 다른 사람에게로 그 원인을 돌립니다.

고린도후서 12장 11절의 말씀을 묵상해 봅시다.

내가 어리석은 자가 되었으나 너희가 억지로 시킨 것이니 나는 너희에게
칭찬을 받아야 마땅하도다

대체 이것이 무슨 말입니까? 바울이 자기 자랑을 늘어놓음으로(고후 11:16-12:10) 어리석은 짓을 하게 되었는데, 그 이유는 다 너희 때문이라는 겁니다. 즉, 바울 자신을 사도로 인정하지 않는 고린도 교회의 몇몇 사람들 때문에 자기가 불가피하게 사도의 합법성을 알리기 위해 자기자랑을 좀 늘어놓았으니 이것은 내가 어리석어서 한 짓이 아니라는 거지요. 그러면서 오히려 자기는 칭찬을 받아야 마땅한 사람이라고 주장합니다.

이유가 어찌되었고, 상황이 어찌되었든, 우리는 여기서 다른 사람보고는 함부로 "어리석다!"고 말하던 바울이 정작 자기의 어리석음에 대하여는 마치 철통같이 수비하고 있음을 보게 됩니다. 그래도 뭐 "어리석다."라는 말은 이해할 수 있다고 칩시다. 바울은 이보다 더 심한 말을 씁니다. 바로 '저주'라는 무서운 단어입니다.

은혜는 성숙이다

갈라디아서 1장 8절, 3장 10절과 13절을 묵상해 봅시다.

(8) 그러나 우리나 혹은 하늘로부터 온 천사라도 우리가 너희에게 전한 복음 외에 다른 복음을 전하면 **저주**를 받을지어다 (9) 우리가 전에 말하였거니와 내가 지금 다시 말하노니 만일 누구든지 너희가 받은 것 외에 다른 복음을 전하면 **저주**를 받을지어다

(10) 무릇 율법 행위에 속한 자들은 저주 아래 있나니 기록된 바 누구든지 율법 책에 기록된 대로 모든 일을 항상 행하지 아니하는 자는 **저주** 아래 있는 자라 하였음이라

(13) 그리스도께서 우리를 위하여 **저주**를 받은 바 되사 율법의 **저주**에서 우리를 속량하셨으니 기록된 바 나무에 달린 자마다 **저주** 아래 있는 자라 하였음이니라

현재 바울은 스스럼없이 '저주'라는 단어를 구약성경의 말씀 속에서 자주 인용하고 더 나아가 자신이 직접 그 '저주'라는 단어를 사용하고 있습니다. 지금 갈라디아서만 살펴보았는데 다른 편지에도 '저주'라는 단어는 등장합니다. 사실 로마서에는 세 군데(3:14, 9:3, 12:4) 고린도전서에는 두 군데(12:3, 16:22) 이 '저주'라는 단어가 등장합니다.

사실 바울 13개 편지 중에서 '저주'라는 말이 사용된 편지는 지금 소개한 것들이 전부입니다. 그런데 흥미롭게도 그 편지들이 모두 초기 편지들입니다(로마서, 고린도전서, 갈라디아서) 이후 중기 편지와 후기 편지에서는 '저주'라는 단어가 아예 전혀 나오지 않습니다. 이것은 바울이 이 '저주'라는 말을 오로지 초기 편지를 쓸 때에만 즐겨(?) 사용했음을 증명합니다.

그래서 미국 듀크(Duke)대학의 제임스 프라이스(James Price) 교수는 "갈라디아서는 엄청난 분노(hot indignation)를 표출한 편지"라고 평했고,[17] 어네스트 스캇(Ernest Findlay Scott) 교수도 "갈라디아서는 감사의 말씀이 전혀 없는 책망의 서신"[18]이라고 정의했으며, 장로회 신학대학의 박창환 교수도 갈라디아서는 그 당시 편지에 필수적으로 들어가야 하는 수신인에 대한 감사 표현이 전혀 들어 있지 않고 오히려 처음부터 무서운 저주를 퍼붓는 파격적 형식의 편지라고 말했습니다.[19]

그만큼 바울은 초기 편지를 쓸 때에 복음에 합당한 생활을 하지 않는 사람들에 대하여 아주 무섭게 질책하고 심지어는 공개적으로 심한 단어까지 써가면서 폭풍처럼 야단치던 무서운 사람이었음을 짐작할 수 있습니다. 그러한 바울의 기질과 성격을 보여주는 몇몇 성경구절들이 더 있습니다. 복음의 진리에 벗어난 사람들에 대하여 단호히 그 사람들을 처벌하고 공동체 밖으로 그들을 추방하라는 그의 무서운 명령입니다. 어디 그것까지 한번 추적해 볼까요?

데살로니가후서 3장 6절과 14절을 묵상해 봅시다.

> (6) 형제들아 우리 주 예수 그리스도의 이름으로 너희를 명하노니 게으르게 행하고 우리에게서 받은 전통대로 행하지 아니하는 모든 형제에게서 떠나라

---

17 James L. Price, *Interpreting The New Testament* (New York, Holt: Rinehart and Winston, 1961), p.386.

18 Ernest Findlay Scott, *The Literature of the New Testament* (New York: Columbia University Press, 1957), p.149.

19 朴昶環, 『新約聖書槪論』(서울: 大韓基督敎書會, 1972), 126쪽.

은혜는 성숙이다

(14) 누가 이 편지에 한 우리 말을 순종하지 아니하거든 그 사람을 지목하여 사귀지 말고 그로 하여금 부끄럽게 하라

바울은 자기가 현재 가르쳐 주는 복음의 내용을 믿지 않고 따르지 않는 사람들은 단호히 철저히 배격하고 아예 그들을 멀리하라고 명령하고 있습니다. 심지어는 그 사람을 지목(指目)하여 사귀지 말라고 하며 더 나아가 그 사람으로 하여금 창피함을 당하게 하라고 주문합니다. 약간 무섭지 않습니까? 겁나지 않습니까? 차갑지 않습니까? 물론 복음을 향한 바울의 불타는 정열과 그 뜨거운 마음은 이해합니다. 그러나 그 신앙의 열정을 표현 방법이 약간 직선적이지 않은가요? 이러한 그의 태도는 그 후로도 계속됩니다.

고린도전서 5장 2-3절을 묵상해 보겠습니다.

(2) 그리하고도 너희가 오히려 교만하여져서 어찌하여 통한이 여기지 아니하고 그 일 행한 자를 너희 중에서 쫓아내지 아니하였느냐? (3) 내가 실로 몸으로는 떠나 있으나 영으로는 함께 있어서 거기 있는 것 같이 이런 일을 행한 자를 이미 판단하였노라

바울은 현재 고린도 교회의 성도들을 야단칩니다. 그런데 그 야단치는 이유가 "왜 자기 아버지의 아내와 동침한 사람을 왜 내쫓지 않고 내버려 두었냐?"는 이유입니다. 물론 그러한 일을 행한 사람의 죄악은 내쫓김 당하는 것만으로도 부족한 것이지요. 그러나 직접 와서 확인해 보지도 않고 오히려 그냥 들리는 소문만 듣고 바울은 "그 죄지은 사람을 왜 아직도 내쫓지 않았느냐?"고 고린도 교회 사람들에게 다그치는 것입니다. 이러한 바울의 무서운 질책은 여기서 끝나지 않습니다. 그의 호통은 계속됩니다.

고린도전서 4장 19-21절을 묵상해 봅시다.

> (19) 주께서 허락하시면 내가 너희에게 속히 나아가서 교만한 자들의 말이
> 아니라 오직 그 능력을 알아보겠으니 (20) 하나님의 나라는 말에 있지 아니
> 하고 오직 능력에 있음이라 (21) 너희가 무엇을 원하느냐 내가 매를 가지고
> 너희에게 나아가랴 사랑과 온유한 마음으로 나아가랴

이것은 고린도 교회에 바울을 미워하고 욕하는 사람들을 향한 바울의 공
식적인 '선전포고'입니다. 능력은 없으면서 말 만 앞세워 항상 일을 만들고,
함부로 바울의 사도성을 인정치 않고, 오히려 바울의 사역을 방해하는 사람
들을 향하여 바울은 엄하게 미리 경고합니다. 그러면서 바울은 다음과 같은
말로 그들을 은근히 협박합니다.

"내가 매를 가지고 갈까? 아니면 온유한 마음으로 갈까?", "나는 지금 현
재 기도하며 생각 중이다."

이러한 그의 생각은 후에 바로 결론이 납니다.

고린도후서 13장 1-2절을 묵상해 봅시다.

> (1) 내가 이제 세 번째 너희에게 가리니 두 세 증인의 입으로 말마다 확정
> 하리라 (2) 내가 이미 말하였거니와 지금 떠나 있으나 두 번째 대면하였을
> 때와 같이 전에 죄 지은 자들과 그 남은 모든 사람에게 미리 말하노니 내
> 가 다시 가면 용서하지 아니하리라

이거 아주 무서운 말 아닙니까? 아예 "다시 가면 용서하지 않겠다!"고 합
니다. 마치 다른 사람에게 무슨 '사형선고'를 내리는 듯한 경고입니다. 바울

은혜는 성숙이다

에게 그런 선고를 내릴 권한이 정말 있었나요? 그리고 그런 권한이 있다고 해도 정말 그렇게 할 수 있을까요? 또 바울이 그렇게 한다고 해서 고린도 교회에 있던 바울의 적대자들이 이 말을 듣고 가만히 있었을까요?

지금 자꾸 제가 이런 식으로 바울을 몰아세우니까, 여러분들 중에 혹시 "지금 이 철없는 젊은 목사가 '바울 죽이기'를 하고 있구나!"하고 생각하실 분들이 있을지 모르겠습니다. 그러나 저는 현재 바울을 죽이고 있는 것이 아닙니다. 다만 바울이 우리와 똑같은 사람이었다는 것을 확인시키는 것뿐 입니다. 바울이 자기편은 사랑하고 적대자는 미워하는 사람이었음을 강조 하려는 것입니다.

물론 바울도 따뜻한 정과 사랑이 있는 사람입니다. 바울은 지금까지 자 기 적대자들에게 보였던 태도와는 달리 자기를 따르고 자기를 지원해 주며, 더 나아가 자신의 편지를 읽고 회개한 사람들에게는 참 놀라운 사랑과 인간 적인 동정을 보였던 사람이었습니다. 그런 구절을 한번 살펴볼까요?

고린도후서 2장 4절을 한번 묵상해 보겠습니다.

> 내가 마음에 큰 눌림과 걱정이 있어 많은 눈물로 너희에게 썼노니 이는 너 희로 근심하게 하려 한 것이 아니요 오직 내가 너희를 향하여 넘치는 사랑 이 있음을 너희로 알게 하려 함이라

여기에서 바울은 참으로 인간적인 사랑과 동정어린 마음을 표현합니다. 여기서 바울은 "눈물로 너희에게 썼노니"라고 말합니다. 이 구절 때문에 많 은 학자들은 고린도전서와 고린도후서 외에도 오늘날 분실되거나 알려지지 않은 또 다른 고린도 편지가 있었다고 주장합니다. 그리고 그 편지들 중 하 나가 디도(Titus)가 고린도 교회에 가지고 간 편지로 흔히 '눈물의 편지'라고

부릅니다(고후 2:4).[20] 어쨌든 여기서 "바울이 눈물을 흘렸다."는 표현은 고린도 교회에서 자기를 지지하고, 자기가 먼저 보내었던 편지를 읽고 그것을 하나님의 말씀으로 받아 그대로 실천하는 사람들을 향한 그의 마음이 담긴 표현입니다. 바울은 이전 편지(고린도전서 또는 제3의 편지)를 받고 그들 중에 회개하고 오히려 바울을 향하여 미안해하는 마음으로 근심하는 사람들이 있다는 소식을 들은 것입니다. 바울은 지금 그들을 향하여 위로하고 있는 것입니다. 그러므로 바울도 따스한 감정과 인간적인 동정심이 있는 사람이었습니다. 그러므로 바울은 무턱대고 아무에게나 야단치고 저주하는 사람은 아니었습니다. 그에게도 자기 사람들(복음 안에 있는 자들)을 향한 따뜻한 마음과 온정이 있었습니다(행 20:31).

그러나 그것은 오로지 바울 편에 서 있는 사람들을 향한 것입니다. 이와는 대조적으로 바울은 자기 적대자들에게 함부로 말하고, 직선적으로 저주하며, 절대로 용서하지 않겠다고 협박하고, 아예 미리 그들을 향하여 선전포고를 알리는 무서운 사람이었습니다. 바울은 그들에게 여전히 칼날 같은 매서운 태도로 대하는 사람이었습니다. 이러한 그의 대조적인 태도는 로마

---

20 바울은 성경에 기록된 고린도전후서 외에도 다른 편지를 보냈을 가능성이 있습니다. 그래서 현재 우리가 묵상하고 있는 고린도전서는 바울이 고린도 교회에 처음 보낸 편지가 아닐 수도 있습니다. 프레드릭 브루스(F. F. Bruce)는 바울이 고린도 교회에 총 다섯 개의 편지를 보냈다고 주장합니다. 그의 분석에 의하면 1) 첫 번째 편지는(고린도 A) 디모데에 의해 전달되었습니다(고전 5:9). 2) 두 번째 편지는(고린도 B) 성경 속 고린도전서입니다(고전 16:5-11; 고후 1:15). 3) 세 번째 편지는(고린도 C) 디도가 전달한 것으로 흔히 눈물의 편지라합니다(고후 2:4). 4) 네 번째 편지는(고린도 D) 성경 속 고린도후서 1장부터 9장까지의 내용입니다(고후 2:5-11, 고후 3:7 이하, 고후 8:1-9:15). 5) 다섯 번째 편지는(고린도 E) 성경 속 고린도후서 10-13장입니다. 네 번째 편지와 다섯 번째 편지 사이에 디도의 두 번째 고린도 방문이 있었습니다. 이것에 대하여는 아래 문서를 참고하세요. F. F. Bruce, *Paul: Apostle of the Heart Set Free* (Grand Rapids, Michigan: Wm. B. Eerdmans Publishing Co., 1998), p.256, 273-279, James L. Price, *Interpreting The New Testament* (New York, Holt: Rinehart and Winston, 1961), pp.370-371.

은혜는 성숙이다

서 마지막 부분의 문안인사 도중에도 나옵니다(롬 16:17-19). 그래서 어네스트 베스트 교수는 『*Meeting Opposition*』이라는 글에서 사도 바울은 자기 편에 서 있는 사람들(복음을 믿는 사람들)과 적대자들(복음을 방해하거나 다른 교리를 전달하는 사람들)에게 대하는 태도에 있어 완전히 상반된 모습을 가지고 있다고 설명했었습니다.[21]

2) 무서운 사람: 그 이름은 바울

지금까지 우리가 살펴본 초기 편지의 말씀들을 토대로 하여 바울의 모습(주후 50년대)을 한번 정리하며 추적해 봅시다. 한마디로 바울은 절대로 흔들리지 않고 그 어느 누구에게도 양보하지 않은 철두철미한 복음의 기준과 신앙의 지조를 지니고 있는 사람이었음이 틀림없습니다. 그러므로 그것이 너무나 강하고 확고해서 다른 사람이 부지중에라도 신앙과 복음에 조금이라도 빗나가는 행위나 말을 하는 것을 보면 바울은 그냥 보고 지나가는 성격이 못되는 겁니다. 한마디로, 신앙에 있어 아주 딱 부러지는 사람이었던 것 같습니다. 그러니까 이 당시 사도 바울은 윷놀이로 치자면 '모'아니면 '도'로 가는 사람이요, 이것 아니면 저것이고, 흰 것 아니면 검은 것이고, 앞 아니면 뒤고, 뒤 아니면 앞인 사람입니다. 특히 신앙과 복음의 문제에 있어서는 아주 무서울 정도로 칼날 같은 반응을 보이는 하는 사람이었습니다. 그의 이러한 신앙적 지조가 나타난 초기 편지글이 있습니다.

---

21 이 부분에서 인용된 성경 말씀과 사건들은 거의 이 책에서 말하고 있는 초기 편지들이었습니다. 그중에서도 고린도 교회와 갈라디아에 보낸 편지가 그 대부분을 이루고 있습니다. 이것만 보아도 초기 편지를 통해 나타나는 바울의 태도가 얼마나 파격적이었는지를 알 수 있습니다. Ernest Best, *Paul and His Converts* (Worcester: Billing and Sons, 1988), pp.107-124.

갈라디아서 1장 10절을 묵상해 봅시다.

> 이제 내가 사람들에게 좋게 하랴 하나님께 좋게 하랴 사람들에게 기쁨을
> 구하랴 내가 지금까지 사람들의 기쁨을 구하였다면 그리스도의 종이 아니
> 니라

이것은 "하나님이냐? 사람이냐?" 양자택일의 선택을 말합니다. 그중에서 바울은 단호하게 하나님을 선택합니다. 이것은 마치 엘리야가 갈멜산 전투에서 "하나님이냐? 바알이냐?"를 놓고 따지는 것과 동일한 것입니다(왕상 18:21). 이처럼 바울은 신앙과 복음에 있어 아주 무서울 정도로 대쪽 같은 사람! 아주 깐깐한 사람입니다. 그러므로 이 당시 바울 앞에서 한 번 잘못하거나 신앙과 복음에 벗어나는 말이나 행동을 하게 되면 그야말로 뼈도 못추리는 것입니다.

물론 바울이 보여준 이러한 신앙의 지조는 우리가 본받아야 합니다. 신앙인은 이래야 합니다. 모름지기 예수님을 자신의 구세주로 고백하는 사람은 이러한 굳건한 신앙을 가지고 있어야 합니다. 이것은 절대로 나쁜 것이 아닙니다. 믿는 사람은 이래야 합니다. 절대로 두리뭉실해서는 안 됩니다. 박쥐처럼 여기 갔다 저기 갔다 해도 안 되고, 간(肝)에 붙은 쓸개처럼 여기 붙었다 저기 붙었다 하면 안 됩니다. 그러므로 지금 말하려는 것은 이러한 바울의 대쪽 같은 신앙의 지조가 잘못되었다는 말이 아닙니다.

여기서 약간 문제 삼는 것은 다만, 그것을 겉으로 다른 사람에게 표현하는 방법이 조금 직설적이라는 말입니다. 자칫 잘못하면 그것이 상대편에게 깊은 상처를 남길 수 있는 표현 방법이라는 점입니다. 바울은 좀 더 유연한 표현으로 부드럽게 할 수 있었을 텐데 그렇게 하지 않다는 거지요. 아니나 다를까! 그의 이러한 그 기질(character)이 그대로 현장화되어 나타난 사건이

은혜는 성숙이다

하나 있습니다. 그 사건 역시 그의 초기 편지인 갈라디아서에 나옵니다.

갈라디아서 2장 11–14절을 묵상해 봅시다.

> (11) 게바가 안디옥에 이르렀을 때에 책망 받을 일이 있기로 내가 그를 대면하여 책망하였노라 (12) 야고보에게서 온 어떤 이들이 이르기 전에 게바가 이방인과 함께 먹다가 그들이 오매 그가 할례자들을 두려워하여 떠나 물러가매 (13) 남은 유대인들도 그와 같이 외식하므로 바나바도 그들의 외식에 유혹되었느니라 (14) 그러므로 나는 그들이 복음의 진리를 따라 바르게 행하지 아니함을 보고 모든 자 앞에서 게바에게 이르되 네가 유대인으로서 이방인을 따르고 유대인답게 살지 아니하면서 어찌하여 억지로 이방인을 유대인답게 살게 하려느냐 하였노라

이 말씀은 말씀 해석자의 관점과 상황에 따라 매우 다양하게 해석되는 난해구절 중 하나입니다. 그래서 저는 개인적으로 이 말씀에 깊은 관심을 가지고 자주 묵상하며 동시에 여러 방면의 문헌조사를 실천한 바 있습니다.

일단 본문이 전하고 있는 소식은 다음과 같습니다. 안디옥에서 바울이 게바(베드로)를 책망했다는 말씀입니다. 그것도 따로 불러서 조용하게 은밀히 문책한 것이 아니라, 아예 남들 다 있는 앞에서 공개적으로 야단쳤다는 말입니다. 그리고 그것을 그 당시 갈라디아 지역에 있는 사람들이 돌려 읽게 될 회람문서인 편지에 그 모든 내용을 자세히 적어서 보낸 것입니다. 결국, 이것으로 말미암아 그날 안디옥에서 행했던 베드로의 위선적 행동이 온 세상에 다 알려진 것이지요. 그 덕분에 현재 21세기를 살아가고 있는 우리들까지 '베드로의 굴욕'을 읽을 수 있는 영광(?)을 얻게 되었습니다.

그때 바울이 베드로를 책망한 이유는 하나입니다. 베드로가 이방인들 앞

에서 복음에 합당치 않게 위선적인 행동을 보였기 때문입니다. 베드로가 그렇게 위선적인 행동을 보이게 된 이유는 야고보(예수님의 친 남동생이자 그 당시 예루살렘 교회 총회장)가 보낸 사람들의 눈치를 보려다 그렇게 된 것입니다. 바울은 그것을 책망했던 것입니다. 즉, 베드로에게 신앙의 지조와 기준이 없다는 것이지요. 당연히 철두철미한 바울로서는 절대 용납되지 않는 일입니다.

그러므로 여기서 바울이 베드로를 책망하고 교훈했다고 해서 바울을 잘못했다고 욕하거나 탓할 사람은 아무도 없습니다. 당연히 바울은 사도로서 지위고하, 남녀노소를 따지지 말고 그러한 위선적 행동을 하는 사람은 문책하고 꾸짖어야 할 것입니다. 아마 이 문제가지고 바울에게 시비 걸 사람은 없을 것입니다. 바울로서는 당연히 그렇게 해야지요. 그러므로 그 부분에 있어서는 특별한 문제가 없습니다. 그러나 문제는 다른 곳에 있습니다. 바로 '책망하는 방법'이 문제입니다. 즉, 책망의 '원리'가 문제되는 것이 아니라 책망의 '방법론'이 문제가 됩니다.

그날 바울은 다른 모든 사람들이 다 보는 앞에서 공개적으로 베드로를 책망했습니다. 그리고 그것도 모자라서 나중에는 그것을 모든 사람들이 읽게 되는 회람편지에 공식적으로 적어서 다른 사람들에게 공개적으로 선포했다는 사실입니다. 바울이 베드로가 복음의 진리를 따라 바로 행하지 아니함을 보고 그를 책망한 것은 탓할 사람이 아무도 없을 겁니다. 그런데 여기서 우리가 눈여겨보아야 할 것은 바울이 택한 책망방법입니다.

이것은 정말 옳다고 할 수 있을까요? 그 당시 바울에게 이 방법밖에는 없었을까요? 사도 바울은 왜 그렇게 해야만 했을까요? 이것은 그 당시 바울의 기질과 성격이 어떠했는지 여실히 너무나도 확실하게 보여주는 사건입니다.

제가 신학교에서 공부할 때에 그 당시 바울 서신을 강의하시던 어느 한

은혜는 성숙이다

교수님은 이 구절을 언급하시면서 이러한 바울의 태도는 그 당시 편지 쓰는 예법에 비추어 볼 때 굉장히 무례한 짓이라고 해석하셨습니다. 그 교수님의 해석에 따르면, 바울의 이러한 태도를 오늘날에 빗대어 이해하자면, 어느 한 사람의 비리(非理) 내용을 적은 연판장을 SNS(소셜 네트워크 서비스)에 공식적으로 올리거나, 또는 여기 저기에 문서형태의 복사물을 유포하는 것과 비슷한 일이라고 설명할 정도였습니다. 물론 그 교수님이 좀 극단적인 비유로 본문을 해석했다고 볼 수도 있지만 참고할만한 점이 있다고 봅니다.

한번 상상해 봅시다. 그 당시 베드로는 보통 사람이 아닙니다. 그 당시 1세기 기독교계에서 베드로의 영향력은 실로 거대했습니다. 현재 우리가 묵상하고 있는 말씀 속에도 보면 그의 영향력이 얼마나 컸는지 알 수 있습니다. 베드로가 먼저 위선적인 행동을 보이자, 남은 유대인들도 마치 약속이나 한듯 그를 따라 똑같은 행동을 하였고, 심지어는 바나바까지도 그렇게 한 것입니다. 이처럼 베드로의 영향력은 컸습니다. 따라서 베드로에게는 그만큼의 책임도 있는 것입니다. 그렇기 때문에 바울이 그의 위선적인 행동을 책망한 것입니다.

그러나 일반적으로 우리가 생각했을 때에 이때 바울이 베드로를 향해 보여준 이러한 돌발적 행동은 아무나 할 수 있는 것이 아닙니다. 바로 바울과 같은 독특한 성격과 불굴의 기질을 가지고 있는 사람만이 할 수 있었던 것입니다. 바로 바울의 가지고 있었던 그 신앙이 지조가 바울의 기질과 성격을 타고 밖으로 표현된 것입니다.

왜 우리가 그런 말 자주 하지요. "저 사람 성격대로 믿는다.", "저 목사 성격대로 목회한다.", "저 집사, 장로 .기질대로 신앙생활한다.", "저 권사는 성격대로 남 전도한다." 우리는 흔히 이런 말을 많이 씁니다. 이 말이 어떤 때는 긍정적인 표현으로 쓰이기도 하고, 어떤 때는 부정적인 표현으로 쓰이기도 합니다. 상대편의 기질과 그 성격이 어떠한가에 따라서 그리고 그 결과가 어떠한가에 따라서 위와 같은 말은 칭찬이 될 수도 있고, 비난이 될 수도 있습니다.

그 당시 바울은 복음과 신앙의 기준에 있어서 눈곱만큼도 양보가 없는 사람 사람이었음이 분명합니다. 그런데 그것을 겉으로 표현하는 방법이 사뭇 다른 사람과는 달랐습니다. 굉장히 직선적이고, 원색적입니다. 자칫 잘못하면 바울의 성격을 잘 이해하지 못하는 다른 사람에게 깊은 상처와 분노를 사게 할 수도 있는 언행입니다. 그의 신앙이 그의 기질과 성격을 타고 표출된 것입니다.

이해를 돕기 위해 제가 한 가지 실제적인 예를 들어보겠습니다. 보통 주일날 예배를 드리고 나면 교회 식당에서 모든 교인들이 함께 점심 식사를 하지 않습니까? 그런데 그때 여러분들 중에 누가 기독교인으로서 하지 말아야 하는 언행(言行)을 그 자리에서 했다고 합시다. 그런데 그 행동을 한 사람이 그 교회에서 굉장히 귀한 직책을 가지고 있는 분이었다고 상상해 봅시다. 모든 사람들에게 교회의 어른이라고 할 만큼 관심의 대상이 되는 사람이었다고 가정해 봅시다. 그때 어느 누군가 그 자리에서 모든 사람이, 모든 교인이 보는 앞에서 공개적으로 그 사람을 책망했다고 생각해 봅시다. 그리고 그것도 모자라서 그때의 상황을 적어서 인터넷에 올리거나 그 다음 주 정도에 주보에 그 내용을 적은 쪽지를 끼워 사람들에게 유포했다고 상상해 봅시다. 그 사건을 이 지역에 있는 사람들이 다 알 수 있도록 편지에 써서 모든 사람들에게 읽을 수 있도록 보냈다고 생각해 봅시다. 여러분들은 그 사람을 어떻게 생각하시겠습니까?

"아! 그 사람은 복음과 신앙의 열정이 깊어서 누구든지 신앙인으로서 옳지 못한 행동을 하는 사람에 대하여 지위고하, 남녀노소 할 것 없이 담대하게 책망하며 더 나아가 모든 사람들에게 그것을 편지하여 다른 사람들에게 타산지석(他山之石)으로 본을 삼도록 하니 참으로 요즘 세상에 보기 드문 위

은혜는 성숙이다

대한 기독교인이다." 하겠습니까? 아니면, "아! 그 사람! 거 꽤나 성격 더럽네! 뭐 저렇게까지 해야 되나? 자기는 뭐 얼마나 잘났다고! 그냥 나중에 불러서 조용히 하지, 뭐 그렇게 공개적으로 하냐!", "그 분 체면도 있지." 그러겠습니까?

좀 더 쉽게 여러분의 이해를 돕기 위하여 제 경우로 한번 말해 볼까요? 만약에 제가 베드로와 같은 그런 일을 당했다면, 만약에 제가 그 당시 베드로였다면, 일단 제가 목사로서 잘못했기 때문에 별다른 말을 하지 않을 것입니다. 그저 유구무언(有口無言)이고 쥐구멍이라도 찾아서 들어가고 싶을 심정일 것입니다. 그리고 깊이 회개하고 내 자신을 다시 돌아 볼 것 같습니다. 그리고 그러한 사랑의 문책을 해준 사람에게 나름대로의 감사의 뜻을 전할 수도 있을 것 같습니다. 그러나 저는 그 사람이 나를 책망할 때 사용한 '방법'은 절대로 본받지 않을 것입니다. 다시 말하자면, 나를 책망한 그 '정신과 의도'는 본받지만, 그 책망하는 '방법'은 본받지 않겠다는 말입니다. 이것저것 다 떠나서, 상식적으로도 누군가를 공개적으로 비난하고 책망하는 것은 결코 좋은 방법은 아닙니다. 더구나 그것을 훗날 문서로 자세히 적어서 유포하는 것은 더더욱 좋은 방법이 아닙니다.

그런데 바울이 그러한 행동을 했다는 말입니다. 이미 말씀드렸듯이 그 당시 베드로 그러면 그렇게 함부로 대할 사도가 아닙니다. 사도로 치자면 베드로는 바울에게 선배 중의 대선배입니다. 아마 나이도 바울보다 많았을 것입니다. 그리고 바울은 결혼 안한 사람이지만, 그래도 베드로는 결혼도 하고, 가정도 일구어 본 어른입니다. 그런데 그 사람이 좀 잘못했다고 해서 그것을 아예 공개적인 석상에서 직격탄을 날리고 그것을 편지에 적어서 보냈다는 것은 조금 심한 행동이라 생각되지 않습니까?

물론 그것이 바울의 굳은 신앙과 믿음의 열정에 의하여 된 것이지만, 그 신앙과 믿음의 열정이 바울의 독특한 기질과 성격을 통하여 표출되다보니 그렇게 된 것입니다. 물론 베드로가 잘못했으니까 같은 사도로서 바울이 지도를 하고 권면을 해야지요. 그런데 꼭 그렇게 공개적으로 다른 사람들이 다 보는 앞에서까지 할 필요가 뭐가 있으며 또한 굳이 또 남들 다 볼 것을 뻔히 알면서 편지에까지 써서 보낼 것은 뭡니까? 바울에게 꼭 그 방법 밖에는 없었을까요? 원래 군대에서도 지휘관이 특별히 고참병을 책망할 때에는 졸병들이 보지 않는 곳에서 은밀히 하는 것이 원칙입니다. 그런데 바울이 이 원칙마저도 지키지 않은 겁니다.

여기서 우리가 한 가지 정확히 확인할 수 있는 것은, 우리의 신앙과 믿음이 어떤 때는 우리의 기질과 성격을 통해서 외적으로 표현될 때가 있다는 점입니다. 우리의 안에 내재(內在)되어 있는 우리 신앙의 지조가 겉으로 표출될 때에 우리의 기질과 성격을 타고 현장화 된다는 사실입니다. 그러므로 이 '베드로 책망사건'은 어찌 보면 바울의 약간 거칠고 돌발적인 성격을 그대로 보여주는 사건이라 할 수 있겠습니다.

이와 관련하여 한 가지 흥미 있는 점은 성경해석학자 매튜 헨리(Matthew Henry)의 해석입니다. 그는 이 본문을 해석하면서 바울이 일부러 의도적으로 그런 돌발적 행동을 보였다고 해석했습니다. 그 이유는 바울 자신이 그 당시 안디옥 교회의 최고 지도자였던 베드로와 비교했을 때에 절대로 신학적인 면에서나 신앙적인 면에서 뒤떨어지지 않는 사도라는 점을 갈라디아 지역의 사람들에게 부각시키고 각인시킬 필요가 있었기 때문이라는 것이지요. 그래서 바울은 그 모든 것을 의도적으로 했다는 것입니다.[22]

물론 바울은 그 당시 갈라디아 지역에서 다른 거짓 사도들이 율법의 준수를 강조하는 것을 보면서, 그들을 반박할 필요성을 강하게 느꼈을 것입니

---

22 Matthew Henry, *Matthew Henry's Commentary: Acts to Revelation*, Vol 6 (Hendrickson Publishers, 1991), pp.527-528.

은혜는 성숙이다

다. 그리고 자기가 전한 은혜의 복음을 다시 무게 있게 전하기 위해서는 자기 사도성의 권위를 다시 입증시킬 필요가 있었겠지요. 그리고 그 목적을 이루기 위한 방법 중에 '베드로 책망사건'을 말해주는 것이 아마 가장 확실하고 효과 있는 방법이었다고 생각했을지도 모릅니다. 어쨌든 이 사건을 통하여 복음과 관련된 심각한 문제에 대하여 즉각적으로 반응하는 바울의 성격이 어떤 것이었는지 이제는 짐작할 수 있지 않겠습니까?

그래도 사도 베드로는 이때 별 말 없이 잠잠했던 것 같습니다. 그가 오순절 날 성령 충만함을 받은 후 과거의 그 불같은 성질이 신앙 속에서 가려지고 다듬어져서인지는 모르겠지만, 그날 그는 바울을 대적하지 않았습니다. 오히려 사도 베드로는 그를 끝까지 같은 형제라 부르며 바울을 미워하지도 않았습니다(벧후 3:15-16). 아마 베드로도 과거 같은 성질이었으면 그 자리에서 칼을 뽑아들고 옛날 '말고'의 귀를 단숨에 잘라냈듯이 바울과 싸움을 벌였을지도 모를 일입니다(요 18:10).

어쨌든, 이러한 면에서 볼 때 50년에서 57년경, 바울이 초기 편지를 쓸 때 그의 성격은 결코 부드럽지는 않았던 것 같습니다. 우리가 지금까지 그가 쓴 초기의 편지로 살펴본 타인을 향한 그의 태도와 그가 남긴 언행(言行)으로 미루어 짐작해 볼 때 그의 그런 경향은 인정할 만합니다. 그 당시 바울은 결코 부드럽거나, 온화하거나, 따뜻한 사람은 아니었던 것 같습니다. 오히려 완고하고, 차갑고, 무서운 사람처럼 여겨집니다.

그야말로 그 당시 바울은 신앙의 믿음과 복음의 기준에 어긋나는 것을 보거나 듣게 되면 그 자리에서 남녀노소, 지위고하, 상황과 때에 상관없이 바로 책망하고 지도하는 그런 부류의 사람이었던 것 같습니다. 한마디로 그 당시 그는 아주 불같은 성격, 까다로운 성격, 깐깐한 성격, 무엇을 한 번 결정하거나 마음을 정하면 좀처럼 양보란 전혀 없는, 좀 친근하게 대하기 힘든 성격을 가지고 있었던 것 같습니다. 심지어는 어떤 극단적인 순간에서는 자신의 동역자와 결별을 선언하는 상황까지 감수했던 대쪽같은 성격이었던 것 같습니다. 그 대표적인 사건이 우리가 잘 아는 사도행전 15장 하단에 나오는 동역자 바나바와 결별이 아닙니까? 바로 '마가 요한 사건'입니다.

사도행전 15장 36-41절을 묵상해 봅시다.

> (36) 며칠 후에 바울이 바나바더러 말하되 우리가 주의 말씀을 전한 각 성으로 다시 가서 형제들이 어떠한가 방문하자 하고 (37) 바나바는 마가라 하는 요한도 데리고 가자고 하나 (38) 바울은 밤빌리아에서 자기들을 떠나 함께 일하러 가지 아니한 자를 데리고 가는 것이 옳지 않다하여 (39) 서로 심히 다투어 피차 갈라서니 바나바는 마가를 데리고 배 타고 구브로로 가고 (40) 바울은 실라를 택한 후에 형제들에게 주의 은혜에 부탁함을 받고 떠나 (41) 수리아와 길리기아로 다니며 교회들을 견고하게 하니라

이것은 제2차 전도여행을 막 시작하려는 때에 발생했던 사건입니다. 그러므로 바울이 그의 최초 편지인 데살로니가전서를 쓰기 이전의 사건입니다. 그러므로 아주 초기의 사건이라 할 수 있습니다.

문제의 핵심은 바나바의 조카인 '마가 요한(Mark John)'이었습니다.[23] 사

---

23 마가 요한에 대한 이해는 그와 관련된 4 사람들과의 연결성 속에서 이해될 수 있습니다(마리아, 바나바, 바울, 베드로).

첫째, 그의 어머니 마리아(행 12:12). 바나바의 여동생인 마리아는 남편에 대한 언급이 없는 것으로 보아 과부였던 것으로 추정되며, 예수님의 최후만찬 장소(막 14:14), 오순절 성령사건이 일어난 다락방(행 1:13-2:2), 베드로의 석방 때 기독교인들이 모여서 기도했던 집(행 12:12)이 모두 그녀의 집이었습니다. 따라서 마가 요한은 그 당시 많은 사람들이 함께 유숙(留宿)하며 지낼 수 있는 큰 집을 가지고 있는 부잣집 과부의 아들이었을 가능성이 큽니다. 마가 요한은 그의 어머니 마리아와 그 집에 방문했던 기독교인들로부터 복음을 듣고 기독교인이 되었을 가능성이 큽니다.

은혜는 성숙이다

도 바울은 바나바와 함께 1차 전도여행을 했습니다. 그때 마가 요한도 함께 갔습니다. 그런데 도중에 밤빌리아(Pamphylia) 지역에서 마가 요한이 그들을 떠나 예루살렘으로 돌아간 것입니다(행 13:13). 왜 마가 요한이 도중에 돌아갔는지에 대하여서는 우리가 알 방법이 없습니다. 성경은 그 부분에 대하여 침묵하고 있습니다.

어쨌든, 바울은 마가 요한 없이 바나바와 제1차 전도여행을 마쳐야만 했습니다. 그리고 얼마간의 세월이 흐른 뒤 바울은 다시 바나바에게 이전에 전도한 지역을 순회(巡廻)하자는 제안을 합니다. 그것은 제2차 전도여행을 위한 제안이었습니다. 뭐, 여기까지는 좋았습니다. 그런데 같이 갈 수행원을 선택하는 문제에서 그들 사이에 의견차이가 생기기 시작했습니다.

2차 전도여행 때 마가 요한을 다시 데리고 가자는 바나바의 제안을 바울

둘째, 삼촌 바나바. 마가 요한은 바나바의 조카입니다(골 4:10). 그는 바나바와 바울을 통하여 제 1차 선교여행 경험을 쌓았습니다(행 13:5, 13).

셋째, 사도 바울. 사도 바울은 마가 요한에게 처음에 큰 상처를 준 사람입니다(행 15:36-41). 그러나 후에 그를 사랑했습니다(골 4:10; 딤후 4:11; 몬 1:24). 마가 요한은 사도 바울의 책망과 격려 속에서 많은 도전을 받았으며, 그 속에서 자신의 신앙 성숙을 이루었습니다.

넷째, 베드로. 마가 요한은 베드로의 수행원(隨行員)이였을 가능성이 있습니다(벧전 5:13). 훗날 마가 요한은 베드로의 증언에 기초하여 마가복음을 기록한 복음서의 저자가 되었으며, 예수님께서 로마 군인들에게 잡히실 때에 옷을 벗은 채로 도망한 청년일 가능성이 있습니다(막 14:51).

이러한 면에서 오늘날 마가 요한은 수많은 신앙의 어른들 속에서 함께 신앙을 키우며 성장한 기독청년의 대표적 모델이 될 수 있으며, 동시에 자신의 과오(過誤)로 인하여 큰 책망을 받았음에도 불구하고 그때의 사건을 신앙 안에서 긍정적으로 승화시켜 훗날 크게 쓰임 받은 회복의 모범이 될 수 있습니다.

참고하세요. Leslie B. Flynn, *The Other Twelve* (Wheaton, IL: Victor Books, 1988), pp.37-49. J. A. Roberson, *The Hidden Romance of the New Testament* (James Clarke, 1920), pp.25-63, F. F. Bruce, *The Pauline Circle* (Grand Rapid, Michigan: Wm. B. Eerdmans Publishing Co., 1985), pp.73-80. William Steuart McBirnie, *The Search for the Twelve Apostles* (Carol Stream, Illinois: Tyndale House Publishers, Inc, 1973), pp.251-258.

이 완강히 거부한 것입니다. 이유는 마가 요한이 1차 전도여행 도중에 되돌아갔다는 겁니다. 이때 바나바는 아마 '시편 103장 1-4절'을 인용했을 것이고, 바울은 '잠언 25장 19절'을 인용했을 것입니다. 둘은 이것 때문에 서로 심하게 싸웁니다. 그리고, 급기야 결국 헤어지지요. 결국 바나바는 마가 요한을 데리고 떠나고, 바울은 실라(Silas)를 데리고 여행을 떠납니다. 둘은 이렇게 결별했습니다.[24] 이 사건의 핵심에 바로 '마가 요한'이라는 젊은이가 있었습니다.

성경해석학자 매튜 헨리는 이 사건을 해석함에 있어 바울과 바나바 두 사람 다 일장일단을 가지고 있다고 설명합니다. 그러나 매튜 헨리도 "이때 바울은 앞으로 미래가 밝은 젊은 사람에게 너무 가혹했다(Paul was too severe upon the young man)"[25]는 말을 빠뜨리지 않았습니다. 또한 미국 캘리포니아 지역의 The First Evangelical Free Church를 목회하고 있는 찰스 스윈돌(Charles Swindoll) 목사 또한 그의 책 『은혜 속에 담대한 사람: 바울』을 통하여 이 사건을 마치 한 편의 영화장면처럼 묘사해 놓았는데, 그는 "바나바는 미래를 보고 과거를 용서했으며, 바울은 과거를 보고 미래를 용서하지 않은 사람(Barnabas looked to the future. Paul wasn't over the past)"[26]이라

---

24 물론 이때 마가 요한이 바나바의 조카였기에 바나바가 그를 변호한 이유도 있지만, 그와 함께 항상 다른 사람들을 높이 세워주고 변호해 주는 바나바의 귀한 성품도 한 몫을 감당했다고 봅니다. 실제로 바나바는 과거에 사도 바울을 변호하고(행 9:26-27, 11:24-25), 이때 마가 요한을 변호함으로써(행 15:36-41), 정작 자신은 성경 속에 수록된 문서를 남기지 않았지만, 성경이 될 문서를 쓴 사람들을 세우는 위대한 조력자가 되었던 것입니다. 결국, 마가는 마가복음을 기록했으며, 바울은 13개 서신서를 남겼습니다. 결국, 바나바는 신약성경 27권 중 14권의 저자를 도운 셈입니다. 마가 요한과 사도 바울 두 사람 다 공통적으로 바나바의 도움을 입은 사람들이었습니다. 참고하세요. Leslie B. Flynn, *The Other Twelve* (Wheaton, IL: Victor Books, 1988), p.36.

25 Matthew Henry, *Matthew Henry's Commentary: Acts to Revelation*, Vol 6 (Hendrickson Publishers, 1991), p.161.

26 Charles R. Swindoll, *Paul: A Man of Grace and Grit* (Nashville, Tennessee: The W

고 평했습니다. 이러한 면에서 볼 때, 사도 바울의 기질과 성격은 결코 부드럽거나 대하기 쉬운 성격은 아니었던 것 같습니다.[27]

때문에 일찍이 헐버트 스티븐슨(Herbert F. Stevenson) 목사는『A Galaxy of Saints』라는 책을 통해 제2차 전도여행 때 사도 바울의 동역자였던 실라(Slias)를 높이 평가했습니다. 그가 실라를 그렇게 평가한 것에는 많은 이유가 있었습니다. 그런데 그중에 한 가지 이유가 참 흥미롭습니다. 그는 실라가 훌륭한 이유 중에 하나를 "성격이 아주 별난 사도 바울을 옆에서 잘 보조할 수 있는 넓은 아량이 있기 때문이다."[28]라고 했습니다. 바울의 성격을 이해함에 있어 참고할만한 분석이지 않나요?

사실 바울은 옛날 바나바에게 너무나 큰 신세를 진 일이 있는 사람입니다. 처음에 바울이 다메섹 사건을 통하여 회심한 후, 많은 사람들이 그를 의심했습니다. 한마디로 요즘말로 표현하면 그를 '왕따'시켰다는 말입니다. 그당시 바울은 유대인들에게도, 동시에 기독교인들에게도 모두 '왕따' 당하고 있었습니다. 어디로 가야할지 몰랐습니다.

그런데 이때 그를 철저히 변호해서 사도의 반열에 들게 한 사람이 바로 바나바였습니다(행 9:26-27). 그것뿐만이 아닙니다. 나중에 바울이 특별한 사역지가 없어서 쉬고 있을 때에 오히려 그를 불러서 동역하자고 안디옥 교회로 초청해 준 사람도 바나바였습니다. 바나바는 정말 온유하고 남을 세워주는 귀한 사람이었습니다(행 11:24-25).

Publishing Group, 2002), p.174.

27 이러한 바울의 태도는 훗날 그가 쓴 고린도전서 13장(사랑장)의 가르침과는 전혀 다른 모습입니다. 아마 바울은 훗날 '사랑장'을 쓰면서 이때의 일을 회상하며 회개하는 마음으로 썼을 지도 모릅니다. 바로 여기에 제가 '사랑장'을 사도 바울의 ' 개인적 참회의 고백'이라고 주장하는 이유가 있습니다.

28 Herbert F. Stevenson, A Galaxy of Saints: Lesser-Known Bible Men and Women (Fleming H. Revell Company,, 1970), pp.119-122.

한번 극단적인 예를 들어볼까요? 솔직히 한국적인 '체면 문화' 속에서 말하자면, 마가 요한의 문제 정도는 바울이 옛날 신세진 것을 생각해서 바나바에게 못이기는 척 하고 양보할 수도 있는 문제입니다. 그렇게 한다고 해서 어디 복음의 기초가 흔들립니까? 아니면 예수 그리스도의 진리가 왜곡됩니까? 좀 젊은 사람이 그래도 도와주겠다고 나서는데, 당사지가 바로 앞에 있는데, 그렇게까지 면전(面前)에서 면박(面縛)을 줄 필요까지 있었을까요? 만약에 마가 요한에게 꼭 그렇게 지도할 일이 있었다면 그보다 더 부드러운 방법이 얼마든지 있었을 겁니다.

그리고 엄밀히 따지자면, 바울도 사실은 마가 요한과 똑같은 죄를 저질렀던 사람입니다. 어떤 면에선 마가 요한보다 바울이 더 했던 사람입니다. 자기는 과거에 뭐가 그렇게 잘한 것이 있다고 큰 소릴까요? 그도 죄인이었다가 용서받은 사람이었습니다. 그런데 그는 왜 남을 용서 못했을까요?

물론 성경에 이 당시 마가 요한의 기분이 기록되지 않았지만, 만약 제가 그 당시 마가 요한이었다면 전 바울로 말미암아 젊은 나이에 큰 상처를 입었을 것 같습니다. 그렇기 때문에 저는 개인적으로 바울의 내적 신앙의 지조와 열정의 원리는 본받고 싶지만, 이때 보여준 바울의 외적 표현 방법은 좀 깊이 신중히 고려해보려는 겁니다.

결국 바울은 이 일이 있은 뒤 바나바와 마가 요한에게 지속적인 나쁜 감정을 가지고 있었던 것 같습니다. 그래서 그는 안디옥에서 자기가 베드로를 책망할 때 일부러 바나바의 이름을 거론하며 그도 베드로와 함께 똑같은 위선적 행동을 한 사람이라고 묘사합니다(갈 2:13). 바울이 바나바에 대하여 결코 좋은 묘사를 한 것은 아니지요. 그것은 바나바에 대한 간접적인 비난으로 보입니다.

그러나 훗날 중기 편지를 쓸 때쯤 되어서 결국 바울은 이들과 화해한 듯한 모습을 보입니다. 중기 편지 때 가서야 바울은 그들의 이름을 긍정적으

은혜는 성숙이다

로 언급합니다(골 4:10) 그리고 급기야 후기 편지에 가서는 마가 요한에 대한 그의 그리움을 호소합니다(딤후 4:11). 그러므로 이것 하나만 추적하더라도 바울이 가졌던 타인을 향한 태도가 초기, 중기, 후기를 거쳐 훗날 어떻게 성숙하고 성숙했는지 짐작할 수 있을 것입니다. 하지만 저는 좀 더 자세히 추적해보려 합니다.

3) 바울의 칼날 같은 성격

미국 노스웨스트(Northwest)대학의 역사학 교수인 게리 윌스(Garry Wills)는 바울을 그리스 로마 신화에 등장하는 '불화의 사과(an apple of discord)'[29]와 같은 인물이라 말하면서[30] 바울의 성격을 다음과 같이 평가했습니다.

> 우리는 바울의 적대자들이 바울을 향해 무슨 말을 하는지 알지 못하는 상태에서 바울의 화난 목소리를 듣는다. … 바울은 약간 거리를 두고 멀리서 냉철하게 생각하는 철학자가 아니라 언제나 싸울 준비를 갖춘 전언자(embattled messenger)와도 같다. … 바울은 자신뿐만이 아니라 다른 사람들과도 잘 어울리지 못하는 인물이었다. … 동시에 그는 재잘거리는 거리의 싸움꾼이며, 여러 방면에서 동분서주하며 어수선한 사람이고, 시시 때때로 화를 내는 사람이다. … 바울은 상대하는 것은 혼란스러운 싸움판에

---

29 그리스 신화에 나오는 단어로 이간질하기 좋아하는 여신 에리스가 펠레우스와 테티스의 결혼식에 자신만 초대받지 못한 것에 화가 나서 복수를 했다. 그들의 결혼식장에 황금사과를 하나 던져 넣었는데 그 사과 위에 쓰여진 '가장 아름다운 여신에게'라는 문구가 문제가 되었다. 그곳에 있던 세 여신들이(헤라, 아프로디테, 아테나) 서로 그 사과는 자신의 것이 되어야 한다고 주장하며 싸움으로 결혼식은 엉망이 되었다. 결국, 이 사건이 도화선이 되어 트로이 전쟁이 일어났으며 그 뒤부터 사람들은 평화를 깨는 불화의 단서를 '불화의 사과'라 부르게 되었다. Thomas Bulfinch, *The Age of Fable*, 손명현 옮김, 『그리스 로마 신화』(서울: 동서문화사, 2018), 316쪽.

30 Garry Wills, *What Paul Meant* (New York: The Penguin Group, 2007), p.5.

끼어드는 것과 같다.[31]

미국 덴버신학교(Denver Seminary)의 제임스 벡(James R. Beck) 교수는 2002년에 『바울의 심리분석』이라는 책을 펴냈습니다. 종교 심리학 박사인 그는 이 책에서 사도 바울의 성격을 좋은 부분과 나쁜 부분으로 나누어 설명했는데, 그가 바울의 나쁜 성격을 분석하면서 제시한 용어들이 참 흥미롭습니다. 그가 사용한 용어는 '적대적인(hostile)', '위선적인(hypocritical)', '고집불통의(bigoted)', '거만한(arrogant)', '자기중심적인(egotistical)', '신경과민의(neurotic)' 등과 같은 용어였습니다.[32]

특별히 팀 라하이(Tim Lahaye)는 『성령 속에서 조절되는 성격』이라는 책을 통해 주전 400여 년경 히포크라테스가 주장한 인간의 네 가지 기질(다혈질, 담즙질, 우울질, 점액질)을 소개하며 하나님께서는 인간의 기질을 선용(善用)하신다고 주장했습니다. 이 중에서 특별히 담즙질의 기질을 가진 사람은 열정적이고, 능동적이며, 의지가 강하지만, 때로는 매우 완고하고 고집이 세며, 거만할 때가 있다고 합니다. 그런데 이후 사도 바울의 성격과 기질을 연구한 사람들이 다 이구동성으로 바울이 '담즙질(Choleric)'의 성격일 가능성이 있다고 추측했다는 점입니다.[33]

이러한 종교 심리학자들의 분석과 우리가 현재까지 묵상해 온 성경 속의 사건들을 함께 생각해 볼 때 바울은 그리 쉬운 성격의 사람 같지는 않습니다. 아주 독특한 사람이었음이 분명합니다. 한마디로, 그는 신앙적인 면에

---

31 위의 책, pp.6-7.

32 James R. Beck, *The Psychology of Paul: A Fresh Look at His Life and Teaching* (Grand Rapids, Michigan: Kregel Publications, 2002), pp.87-91.

33 Lahaye, Tim. *Spirit-Controlled Temperament*. New York: Tyndale House Publishers, 1971.

은혜는 성숙이다

서 아주 대쪽 같은 사람입니다. 철옹성 같은 신앙의 지조를 지닌 사람입니다. 거듭 말하지만, 이것이 나쁘다는 이야기가 아닙니다. 신앙인은 그래야 합니다. 절대로 신앙과 복음의 진리에 있어서 대쪽 같은 신앙을 가져야 합니다.

그런데 여기서 문제 삼는 것은 그 대쪽 같은 신앙을 지키기 위하여 자신의 뜻을 타인에게 표현하는 방법이 좀 거칠었단 말입니다. 그 당시 그의 성격과 기질이 반영되었다는 말입니다. 함부로 다른 사람들을 어린아이 취급하며, 자신은 반대로 장성한 어른으로 인정하고 자기를 본받으라고 합니다. 자기가 그들을 양육하고 키운다고 자신 있게 스스로 말합니다. 그리고 자신의 말을 잘 듣는 사람은 눈물로서 위로하고 다듬어주지만, 그 외에 다른 사람들에게는 다소 직설적이며, 강한 어조로 비난하고 책망합니다. 심지어는 어리석다고 핀잔을 주고 무서운 말로 저주하기도 합니다. 더 나아가 자신의 선배이자 주변 사람들에게 많은 존경을 받고 있는 사도 중의 사도인 베드로에도 그렇게 합니다. 그리고 급기야 최후의 순간에는 동역자와 과감히 결별하기도 합니다.

이것이 초기 편지들을 통해 우리가 추적해 볼 수 있는 사도 바울의 태도입니다. 바로 타인을 향한 그의 공격적인 태도입니다. 그런데 이랬던 그가 세월이 흐르며 신앙의 연륜이 쌓이면서 타인을 대하는 태도도 좀 더 성숙된 모습으로 성숙해 갑니다. 이제 그것을 확인하기 위하여 그의 중기 편지를 살펴봅시다.

2. 중기 편지: 우리는 예수 안에서 하나다.

일단 중기 때의 편지를 살펴보게 되면 우선 바울이 사용하고 있는 말이 많이 달라져 있음을 확인하게 됩니다. 일단 초기 편지에서 다른 사람을 지칭하며 사용되었던 '저주'라는 단어가 전혀 나오지 않습니다. 오히려 바울 스스로 나쁜 말을 삼가고 좋은 말을 많이 하자고 말합니다. 그리고 서로 불쌍히 여기고 용서하자고 권면합니다.

에베소서 4장 26-32절까지의 말씀을 묵상해 봅시다.

(26) 분을 내어도 죄를 짓지 말며 해가 지도록 분을 품지 말고 (27) 마귀에게 틈을 주지 말라

(29) 무릇 더러운 말은 너희 입 밖에도 내지 말고 오직 덕을 세우는데 소용되는 대로 선한 말을 하여 듣는 자들에게 은혜를 끼치게 하라

(32) 서로 친절하게 하며 불쌍히 여기며 서로 용서하기를 하나님이 그리스도 안에서 너희를 용서하심과 같이 하라

이와 같이 바울의 말하는 태도가 많이 바뀌었습니다. 그리고 마치 자신이 과거에 보였던 행동과 말들을 본인이 직접 참회하는 듯한 권면과 충고를 에베소 교회 교인들에게 전합니다. 이것 말고도 타인을 향한 그의 말투가 변한 것이 또 있습니다. 바로 '너희는'이라는 표현에서 '우리는'이라는 표현으로 바뀐 것입니다.

에베소서 1장 3-14절까지의 말씀을 묵상해 봅시다.

(3) 찬송하리로다 하나님 곧 <u>우리</u> 주 예수 그리스도의 아버지께서 그리스도 안에서 하늘의 속한 모든 신령한 복을 <u>우리</u>에게 주시되 (4) 곧 창세전에 그리스도 안에서 <u>우리</u>를 택하사 <u>우리</u>로 사랑 안에서 그 앞에 거룩하고

은혜는 성숙이다

흠이 없게 하시려고 ⑸ 그 기쁘신 뜻대로 <u>우리</u>를 예정하사 예수 그리스도로 말미암아 자기의 아들이 되게 하셨으니 ⑹ 이는 그가 사랑하는 자 안에서 <u>우리</u>에게 거저 주시는 바 그의 은혜의 영광을 찬송하게 하려는 것이라 ⑺ <u>우리</u>는 그리스도 안에서 그의 은혜의 풍성함을 따라 그의 피로 말미암아 속량 곧 죄사함을 받았느니라 ⑻ 이는 그가 모든 지혜와 총명을 우리에게 넘치게 하사 ⑼ 그 뜻의 비밀을 <u>우리</u>에게 알리신 것이요 그의 기뻐하심을 따라 그리스도 안에서 때가 찬 경륜을 위하여 예정하신 것이니 ⑽ 하늘에 있는 것이나 땅에 있는 것이 다 그리스도 안에서 통일되게 하려 하심이라 ⑾ 모든 일을 그의 뜻의 결정대로 일하시는 이의 계획을 따라 우리가 예정을 입어 그 안에서 기업이 되었으니 ⑿ 이는 <u>우리</u>가 그리스도 안에서 전부터 바라던 그의 영광의 찬송이 되게 하심이라 ⒀ 그 안에서 <u>너희도</u> 진리의 말씀 곧 <u>너희의</u> 구원의 복음을 듣고 그 안에서 또한 믿어 약속의 성령으로 인치심을 받았으니 ⒁ 이는 <u>우리</u> 기업의 보증이 되사 그 얻으신 것을 속량하시고 그의 영광을 찬송하게 하려 하심이라

위의 말씀은 에베소서 1장 3절부터 14절까지의 말씀입니다. 그런데 한 번 보십시오. 말끝마다 '우리'라는 공동체 성격이 담긴 표현을 쓰고 있습니다. 예전처럼 '너희들'이라는 표현을 쓰면서 편지를 받아 읽는 사람들과 바울 자신을 이분화시키지 않습니다. 이 본문 말씀 속에서 예전과는 달리 '너희들'이라는 표현이 두 군데 밖에 보이지 않습니다. 이전까지 초기 편지에서는 타인을 지칭하면서 '너희는'이라는 표현을 자주 사용했습니다. 그랬는데 중기 편지에 와서는 타인을 지칭하면서 바울 자신을 그들과 함께 넣어서 동일하게 표현합니다. 즉 이제는 그 표현이 '우리는'으로 바뀐 것입니다. 타인과 자신의 거리감이 완전히 좁혀진 것입니다.

물론 중기 편지에도 여전히 '너희들'이라는 말이 안 나오는 것은 아닙니

다. 나옵니다. 그런데 그 분위기와 느낌이 무척 다릅니다. 이전에는 바울 자신과 타인의 등급을 인식한 상태에서 '너희들'이라고 했습니다. 그런데 중기 편지에는 그런 느낌이 없습니다. 그 증거로 함부로 타인을 향한 직선적인 언어나 원색적인 용어를 '너희들'이라는 표현과 함께 사용하지 않습니다. 이러한 표현은 이전 초기 편지에는 잘 보이지 않던 경향입니다.

그러므로 초기 편지나 중기 편지나 동일하게 '너희'와 '우리'가 함께 사용됩니다. 그런데 그 사용목적과 느낌이 다릅니다. 초기 편지는 등급을 둔 상태에서 차별적으로 사용되고(hierarchy) 중기 편지에서는 모두다 하나라는 공동체 의식 속에서 사용됩니다(horizontal). 그리고 이것을 증거하는 또 다른 특징이 하나 더 있습니다. 바울이 처음부터 끝까지 '우리'라는 표현을 사용하면서 앞에 꼭 조건을 하나 더 붙입니다. 바로 '예수 안에 있는 우리들'을 말합니다.

에베소서 1장 3-14절까지의 말씀을 다시 한번 묵상해 봅시다.

(3) 찬송하리로다 하나님 곧 우리 주 예수 그리스도의 아버지께서 <u>그리스도 안에서</u> 하늘의 속한 모든 신령한 복을 우리에게 주시되 (4) 곧 창세전에 <u>그리스도 안에서</u> 우리를 택하사 우리로 사랑 안에서 그 앞에 거룩하고 흠이 없게 하시려고 (5) 그 기쁘신 뜻대로 우리를 예정하사 <u>예수 그리스도로 말미암아</u> 자기의 아들이 되게 하셨으니 (6) 이는 <u>그가 사랑하는 자 안에서</u> 우리에게 거저 주시는 바 그의 은혜의 영광을 찬송하게 하려는 것이라 (7) 우리는 <u>그리스도 안에서</u> 그의 은혜의 풍성함을 따라 그의 피로 말미암아 속량 곧 죄사함을 받았느니라 (8) 이는 그가 모든 지혜와 총명을 우리에게 넘치게 하사 (9) 그 뜻의 비밀을 우리에게 알리신 것이요 그의 기뻐하심을 따라 <u>그리스도 안에서</u> 때가 찬 경륜을 위하여 예정하신 것이니 (10) 하

은혜는 성숙이다

늘에 있는 것이나 땅에 있는 것이 다 <u>그리스도 안에서</u> 통일되게 하려 하심이라 (11) 모든 일을 그의 뜻의 결정대로 일하시는 이의 계획을 따라 우리가 예정을 입어 <u>그 안에서</u> 기업이 되었으니 (12) 이는 우리가 <u>그리스도 안에서</u> 전부터 바라던 그의 영광의 찬송이 되게 하려 하심이라 (13) <u>그 안에서</u> 너희도 진리의 말씀 곧 너희의 구원의 복음을 듣고 <u>그 안에서</u> 또한 믿어 약속의 성령으로 인치심을 받았으니 (14) 이는 우리 기업의 보증이 되사 그 얻으신 것을 속량하시고 그의 영광을 찬송하게 하려 하심이라

확인된 바와 같이, 바울은 '우리'라는 표현을 사용하면서 항상 '예수 안에 있는 우리'를 강조합니다. 즉, 이제는 더 이상 바울 자신과 다른 사람이 서로 나누어져야 하는 타인이 아니라는 점입니다. 왜냐하면, 그리스도 안에서는 모든 사람이 다 동일하기 때문입니다.

여기에서 바울의 성숙한 성숙이 느껴지십니까? 이전에 타인과 자신을 등급별로 나누어 인식하려던 경향이 강하던 바울이 이제는 그러한 경향을 버리고 완전히 예수 안에서 다 같은 우리임을 선언하고 나선 것입니다. 그러다 보니, 타인에 대한 사고방식과 언행심사도 달라질 수밖에 없는 겁니다.

그럼 타인에 대한 그의 언행심사가 어떻게 성숙되게 변했는지 역시 그의 중기 편지에 나타난 기록을 통하여 추적해 보도록 하겠습니다.

에베소서 4장 13-16절의 말씀을 묵상해 봅시다.

(13) <u>우리가</u> 다 하나님의 아들을 믿는 것과 아는 일에 <u>하나가 되어</u> 온전한 사람을 이루어 그리스도의 장성한 분량이 충만한 데까지 이르리니 (14) 이는 <u>우리가</u> 이제부터 <u>어린아이</u>가 되지 아니하여 사람의 속임수와 간사한 유혹에 빠져 온갖 교훈의 풍조에 밀려 요동하지 않게 하려 함이라 (15) 오

직 사랑 안에서 참된 것을 하여 범사에 그에게까지 자랄지라 그는 머리니 곧 그리스도라 (16) 그에게서 온몸이 각 마디를 통하여 도움을 받음으로 연결되고 결합되어 각 지체의 분량대로 역사하여 그 몸을 자라게 하며 사랑 안에서 스스로 세우느니라

놀랍지 않습니까? 일단 '우리'라고 하는 표현이 여전히 등장하는 것을 봅니다. 예전에 바울은 "너희는 다 젖먹이 아이들이고, 나는 너희를 양육해야 하는 장성한 사람이다."라고 자신과 타인들을 구분했습니다. 그래서 감히 자신을 본받으라고 주장했습니다. 그랬던 바울이 이제는 그들과 자기를 동일시하며 같이 함께 그리스도의 장성한 분량에까지 이르자고 권면합니다. 그리고 자신을 본받으라는 말이 어디론지 쑥 빠져 버렸습니다.

에베소서 5장 1절을 묵상해 봅시다.

그러므로 사랑을 받은 자녀 같이 너희는 하나님을 본받는 자가 되고

자! 지금 그 성숙이 발견되십니까? 초기 편지(살후 3:9; 고전 4:16, 11:1)에서 바울은 감히 자신을 본받으라고 주장했습니다. 그런데 에베소서에 와서는 뭐라고 합니까? 하나님을 본받으라고 권면합니다. 이것은 바울이 자신도 그들과 함께 하나님의 은혜로 사는 사람이며, 동시에 자신도 그들처럼 하나님을 본받는 똑같은 사람임을 선언하는 것입니다. 하나님 앞에서 타인과 자신을 겸손하게 하나로 만들고 있습니다.

그런데 이러한 놀라운 성숙은 여기서 끝나지 않습니다. 한 가지 더 놀라운 점이 발견됩니다. 예전에는 교인들을 자라게 하는 주체가 바울 자신인 느낌이 들도록 말했는데, 이제는 완전히 자신을 버리고 하나님만을 높여 드

은혜는 성숙이다

립니다.

골로새서 2장 19절을 묵상해 봅시다.

> 온 몸이 머리를 말미암아 마디와 힘줄로 공급함을 받고 연합하여 하나님
> 이 자라게 하시므로 자라느니라

자라게 하시는 주체가 자신이 아닌 하나님이심을 확실히 전하고 있습니다. 이전에 바울은 아버지와 같은 자기가 젖먹이 같은 어린아이에게 젖을 먹이듯이 자기가 그들을 돌보고 이끈다고 설명했었습니다(고전 3:1-2). 물론 초기 편지에서도 바울은 돌보심의 주체가 하나님임을 이야기했습니다(고전 3:7). 그러나 초기 편지에는 그러한 말과 함께 자기의 입장이 동시에 표출되는 듯한 태도를 보였습니다. 즉, "돌보시는 분은 하나님이시지만, 나도 하나님의 힘을 입어 함께 너희를 돌본다."라는 식의 태도였습니다.

그런데 중기로 들어와서는 태도가 바뀝니다. 오로지 하나님만 나타납니다. 이제는 그 표현이 완전히 바뀌었습니다. 하나님만이 자라게 하시는 주체입니다. 그리고 바울 자신을 그들 속에 함께 집어넣습니다. 그 속에서 하나가 되어 함께 나아가자고 말하고 있습니다. 바로 예수 그리스도 안에서 그로 말미암아 우리가 가까워졌다는 것을 강조합니다(엡 2:12-18). 그리고 바울 자신과 다른 사람들을 똑같은 하나님의 시민이요 동일한 선민(選民)으로 인정합니다.

에베소서 2장 19-20절까지 묵상해 봅시다.

> (19) 그러므로 이제부터 너희는 외인도 아니요 나그네도 아니요 오직 성도

들과 동일한 시민이요 하나님의 권속이라 (20) 너희는 사도들과 선지자들의 터 위에 세우심을 입은 자라 그리스도 예수께서 친히 모퉁이돌이 되셨느니라

자! 여기 여전히 바울은 '너희들'이라는 표현을 사용했습니다. 그런데 초기 편지 때와는 그 느낌이 다르지 않습니까? 바로 여기에 중기 편지에서도 여전히 '너희들'이라는 표현이 나옴에도 불구하고 이 표현은 초기 편지에 사용될 때와는 그 성격이 다른 이유가 있습니다. 그렇다면 무엇입니까? 이제 동일한 시민이요 권속으로 묘사합니다. 여기에 바울도 속해 있는 것이지요. 이제 바울은 자기 주변의 사람을 자기와 동일하게 함께 생각합니다.

이러한 상황에서 자연히 모든 사람들과의 연합을 강조할 수밖에 없습니다. 과거에 바울은 대적자들(복음 밖의 사람들)에게서 떠나고 그들을 내쫓고, 그들을 멀리하라 했습니다. 그런데 중기 편지에서는 그런 내용보다 복음 안에 있는 사람들부터 서로 하나가 되는 연합을 강조합니다. 그리고 이미 벌써 하나가 되었기에 그 모든 것에 사랑을 더하여 이미 하나 된 것을 힘써 지키라고 말합니다(골 3:14; 엡 1:13-14, 18, 3:1-6, 4:1-4, 13-16). 심지어는 분쟁하고 분열하는 사람들에게조차 관대함으로 보이며 그것을 예수 그리스도를 향한 신앙 안에서 긍정적으로 해석합니다.

빌립보서 1장 15절과 18절의 말씀을 묵상해 봅시다.

(15) 어떤 이들은 투기와 분쟁으로, 어떤 이들은 착한 뜻으로 그리스도를 전파하나니

(18) 그러면 무엇이냐 겉치레로 하나 참으로 하나 무슨 방도로 하든지 전파

은혜는 성숙이다

되는 것은 그리스도니 이로써 나는 기뻐하고 또한 기뻐하리라

예전에 바울은 분쟁하며 갈라지는 사람들에게 대하여 호되게 야단을 치며 심지어 그러한 사람들을 '육신에 속한 자', '어린아이들 같은 자'라고 책망하기를 주저하지 않았습니다(고전 1:10-13, 3:3). 그런데 이제 여기서는 그렇게 분쟁하는 사람들조차도 예수님을 믿는 신앙 안에서 부드러운 모습을 보이며 긍정적인 해석을 내립니다. 오히려 그것을 기쁨으로 바꾸어 버립니다. 놀랍지 않습니까? 굉장한 신앙의 성숙이며 성숙이 아닙니까? 여기에 더욱더 놀라운 기록이 있습니다. 이전에 탐탁지 않게 생각했던 사람에게 친절한 호의를 베풀어 주는 바울의 모습입니다.

골로새서 4장 10절 말씀을 묵상해 봅시다.

> 나와 함께 갇힌 아리스다고와 바나바의 생질 마가와 (이 마가에 대하여 너희
> 가 명을 받았으매 그가 이르거든 영접하라)

여기에 바나바와 마가(요한)이 누구입니까? 과거에 바울과 심하게 다투고 헤어진 사람들 아닙니까?(행 15:36-41) 그런데 이것이 웬 성숙입니까? 바나바의 생질(조카) 마가를 잘 대접하라는 것입니다. 과거에 바울이 이들을 향하여 보여준 태도는 어떠했습니까? 다소 공격적이고 적대적이었습니다. 심지어 바울은 안디옥에서 베드로를 공개적으로 책망한 사건을 기록하면서 은근히 그 속에 바나바의 이름까지 일부러 기록하여 베드로와 바나바를 한꺼번에 다같이 복음에 위배되는 위선적인 행동을 보인 사람처럼 묘사해 버렸던 적이 있습니다(갈 2:11-13).

그런데 이것이 웬 호의입니까? 이것이 웬 성숙입니까? 정말 많이 달라

진 모습이지요? 많이 겸손해진 바울의 모습을 볼 수 있습니다. 그리고 타인을 향하여 매우 부드러워진 바울의 모습을 볼 수 있습니다. 한마디로 '부드러운 남자 사도 바울'이 된 것입니다. 그렇다면 바울이 이렇게 세월이 흘러가면서 부드러워진 이유는 무엇일까요? 그 이유 역시 그의 중기 편지인 빌립보서에 나타납니다.

빌립보서 2장 5-11절까지의 말씀을 묵상해 봅시다.

(5) 너희 안에 이 마음을 품으라 곧 그리스도 예수의 마음이니 (6) 그는 근본 하나님의 본체시나 하나님과 동등됨을 취할 것으로 여기지 아니하시고 (7) 오히려 자기를 비워 종의 형체를 가지사 사람들과 같이 되셨고 (8) 사람의 모양으로 나타나사 자기를 낮추시고 죽기까지 복종하셨으니 곧 십자가에 죽으심이라 (9) 이르므로 하나님이 그를 지극히 높여 모든 이름 위에 뛰어난 이름을 주사 (10) 하늘에 있는 자들과 땅에 있는 자들과 땅 아래에 있는 자들로 모든 무릎을 예수의 이름에 꿇게 하시고 (11) 모든 입으로 예수 그리스도를 주라 시인하여 하나님 아버지께 영광을 돌리게 하셨느니라

이 말씀은 우리가 너무나 잘 알고 인용하는 말씀 아닙니까? 이 말씀 속에 타인을 향한 바울의 영적 성숙과 성숙의 이유가 담겨 있습니다. 바로 그가 처음부터 가지고 있었던 예수 그리스도의 마음, 그 심장(빌 1:8)을 이렇게 자신의 삶에 실제로 현장화하여 실현시킬 만큼 성숙하게 된 것입니다.

비록 '너희들'이라는 표현을 쓰고 있지만 과거와는 여전히 그 느낌이 다릅니다. 동시에 얼핏 묵상하면 이것은 빌립보 교인들에게만 전해주는 바울의 설교처럼 들리지만, 이것은 이전부터 가지고 있던 예수 그리스도의 마음이 감옥 속에서 더 깊은 신앙의 훈련으로 다져져 성숙된 자기 고백의 선

은혜는 성숙이다

언이기도 합니다. 그래서 저는 고린도전서 13장에 기록된 사랑장도 이러한 과정 속에서 나타난 바울의 자기 고백적 참회라고 생각하는 것입니다.

목사님들이 설교할 때에도 마찬가지 않습니까? 물론 목사님들이 교인들을 향하여 설교를 합니다. 그러나 목사님들이 먼저 그 설교에 은혜를 입고, 자신이 체험한 바를, 깨달은 바를, 은혜 받은 것을 성도들에게 전하는 것이 아닙니까? 바울이라고 예외가 있었을까요? 바울이 전한 그 모든 복음은 자기가 다메섹 언덕에서 예수님을 만난 뒤부터 죽는 그날까지 자기의 신앙을 성화시키고 성숙시키는 가운데 하나님의 은혜로 깨달아지고 알게 된 자기 고백의 표출인 것입니다. 바로 '예수 그리스도의 비하(卑下)와 승귀(承句)', '예수님의 낮아짐과 높아짐'이라는 이 '역설 속에 담긴 복음의 진리'가 바울로 하여금 과거의 모습에서 보다 성숙된 신앙의 자세로 성화시킨 것입니다.

부드러운 남자 사도 바울

지금까지 살펴 본 바와 같이, 우리가 그가 쓴 중기 편지들을 통하여 추적해 본 사도 바울의 태도, 즉, 타인을 향한 그의 태도는 초기 때와는 달리 혁혁(奕奕)하게 발전하고 성숙했으며 성숙해진 모습을 보여줍니다. '저주'라는 표현도 쓰지 않습니다. 오히려 '예수 안에 있는 우리들'이라는 표현을 쓰고 하나님을 본받으라고 권면하며, 서로 하나된 것을 힘써 지키자고 선언합니다. 그리고 그것을 말로만 하는 것이 아니라 실제로 자신의 삶으로 보여줍니다. 바나바와 마가와 화해합니다. 이 모든 성숙의 기초에 예수 그리스도의 마음이요 심장이 있었습니다.

물론 중기 편지에도 초기 편지 못지않은 과격한 표현이 나옵니다(엡 2:3). 바울의 이러한 과격한 표현은 그의 13개 편지를 통하여 골고루 나옵니다. 그러나 이미 이 책의 서두에 전제했듯이 바울이 초기, 중기, 후기로 나뉘면서 성숙했다는 것이 이전에 없어진 것이 다시 생겨난 것이 아니라, 이전에 있던 것 중에 나쁜 것들은 다소 사라지고, 좋은 것들은 더욱더 성숙했다는 과정을 추적하는 것입니다. 이러한 성숙의 과정을 보았을 때, 중기 편지에도 과격한 말이 나오지만, 그 태도와 분위기가 초기만큼은 아니라는 점입니다.

자! 그렇다면 이제 후기의 바울은 어떻게 성숙할까요? 후기 편지를 묵상함으로써 바울의 후기 모습도 한 번 추적해 보도록 하겠습니다.

3. 후기 편지: 모든 것을 하나님께 맡기고 탓하지 않는다.

디모데전서 1장 2절과 6장 11절 말씀을 묵상해 봅시다.

믿음 안에서 참 아들 된 디모데에게 편지하노니(딤전 1:2)

오직 너 하나님의 사람아(딤전 6:11)

바울은 이제 각 개인을 아주 깊고 친근한 관계로 대합니다. 물론 이 말씀은 바울이 가장 아끼는 아들과 같은 디모데에게 보낸 편지이기 때문에 이러한 표현이 나온 특성이 있습니다만, 일단 예전에 초기 편지들을 통하여 사용했던 '어린아이' 또는 '젖먹이'라는 표현과는 달리 아주 따뜻한 느낌의 말입니다.

사실 초기 편지의 어린아이, 자녀나 외면상 다 똑같은 말입니다만, 그때는 상대편을 수준 낮게 보고 하는 말이었고, 지금은 정말 사랑하는 마음으로 표현한 말입니다. 그리고 무엇보다 두드러진 것은 일단 저주나 책망의 말이 전혀 없습니다. 물론 이러한 경향은 중기 편지에서도 나타났습니다. 후기 편지에서는 심지어 자기를 대적하고 배반하는 사람과 자기를 버리고

은혜는 성숙이다

떠난 사람들에게 조차 원색적인 저주나 깊은 책망을 하지 않습니다.

디모데후서 말씀을 묵상해 봅시다.

아시아에 있는 모든 사람이 나를 버린 일을 네가 아니니 그중에는 부겔로와 허모게네도 있느니라(딤후 1:15)

그들의 말은 악성 종양이 퍼져나감과 같은데 그중에 후메내오와 빌레도가 있느니라(딤후 2:17)

데마는 이 세상을 사랑하여 나를 버리고 데살로니가로 갔고(딤후 4:10)

확인된 바와 같이 바울은 자신의 말년에 참 외로운 처지가 됩니다. 사람들이 자신을 배신하여 모두 떠납니다. 게다가 바울 자신을 괴롭히는 대적자들의 세력은 바울이 직접 묘사한 것과 같이 악성 종양처럼 번져갑니다.

그런데 여기서 참 인상적인 부분이 있습니다. 바울 자신에게 그렇게 행한 사람들의 이름을 일일이 하나하나 똑바로 공개하여 적고 있다는 점입니다. 부겔로, 허모게네, 후메내오 빌레도 데마입니다. 사실상 데마는 그 당시 바울의 측근이었습니다(골 4:14; 몬 1:24). 그런데 데마가 그를 떠난 것입니다. 바울의 마음이 얼마나 아팠을까요? 그래서 그런지 그들의 이름을 일일이 적고 있습니다. 왜 그렇게 했을까요? 물론 디모데에게 미리 그들의 존재를 알려 조심하라고 일러주기 위한 것일 겁니다(딤후 4:15).

그런데 이상한 점은 그들에 대한 특별한 책망과 저주와 욕설이 전혀 없다는 점입니다. 그들의 이름을 적은 뒤에 그 뒤에 무슨 검다 희다 말이 없습니다. 예전 같았으면 분명히 무슨 말을 했겠지요. 그런데 아무 말이 없습니다. 사실 현재 바울의 입장에서 저주한다고 해도 이 상황에서는 그리 바울을 욕할 사람은 없었을 겁니다. 그런데 이러한 때 바울은 그냥 아무 말 없이 그들의 이름만 거론하고 그냥 넘어갑니다.

그 이유는 무엇일까요? 바울이 이제는 나이가 들어 모든 것이 귀찮아서 그랬을까요? 아니면 요즘 말로 치매증상이 왔나요? 그 이유가 디모데후서에 계시되어져 있습니다.

디모데후서 4장 14절을 계속 묵상해 봅시다.

> 구리 세공업자 알렉산더가 내게 해를 많이 입혔으매 주께서 그 행한 대로 그에게 갚으시리니 너도 그를 주의하라 그가 우리 말을 심히 대적하였느니라

여기 바울이 그들의 이름만 언급하고 자세한 자기의 불만과 개인적 저주를 하지 않은 이유가 있습니다. 바로 최종 판결을 하나님께 맡기는 겁니다. 아마 이런 뜻일 겁니다. "복수는 하나님께 있다! 하나님이 기억하실 것이다. 그래서 내가 그들의 이름은 확실히 여기에 적지만 그들을 욕하거나 저주하지는 않겠다!", "내가 괜히 그들을 미워하고 저주해봐야 나만 그와 똑같은 사람이 된다.", "그렇게 될 필요까지 없다.", "그냥 아예 모든 것을 하나님께 맡겨버리자."는 식입니다.

이때까지 보여준 바울의 전반적인 태도와는 너무나 다른 모습입니다. 이 전까지 바울은 자기가 직접 저주하고 책망하고, 야단치고 했습니다. 그런데 이제는 모든 것을 하나님의 손에 돌립니다. 그야말로 모든 것을 하나님께 맡긴 겁니다. 즉, 저주와 징계를 하나님께 맡겼다는 뜻입니다.

물론 이러한 바울의 태도는 초기 편지에도 나옵니다(롬 12:9). 그러나 매

은혜는 성숙이다

번 강조하는 부분이지만, 같은 구절이지만, 저는 여기서 그 전체적인 분위기와 전반적인 태도가 후기에 더욱더 성숙되었다는 점을 밝히고 있는 것입니다.

디모데전서 1장 19-20절 말씀을 묵상해 봅시다.

> (19) 어떤 이들은 이 양심을 버렸고 그 믿음에 관하여는 파선하였느니라
> (20) 그 가운데 후메내오와 알렉산더가 있으니 내가 사탄에게 내준 것은 그들로 훈계를 받아 신성을 모독하지 못하게 하려 함이라

여기에서도 바울은 저주나 책망하는 말을 하지 않고 그냥 단순히 "그들을 사탄에게 내어주었다."고 설명합니다. 그러나 이 말이 더 무서운 말입니다. 지금 바울은 예전처럼 겉으로 드러나는 원색적이고 직설적인 어조로 그들을 대하기보다는 속으로 숨겨진 더 무서운 의도로 자신의 적대심을 표현하고 있는 것입니다. 겉으로 많이 절제된, 그러나 속으로는 너무나 무서운 외유내강(外柔內剛), 언중유골(言中有骨)의 태도를 보이고 있는 것입니다. 그리고 여기서 더 나아가 모든 책임을 그들에게 돌리지 않고 오히려 자신에게 둡니다.

디모데후서 4장 16절을 묵상해 봅시다.

> 내가 처음 변명할 때에 나와 함께 한 자가 하나도 없고 다 나를 버렸으나 그들에게 허물을 돌리지 않기를 원하노라

참 귀한 고백이지 않습니까? 모든 사람들이 자기를 버렸다고 합니다. 배

신한 것입니다. 이 세상에 배신당할 때처럼 괴로운 때는 없습니다. 그런데 바울은 그들에게 허물을 돌리지 않는다고 합니다. 과거 불같이 칼날 같았던 바울의 성격과 비교했을 때에 얼마나 성숙된 모습입니까?

과거 마가 요한의 경우를 보십시오(행 15:36-41). 마가 요한은 그 당시 바울을 대적한 사람도 아니었습니다. 오히려 바울을 돕겠다고 나선 사람이었습니다. 그런데 이전 제1차 전도여행 때 마가 요한이 도중에 예루살렘으로 돌아간 사람이라고 하여 그를 아예 사도 취급을 하지 않았던 바울이었습니다. 결국 바울은 그 일 때문에 과거 자신이 크게 신세진 바 있고, 또 그동안 신앙 안에서 같이 동역하였던 바나바와 결별까지 했던 사람입니다. 예전의 바울은 그런 사람이었습니다.

그런데 지금 그는 무엇이라고 고백합니다. 과거 마가 요한에 비하자면, 지금 바울이 언급하는 사람들은 책망 받아 마땅하며, 저주 받아 마땅한 사람입니다. 이들에 비하자면 마가 요한은 정말 귀한 사람이었습니다. 그런데 바울은 그들을 용서하고 그들에게 허물을 돌리지 않습니다. 놀랍지 않습니까? 더 나아가 오히려 바울은 빌레몬서에서 과거 자신이 멀리했던 마가를 동역자로 부르고 있습니다(몬 1:24). 이것이 바로 후기 편지를 통하여 나타나는 바울의 태도입니다. 타인을 향한 바울의 태도는 이렇게 신앙 안에서 성숙되어진 것입니다.

물론, 후기 편지에 책망의 말이 없는 것은 아닙니다. 후기 편지에도 여전히 책망의 말이 나옵니다(딤후 3:5). 현재 강조하는 것은 후기 편지에 책망의 말이 없었다는 것을 주장하는 것이 아니라, 그 전반적인 태도가 예전과는 같지 않고 많이 누그러져있음을 강조하는 겁니다. 즉, 있었던 것이 없어지거나, 없었던 것이 갑자기 생겨나는 '변화(change)'가 아니라 이미 있던 것이 그 분위기와 태도가 달라져서 성숙된 모습으로 나타나는 '성숙(progress)'을 말합니다. 그러므로 후기 편지에도 책망의 말이 나오지만, 예전의 책망

은혜는 성숙이다

과는 그 분위기가 사뭇 다르며 그 횟수가 그리 많지 않다는 점에서 사도 바울의 성숙과 성숙을 이해하시면 될 것 같습니다.

자! 이제 정리해 봅시다. 여러분 여기서 무엇을 느낍니까? 바울은 처음부터 끝까지 바위 같은 흔들리지 않는 신앙의 지조를 가지고 살았고 죽어서 주님 곁으로 갔습니다. 그런데 그 바위 같은 신앙의 지조를 남에게 표현하는 방법에 성숙이 보입니다. 성숙과 성숙이 보였다는 말입니다. 바울은 처음에 아주 강직하고, 직선적으로 남녀노소, 지위고하, 상황과 때를 가리지 않고 복음의 진리에서 벗어나는 모든 사람을 바로 책망하고 어떤 때에는 심하게 저주까지 했었습니다.

그런데 중간에는 약간 부드러워지고 겸손해지더니, 나중에는 아예 모든 것을 하나님께 맡겨버리고 그들에게 허물을 돌리지 않습니다. 자신이 한 말을 직접 실천하며, 전체적으로 많이 부드러워진 느낌이 듭니다. 신앙의 성숙 속에서 그의 성격이 성숙된 것입니다. 또한 문제를 일으키는 사람들과 자신의 적대자들에 대한 바울의 태도가 보다 성숙해졌다고 볼 수 있습니다. 그렇게 독특하고, 완고하고, 거칠었던 바울의 성격과 기질이 신앙의 성숙 속에서 조금씩 성화(聖化)되어진 것입니다. 그렇게 되는데 거의 십여 년의 시간이 걸렸습니다. 이 모든 과정을 정리 해보면 다음과 같습니다.

> 초기 편지(주후 50–57년): 야! 너희들 왜 그 모양이냐?
>
> 중기 편지(주후 60–64년): 우리는 예수 안에서 하나다.
>
> 후기 편지(주후 65–66년): 하나님께 맡기고 허물을 돌리지 않는다.

이러한 타인을 향한 바울의 성숙된 모습에 대해 프레드릭 브루스(F. F. Bruce) 교수는 바울이 초기 갈라디아서를 썼을 때보다 중기 고린도서를 기록했을 때에 더 발전적으로 드러났음을 주장하며 그것이 예수님의 모습을 드러낸 것임을 아래와 같이 분석했습니다.

> 이것은 바울이 오래 전에 갈라디아 지역에 와서 그곳 성도들에게 '다른 복
> 음(a different gospel)'을 가르쳤던 문제인들(trouble-makers)을 향한 그의 저
> 주와는 너무나도 큰 변화다. … 바울은 자신에게 불만을 가지고 대들고 있
> 던 고린도 교회 성도들에게 조언하면서 과거와 달리 놀랄 만큼 온유해진
> 상황에서 그리스도의 온유함과 친절함(meekness and gentleness of Christ)을
> 더 많이 보여주었다.[34]

평생 바울의 삶을 연구하며 그의 전기를 남겼던 존 폴락(John Pollock)
은 그의 책 『The Apostle: A Life of Paul』을 통하여 "바울이 초기에는 불같
은 분노로 돌진하는 형태의 사람이었지만(his character had a strong dash of
anger), 세월이 흐르면서 신앙이 성숙됨과 동시에 그 성격이 완화되고 부드
러워졌다."[35]고 평가했습니다. 이처럼 하나님께서는 이 사도 바울의 편지에
나타난 그의 모습을 통하여 우리가 기독교인으로서 다른 사람들을 대하는
자세가 어떻게 발전하고 성숙되어야 하는지 보여주고 계십니다.

4. 그러면 우리의 태도는?

1) 우리는 바울과 정반대다.

그럼 이제 우리 모습을 볼까요? 애석하게도 우리의 태도는 바울이 걸었

---

34 F. F. Bruce, *Paul: Apostle of the Heart Set Free* (Grand Rapids, Michigan: Wm. B.
    Eerdmans Publishing Co., 1998), p.391.

35 John Pollock, *The Apostle: A Life of Paul* (New York: Doubleday & Company, Inc.,
    1969), p.79.

은혜는 성숙이다

던 것과 정반대입니다. 한번 회상해 봅시다. 우리가 모두 처음에 교회에서 서로 만나면 서로 친절하게 인사하고, 서로 유무상통하며, 서로 좋아하고, 한국 사람 특유의 버릇대로 서로 고향 따지고, 학연, 지연 다 따져 가면서 서로 친해집니다. 그래서 서로 볼 거 못 볼 거 다 보여주고, 다 말하고 서로 그렇게 지냅니다.

그런데 그러다가 7-8년 지나보세요. 서로 볼 거 다 봤지요. 알 거 다 알았지요. 좋을 때는 다 좋지요. 그러던 사이에 뭔가 이상한 것으로 오해가 생기기 시작하면, 그때부터 사이가 멀어집니다. 오히려 전에 가장 친했던 사람들끼리 나중에 이상하게 더 원수가 됩니다. 친했던 만큼 철천지원수가 되어버립니다. 그리고 항상 말하기를 서로에게 쌓이고 섭섭한 것이 많다고 합니다. 그러다가 그 상태로 서로 아무 말 없이 10년 이상 그냥 지나보십시오. 그리고 그 오해를 풀지 않고 15년 정도 지나면, 겉으로는 말 안하지만 세상 사람들이 흔히 쓰는 '열여덟', '개자녀' 같은 욕설들을 써가면서 욕하지요. 그냥 원수가 되어버리고 만다 그 말합니다.

결국 이러한 과정은 오늘날 한국 교회 분쟁의 씨앗이 되어버렸습니다. 그래서 이런 말이 있지 않습니까? "이삿짐 내려다 주던 사람이 이삿짐 싸게 만든다." "차라리 내 이삿짐에 관심 없고, 내 이삿짐을 내리든 올리든 상관하지 않는 것이 좋다!" 이 말은 교회에 처음 출석했을 때에 가장 먼저 반기고 가장 기쁘게 대해주던 사람이 나중에는 원수로 변한다는 것을 뜻하는 말입니다. 실제로 이런 일이 있으니까 이런 말이 생기지 않았을까요?

이래서는 안 됩니다. 이삿짐을 내린 사람은 오히려 상대편이 이삿짐을 싸서 나가려 할 때 말리는 사람이 되어야지요. 그것이 하나님이 바라고 계신 뜻이 아닐까요? 그래서 하나님께서 지금 바울을 모델로 우리에게 교훈하고 계신 것이 아닙니까?

2) 이겨야 이기는 싸움 VS 져야 이기는 싸움

싸움에 두 가지 싸움이 있습니다. 이겨야 이기는 싸움과 져야 이기는 싸움입니다. 어느 것이 성서적인 싸움입니까? 둘 다 성서적인 싸움입니다. 성경은 둘 다 계시하고 있습니다. 그럼 어떤 것이 이겨야 이기는 싸움이고, 어떤 것이 져야 이기는 싸움입니까? 그것을 결정하는 기준은 싸움의 대상이 누구이며 그 싸움의 목적과 의도가 무엇인지에 따라 달라집니다.

다윗과 골리앗의 싸움을 봅시다. 엘리야와 바알 선지자들의 갈멜산 전투를 봅시다. 우리와 마귀의 싸움을 봅시다. 이것은 어떤 싸움입니까? 이것은 이겨야 이기는 싸움입니다. 절대로 져서는 안 됩니다. 그리고 질 수도 없습니다. 이기게 되어 있습니다.

그런데 다윗과 사울의 싸움은 어떤가요? 이것은 져야 이기는 싸움입니다. 두 사람 모두 하나님의 기름부음을 받은 왕입니다. 그런데 사울은 그런 것 상관치 않고 무조건 다윗을 죽이려 했고, 다윗은 기름부음 받은 종을 함부로 죽일 수 없다하여, 죽일 기회가 있었음에도 불구하고 죽이지 않았습니다. 결국 누가 이겼습니까? 다윗이 이겼습니다. 누가복음 15장의 탕자와 아버지의 싸움은 어떤 싸움입니까? 이것 역시 져야 이기는 싸움입니다. 그렇다면 우리 예수님의 싸움은 어떤 싸움이었습니까? 그것 역시 져야 이기는 싸움이었습니다. 예수님은 처음에 진 것처럼 보였습니다. 십자가에서 죽으셨기에 진 것처럼 보였습니다. 그러나 그렇게 졌기 때문에 부활의 승리를 얻으신 것 아닙니까?

그러므로 성경은 이겨야 이기는 싸움, 그리고 져야 이기는 싸움 두 가지를 모두 다 계시하고 있습니다. 그러므로 우리 싸움의 대상과 그 목적이 무엇인지를 잘 구분하고 이겨야 할 때 이기고, 져야 할 때 져야 하는 것입니다. 그런데 문제는 우리가 어느 싸움에만 익숙해 있느냐는 말입니다. 과연 현재 우리는 어느 싸움에 익숙해져 있습니까? 우리는 신앙의 성숙을 이루

은혜는 성숙이다

기 위해 이것을 점검해 봐야 합니다.

사도 바울도 이 두 가지 싸움을 했던 사람입니다. 사도 바울은 처음에 이겨야 이기는 줄만 알았던 사람입니다. 그래서 그는 기독교인이 되기 전부터 아예 기독교인을 죽이기 위하여 앞장섰던 사람입니다. 아무리 밉다고 해서 꼭 그렇게까지 사명감을 가지고 할 필요가 있었을까 싶을 정도로 그는 기독교인들을 집요하게 박해했습니다. 급기야 그는 대제사장에게 허락장까지 받아 이제는 공식적으로 대놓고 아예 기독교인들을 박해하려던 사람이었습니다(행 9:1-2).

누가 바울에게 그렇게 하라고 시키지도 않았습니다. 심지어는 그 당시 바울의 스승 가말리엘(Gamaliel)까지 그냥 그들을 내버려 두고 나중에 판단하자고 했었습니다(행 5:34, 22:3). 그런데 바울은 스승의 조언까지 무시하고 기독교인들을 그냥 두고 보지 못하는 지독한 사람이었습니다. 끝까지 기독교인들의 씨를 말려야 한다는 겁니다. 바로 이겨야 이기는 싸움만 하는 사람이었습니다.

그러다가 어찌되었습니까? 결국 다메섹 언덕에서 예수님께 '혼쭐'이 났지요. 결국 그 뒤로 그가 변했는데, 그 뒤가 또 인상적입니다. 바울은 성숙되자마자, 또 언제 그랬나는 듯이 자신이 박해하던 예수님을 바로 전파하기 시작합니다. 어떻게 보면 금방 웃다가 우는 사람 같기도 하고, 금방 울다가 또 웃는 사람 같기도 합니다. 그래서 한 편으로는 그 당시 바울은 완전 좌충우돌, 천방지축으로 이리저리 날뛰는 사람처럼 생각되기도 합니다.

기독교인이 되기 전 그가 가지고 있었던 이러한 그의 기질과 성격은 기독교인이 된 후에도 그대로 나타납니다. 다만 그 방향이 예전과는 달리 '박해'에서 '전파'로 바뀌었을 뿐이지 그 기질과 성격은 그대로였습니다. 그러나 그랬던 그가 나중에 신앙 속에서 달라지지 않습니까? '이겨야 이기는 싸움'만 익숙했던 그가 나중에는 예수 그리스도의 삶을 묵상하는 가운데 결

국 '져야 이기는 싸움'도 있다는 것을 깨닫게 된 것입니다. 그리고 그것을 몸
소 실천하고 있는 것입니다.

이것이 바로 하나님께서 바울을 통하여 오늘날 우리에게 보여주는 신앙
의 성숙입니다. '이겨야 이기는 싸움'과 '져야 이기는 싸움'은 둘 다 성경적
인 싸움이지만, 우리는 그 동안 '이겨야 이기는 싸움'에만 익숙해져 있는 것
입니다. 이제 하나님께서는 바울의 모습을 통하여 우리들에게 '져야 이기는
싸움'에 대하여 배우기를 권면하고 계십니다.

3) 전국시대(戰國時代)의 인상여와 염파

중국 춘추전국시대의 역사를 재미있게 그려 놓은 『열국지(列國志)』에 나
오는 이야기 중에 전국시대 때 있었던 사건입니다. 이때는 모두 7개의 나라
들이 서로 천하(天下)의 패권을 다투고 있을 때였습니다. 그중에서 가장 강
성한 나라가 훗날 전국시대를 천하통일하고 진시황제를 배출하게 되는 진
(秦)나라였습니다. 그리고 가장 영토가 작고 볼품없는 나라가 바로 조(趙)나
라였습니다.

그런데 이상한 것은 진나라의 진소양왕(秦昭襄王)이 여러 번 조나라를 치
려해도 먹혀들지 않습니다. 왜냐하면 그 당시 조나라에 훌륭한 신하 두 사
람이 있었기 때문입니다. 한 사람은 문신(文臣)인 '인상여'라는 학자이고 다
른 한 사람은 무신(武臣)인 '염파' 장군입니다. 나라 안으로 문제가 생기면 인
상여가 다 알아서 처리하고, 나라 밖으로 문제가 생기면 호랑이 같은 장수
염파 장군이 군사만 이끌고 나가면 백전백승이니 제 아무리 진나라인들 그
조그만 조나라를 공격하지 못하는 것입니다.

이러던 와중에 그 당시 누구나 탐내던 보물 중 하나인 '화씨(華氏)의 구슬'
사건으로 인해 인상여가 진나라에 사신으로 방문하게 되었습니다. 이때 인
상여는 능수능란한 외교술과 처세술로 진소양왕의 마음을 사로잡고 무서운

은혜는 성숙이다

호령으로 진나라 군사들의 간담을 서늘하게 했습니다. 결국 인상여는 '화씨의 구슬'도 빼앗기지 않고, 동시에 그 무서운 진소양왕 앞에서 자신이 하고 싶은 말 자신 있게 다하고 오히려 호통까지 치고 조나라로 돌아온 것입니다.

이때부터 원래의 물건이 고스란히 주인에게 다시 돌아왔을 때 '완벽귀조(完璧歸趙: 구슬이 완전히 조나라로 돌아오다.)'라는 말을 쓰기 시작했습니다. 구슬을 되찾은 조나라의 조혜문왕(趙惠文王)은 "인상여가 우리 조나라의 자존심을 높이 세웠다."고 말하며 그에게 그 나라 최고벼슬인 상상(上相) 벼슬을 주었습니다.

그런데 문제는 이때부터 시작이 됩니다. 바로 염파 장수가 인상여를 질투하게 된 것입니다. 염파 입장에서는 자기는 목숨 걸고 전쟁터에 나가 나라를 지녔는데, 인상여는 단지 세치 혓바닥만 놀려서 자기 보다 더 높은 벼슬을 차지했으니 성질 급한 장수 염파가 기분 상해하는 것은 너무 당연하지요. 그래서 염파는 언제 한번 기회가 되면 인상여를 죽여 버리려고 벼르고 있었습니다.

이러한 상황을 눈치 챈 인상여는 그 뒤부터 일부러 염파를 슬슬 피해 다녔습니다. 그러던 어느 날, 원수는 외나무 다리에서 만난다고 두 사람의 행렬이 외딴 길에서 마주쳤습니다. 이때 인상여는 염파를 보고 길을 피해버렸습니다. 염파는 의기양양해서 그곳을 지나갔습니다. 이날 인상여 밑에 있던 신하들은 인상여를 겁쟁이라고 욕하며 인상여를 떠나려 했습니다. 그때 인상여는 그들을 진정시키며 다음과 같이 말합니다.

> 내가 염파 장군을 피한 것은 다 까닭이 있어 그런 것이오.
> 여러분은 염파 장군과 진나라 진소양왕 중 누가 더 무섭소?
> 진나라 진소양왕 앞에서도 호통을 친 내가 왜 염파 장군을 무서워하겠소?
> 내가 그렇게 한 것은 다 우리 조나라를 위하여 그렇게 한 것이오.

현재 진나라는 어떻게 해서든지 우리 조나라를 치려하고 있소.

그러나 그렇게 못하는 것이 바로 조나라에 나와 염파가 있기 때문이오.

둘 중 누구 하나라도 없어지면 우리 조나라는 멸망이오.

나는 내 자존심보다 내 나라 조나라가 더 중요하오.

그래서 나는 내 나라를 위하여 내 자존심을 죽인 것이오.

내가 그때 비키지 않았으면 내 자존심은 살릴 수 있을지 모르나

그렇게 되면 나와 염파 둘 중 한 사람은 죽어야 할 상황이니

그 순간 우리 조나라는 망하는 것이외다.

그래서 나는 우리 조나라를 위하여 내가 먼저 피한 것이오.

인상여의 이러한 설명은 아래와 같은 것입니다.

선국가지급(先國家之急) 이후사구(以後私求)

(먼저 나라의 급한 일을 해결하고 사적인 일은 뒤로 넘긴다.)

이러한 인상여의 해명을 들은 제자들은 그때서야 인상여의 깊은 뜻에 감동하고 그 이야기를 여기저기 자랑하고 다니기 시작했습니다.

급기야 이러한 소문은 우경(虞卿)이라는 한 지혜자의 중재로 염파의 귀에도 들어가게 됩니다. 이 소식을 들은 염파는 즉시 자기 밑의 부하 군사들에게 명령하여 뒷산에 있는 가시나무 가지들을 다 꺾어 오라고 분부합니다. 그리고 염파는 웃옷을 벗고 부하들이 꺾어 온 그 많은 가시나무 가지들을 옷을 벗은 자기 등에 엎어지고 인상여의 집으로 달려갑니다. 그리고 인상여의 집 마당에서 무릎을 꿇고 다음과 같이 외칩니다.

인상여 어른! 이 못난 놈은 인상여 어른의 그 깊은 뜻을 몰라보고

은혜는 성숙이다

오만방자하게 어른 앞에서 씻을 수 없는 죄를 저질렀으니

지금 내가 가지고 온 이 가시나무 가지들이 다 부러져 없어질 때까지

이 못난 놈의 종아리를 때려주시고, 등짝을 때려주시옵소서!

염파의 이러한 모습을 본 인상여가 신발을 신지도 않고 버선발로 뛰어내려와 염파 장군을 부축하여 일으켰습니다. 그들은 그 자리에서 서로를 눈물로 위로를 하고, 서로의 오해를 풀었습니다.

그래서 후대 사람들은 이 두 사람의 우정을 '관포지교(管鮑之交)'에 필적(匹敵)하는 '문경지교(刎頸之交)'로 표현합니다. '문경지교'란 풀이하자면, "목에 칼이 들어오더라도 변하지 않는 우정"을 의미합니다. 이러한 염파와 인상여의 이 이야기는 제가 위에서 언급했던 두 가지 싸움 중 '져야 이기는 싸움'이 어떤 것인지 우리에게 너무나 잘 보여주는 이야기입니다.

여러분 너무나 감동적이지 않습니까? 만약 이러한 일이 실제로 신약성경에 기록되었다면 얼마나 많은 사람들이 은혜를 받았을까요? 인상여도 인물 중의 인물이지만, 염파 또한 그에 못지않은 인물 중에 인물이었음이 분명합니다. 중국천하를 사로잡았던 인상여 같은 사람이기에 이 정도의 사려 깊음이 나오지 않았을까요? 정말 인상여답지 않습니까? 또한 중국천하를 호령하는 장군이라면 염파정도의 기백(氣魄)은 있어야하지 않을까요? 결국, 이 두 사람이 조나라에 버티고 있는 한 제 아무리 진나라라 한들 어떻게 조나라를 넘보겠습니까? 그러나 결국 이 두 사람이 죽으면서 조나라의 운명도 그 기운을 다하게 됩니다.

요즘 교회마다 서로 분쟁이 있으며, 싸움이 잦아듭니다. 이때 우리는 인상여와 염파가 보여준 '문경지교'의 관계를 "서로 사랑하라(마 5:44)."는 예수님의 가르침 속에서 오늘날 우리 교회 속에 재현할 필요가 있습니다. 또한 인상여의 '선국가지급(先國家之急) 이후사구(以後私求)' - "먼저 나라의 급한

일을 해결하고 사적인 일은 뒤로 넘긴다."는 교훈도 학개 선지자의 예언에 기초하여(학 1:9) 바로 '선교회지급(先敎會之急) 이후사망(以後事忘)' — "먼저 하나님 교회의 일을 생각하고 사적인 일은 잊어버리자."로 기억할 필요가 있습니다.

우리 자존심 때문에 교회가 병든다면 큰일입니다. 우리 마음대로 해서 우리 자존심은 살릴 수 있을지 모르지만, 그로인해 하나님의 교회는 쪼개지고 맙니다. 그러나 교회를 위해 내 자존심을 죽일 수 있다면, 그보다 은혜로운 일이 어디 있겠습니까? 예수님이 보여주신 삶의 모범이 무엇입니까? 바로 우리를 위하여 자신을 버리신 삶이 아닙니까? 그 예수님의 길을 따르던 사도 바울도 결국에는 져야 이기는 싸움을 한 사람이 아닙니까? 그렇다면 우리는 어떤 싸움을 해야 합니까?

우리는 반대의 싸움을 하고 있습니다. 우리는 '져야 이기는 싸움'에는 악착같이 이기려고 하고, '이겨야 이기는 싸움'에는 자꾸 집니다. 그래서 하나님께서는 바울의 성숙을 통하여 우리에게 그것을 말씀하고 계신 것입니다. 우리가 목숨 걸고 이겨야 하는 대상은 같은 교회 안에 있는 사람이 아닙니다. 목사님도 아니고, 장로님도 아니고 집사님도 아니고, 권사님도 아니고, 성도들도 아닙니다. 우리가 목숨 걸고 싸워 이겨야 하는 대상은 그들 뒤에 숨어서 장난치는 사탄마귀 원수의 세력들입니다. 그런데 마귀와는 안 싸우고 주변 사람들 하고만 싸우면 교회가 병들게 되는 것입니다. 이것은 싸움의 대상을 잘 못 고른 거지요. 싸움의 대상을 잘 못 골랐으니 싸움의 방향도 잘못 될 수밖에 없는 것입니다. 결국 싸움의 결과는 치명적입니다. 그래서 우리도 바울의 본을 따라 모델로 삼아 신앙의 성숙과 성숙을 이루어나가야 합니다.

바울은 세월이 지날수록 자신의 전투대상이 자기 주변의 사람이 아니라 그 뒤에 숨어서 장난치는 사탄 마귀임을 확신하게 된 것입니다. 그래서 사

은혜는 성숙이다

람보다도 그 사람 뒤에 숨은 마귀와 싸우려 했던 것입니다. 우리 주변에 보이는 사람들은 우리가 져야 내가 이기는 사람입니다. 그러나 우리 주변에 보이지 않는 마귀는 우리가 이겨야 이기는 존재입니다. 우리는 현재 누구와 싸우고 있나요?

4) 손양원 목사님은 어떤 싸움을 하셨는가?

우리는 손양원 목사님에 대하여 잘 알고 있습니다. 손양원 목사님은 자신의 두 아들을 죽인 살인자를 오히려 자신의 양아들로 삼은 '사랑의 원자탄'이자 '순교자'입니다.

한번은 제가 미국에서 공부할 때에 수업시간에 독일 히틀러의 정권에 도전하였던 본회퍼(Dietrich Bonhoeffer) 목사에 대한 이야기가 나왔습니다. 그때 저는 본회퍼 목사에 못지않은 위대한 업적을 남긴 믿음의 사람이 한국 교회역사 속에도 있었음을 소개하며, 외국 사람들에게 손양원 목사님에 대한 이야기를 들려준 적이 있었습니다.

그때 외국 사람들은 내 말이 거짓말이라며 곧이들으려 하지 않았습니다. 그러나 제가 나중에 미국 선교사들의 기록에 남겨져 있는 손양원 목사님의 일생을 증거자료로 제시하자 그들은 매우 당황하며 놀랐습니다. 그리고 이렇게 위대한 사랑의 표본이 왜 세계교회역사 속에 숨겨져 있는지 안타까워했습니다. 그 만큼 그들에게는 손양원 목사님이 보여주신 사랑의 힘이 믿기 힘든 사건이었던 것입니다. 확신하건대, 손양원 목사님이야말로 세계교회역사 어디에 내놓아도 부끄럽지 않은 우리 한국 교회역사가 낳은 위대한 사랑의 목회자입니다.

그 손양원 목사님이 업적 속에 드러난 '싸움의 법칙'을 한번 묵상해 보려합니다. 자신의 두 아들을 살해한 살인자를 향한 손양원 목사님의 싸움은 어떤 싸움이었습니까? 만약 손양원 목사님이 자신의 아들을 죽인 살인자를 직접 죽여 버린다면 그것은 '복수'를 위한 싸움일 것입니다. 그러나 손양원 목사님이 직접 죽이지 않고 사회의 법에게 심판을 맡겨 그 법에 따라 처벌을 한다면 그것은 '정의'를 위한 싸움일 것입니다. 그러나 손양원 목사님이 보여주신 싸움은 복수의 싸움도 아니고, 정의를 위한 싸움도 아니었습니다. 손양원 목사님이 보여주신 싸움은 바로 '은혜의 싸움'이었습니다. 자기의 아들을 죽인 그 살인자를 오히려 자신의 아들로 삼았으니 이것이 바로 은혜의 싸움이 아니고 무엇이겠습니까? 손양원 목사님에게 있어 그 싸움이 쉬운 싸움이었을까요? 절대 쉽지 않았을 것입니다. 그러나 그 싸움은 우리가 해야 하는 싸움입니다. 바로 '은혜의 싸움!', '져야 이기는 싸움'입니다. 바로 예수 그리스도께서 하신 거룩한 싸움입니다. 우리 힘으로 할 수 없는 싸움입니다. 그러기에 은혜를 구해야 합니다.

하나님께서 이러한 거룩한 싸움을 매일 하십니다. 하나님께서는 선택하신 우리들을 매일 이렇게 용서하시기 위하여 '져야 이기는 싸움'을 하십니다. 하나님께서 선택하신 사람들에게 보여주시는 것은 '복수'도 아니요, '정의'도 아니요, 바로 '은혜'입니다. 사도 바울은 그의 말년에 바로 이 '은혜의 싸움'을 했던 것입니다. 바로 '져야 이기는 싸움'입니다.

5) 큰 산이 큰 산 되고 바다가 바다 될 수 있었던 이유는?

중국 역사가 사마천(司馬遷)이 쓴 『사기(史記)』 중 '이사열전(李斯列傳)'을 보면, 책사 이사가 진시황제에게 이런 말을 했습니다. "태산불사토양(泰山不辭土壤) 하해불택세류(河海不擇細流)"라는 말이 나옵니다. 해설하면 "큰 산은 사소한 흙을 버리지 않았기에 큰 산이 되었고, 큰 바다는 작은 물줄기라도 막지 않았기 때문에 큰 바다가 될 수 있었다."라는 뜻입니다. 이 말에 그 악독하던 진시황제도 이 말에 감동하여 죽일 사람을 죽이지 않고 화를 참고 용서했다고 합니다.

은혜는 성숙이다

한 번 생각해 봅시다. 우리 한국 기독교가 오늘날의 세계적인 기독교가 될 수 있었던 이유가 무엇입니까? 우리 주변에 있는 사소한 죄악의 흙더미라도 끌어안고 회개했으며, 작은 성령의 물줄기라도 막지 않고 갈망했기 때문 아닙니까? 하나님께서는 우리와 같은 티끌을 아끼고 사랑하여 모으셨기에 교회가 서고 하나님의 나라가 세워지기 시작했습니다. 하나님께서는 우리와 같은 더러운 시냇물을 모으셔서 깨끗게 하심으로 말미암아 온전한 하나님 은혜의 강물을 이루셨습니다. 하나님께서는 사도 바울의 태도도 하나님의 태도로 바꾸어 주셔서 결국 우리 모두가 사도 바울의 모범을 따르도록 인도하셨습니다. 우리 주변에 있는 사람들을 이제 우리가 어떻게 대해야 합니까? 하나님께서는 지금 우리들에게 바울의 성숙 과정을 통하여 그 모든 성숙의 결과를 우리에게 보여주신 것입니다. 바로 신앙 안에서 타인을 향한 우리의 모습이 어떠해야 하는지 알려주신 것입니다.

3장
감사에 대한 성숙

1. 초기 편지: 때문에 감사합니다.

초기 편지에 나타난 바울의 감사는 조건적이며 이유가 있어야 드리는 감사입니다. 그래서 그가 표현한 감사의 글들을 보면 다 이유가 제시되어져 있고, 조건이 명시(明示)되어져 있습니다. 그럼 정말 과연 그러한지 그의 초기 편지들을 하나씩 살펴보면서 추적해 보겠습니다.

데살로니가전서와 데살로니가후서를 묵상해 봅시다.

> 우리가 너희 모두로 말미암아 항상 하나님께 감사하며 기도할 때에 너희
> 를 기억함은 너희의 믿음의 역사와 사랑의 수고와 우리 주 예수 그리스도
> 에 대한 소망의 인내를 우리 하나님 아버지 앞에서 끊임없이 기억함이니
> 하나님의 사랑하심을 받은 형제들아 너희의 택하심을 아노라(살전 2:2-4)

> 이러므로 우리가 하나님께 끊임없이 감사함은 너희가 우리에게 들은 바
> 하나님의 말씀을 받을 때 사람의 말로 받지 아니하고 하나님의 말씀으로
> 받음이니 진실로 그러하도다 이 말씀이 또한 너희 믿는 자 가운데에서 역

사하느니라(살전 2:13)

형제들아 우리가 너희를 위하여 항상 하나님께 감사할지니 이것이 당연함
은 너희의 믿음이 더욱 자라고 너희가 다 각기 서로 사랑함이 풍성함이니
(살후 1:3)

주께서 사랑하시는 형제들아 우리가 항상 너희에 관하여 마땅히 감사할
것은 하나님이 처음부터 너희를 택하사 성령의 거룩하게 하심과 진리를
믿음으로 구원을 받게 하심이니(살후 2:13)

이 말씀들은 데살로니가 전서와 후서의 말씀들입니다. 그중에 데살로니
가전서는 성경에 수록된 바울의 13개 편지 중에 가장 먼저 쓰인 것이며, 더
나아가 신약성서 전체를 통하여서도 가장 먼저 된 문서입니다. 데살로니가
후서는 그 뒤 몇 개월이 지난 다음에 쓰여진 편지입니다. 때는 약 주후 50-
51년경입니다.

우리가 이 말씀들을 서로 비교해서 묵상해 보면 확인할 수 있듯이, 바울
은 끊임없이 하나님과 사람 앞에 감사의 말을 전합니다. 그런데 꼭 그 앞에
나 뒤에 감사의 이유와 조건이 붙습니다. 물론 그 당시 편지를 쓰는 관례상
감사의 내용을 자세히 적어서 보낼 필요성이 있기에 그렇게 한 것이 분명합
니다. 하지만, 본문의 내용을 다른 각도에서 이해하게 되면 감사를 드릴 때
에 꼭 그 감사의 조건과 이유가 있어야지만 감사하는 '조건적 감사'로 인식
될 때가 있습니다. 이러한 바울의 조건적인 감사 표현은 그의 초기 편지 중
데살로니가서보다 약간 뒤에 쓰여진 고린도전서를 통하여서도 많이 나타납
니다.

고린도전서를 묵상해 봅시다.

그리스도 예수 안에서 너희에게 주신 하나님의 은혜로 말미암아 내가 너
희를 위하여 항상 하나님께 감사하노니 이는 너희가 그 안에서 모든 일 곧
모든 언변과 모든 지식에 풍족하므로 그리스도의 증거가 너희 중에 견고
하게 되어 너희가 모든 은사에 부족함이 없이 우리 주 예수 그리스도의 나
타나심을 기다림이라(고전 1:4-7)

나는 그리스보와 가이오 외에는 너희 중 아무에게도 내가 세례를 베풀지
아니한 것을 감사하노니(고전 1:14)

내가 너희 모든 사람보다 방언을 더 말하므로 하나님께 감사하노라(고전
14:19)

너는 감사를 잘하였으나 그러나 다른 사람은 덕 세움을 받지 못하리라(고
전 14:17)

우리 주 예수 그리스도로 말미암아 우리에게 승리를 주시는 하나님께 감
사하노니(고전 15:57)

자! 고린도전서의 말씀 속에서도 바울의 감사는 여전히 계속 됩니다. 그
런데 그와 함께 감사의 조건과 이유도 여전히 같이 제시하고 있는 것을 보
게 됩니다. 항상 감사의 표현과 그 표현의 이유가 마치 바늘과 실처럼 같이
따라다닙니다.

더욱이 고린도전서 14장 17절의 말씀은 참 특이합니다. "감사도 다 좋은

은혜는 성숙이다

감사가 아니다."라는 뜻을 내포하고 있습니다. 다시 말하자면, "너는 방언을 사용하여 하나님께 감사하지만, 다른 사람이 알아듣지 못할 경우 그 감사가 무슨 유익 있는 감사가 되겠느냐?"는 뜻입니다. 그러므로 은근히 감사라고 해서 다 똑같은 감사가 아니라는 인식을 우리에게 남기게 합니다.

이와 같이 초기 편지에 나타난 바울의 감사는 철저히 조건적이고 이유가 있는 감사입니다. 그리고 감사도 상황과 때를 잘 맞추어서 해야 감사다운 감사가 된다고 말합니다.

그렇다면 이것을 반대로 이해하면 어떻게 될까요? 이것을 반대로 표현한다면, 감사의 조건과 이유가 없으면, 감사하지 않는다는 역설적 해석이 가능합니다. 바울은 분명히 감사할 조건과 이유가 충분히 있을 때에는 그 감사의 조건과 이유를 조목조목 들어가며 자세히 감사합니다. 그러나 그러한 이유가 없을 때에는 하나님 앞에서나 사람 앞에서 감사라는 표현을 쓰지 않습니다. 오히려 다른 사람들을 책망하고 야단칩니다. 심지어 어떤 때에는 저주하지요.

그럼 바울이 정말 그랬는지 한 번 그의 초기 편지 속에 들어있는 구절들을 또 추적해 볼까요?

고린도전서 11장 22절을 묵상해 봅시다.

> 너희가 먹고 마실 집이 없느냐 너희가 하나님의 교회를 업신여기고 빈궁한 자들을 부끄럽게 하느냐 내가 너희에게 무슨 말을 하랴 너희를 칭찬하랴 이것으로 칭찬하지 않노라

이 말씀은 고린도 교회에서 성만찬(the Lord's table)의 질서를 흩트리는 사람들을 향한 바울의 책망입니다. "칭찬하지 않는다."는 말은 다른 표현으

로 하면 "그들에게 감사할 것이 없다."는 뜻입니다. 만약 그들이 성만찬을 잘 수행하고 바울이 생각하기에 좋게 행동했다면 바울은 그것 때문에 하나님께 감사를 드리며, 동시에 그렇게 실천하는 사람들에게도 감사했겠지요. 그러나 바울은 그렇게 하지 않았습니다. 왜냐하면, 감사받을 만한 행동을 보이지 않았기 때문입니다. 한 인간으로서 바울이 그러한 반응을 보이는 것은 어찌보면 당연하지요. 감사할 이유가 없는데 굳이 감사의 표현을 할 필요가 없지요.

특별히 바울의 이러한 감사의 태도가 그대로 나타난 서신이 바로 갈라디아서입니다. 왜냐하면 어네스트 스캇(Ernest F. Scott) 교수의 말처럼 갈라디아서는 편지 전체 내용을 통하여 '감사'라는 단어가 전혀 등장하지 않는 편지이기 때문입니다.[36]

갈라디아서 4장 14-15절, 20절 말씀을 묵상해 봅시다.

(14) 너희를 시험하는 것이 내 육체에 있으되 이것을 너희가 업신여기지 아니하고 오직 나를 하나님의 천사와 같이 또는 그리스도 예수와 같이 영접하였도다 (15) 너희의 복이 어디 있느냐 내가 너희에게 증언하노니 너희가 할 수만 있었더라면 너희 눈이라도 빼어 나에게 주었으리라

(20) 내가 이제라도 너희와 함께 있어 내 언성을 높이려 함은 너희에 대하여 의혹이 있음이라

---

36 Ernest Findlay Scott, *The Literature of the New Testament* (New York: Columbia University Press, 1957), p.149.

은혜는 성숙이다

이 말씀은 우선 바울이 갈라디아 지역의 사람들에게 충분히 감사해야 할 조건과 이유가 있었음을 보여줍니다. 바울에게 갈라디아 사람들을 시험 들게 만드는 '그 무엇'이 있었다는 점입니다. '그 무엇'이 어떤 것인지는 아무도 모릅니다. 때문에 그저 수많은 추측만 있을 뿐입니다. 대다수의 사람들은 '그 무엇'이 바울이 가지고 있던 병질환인 간질일 것이라고 주장하는 사람도 있습니다. 그래서 그것을 고린도후서 12장 7절에 바울이 직접 설명한 '육체의 가시'로 해석하는 사람도 있습니다. 그러나 그것도 어디까지나 그저 추측일 뿐입니다.

그런데 눈여겨 봐야할 것은 그러한 시험거리를 갈라디아 사람들이 이해하고 받아들였다는 점입니다. 그리고 동시에 그들이 그럼에도 불구하고 바울을 천사와 같이 더 나아가 예수님과 같이 영접해 주었다는 사실입니다. 그리고 바울이 직접 표현하기를 "그들이 눈이라도 빼줄 정도로 자기를 위했다."라고 말합니다. 그렇다면 바울이 그들에게 감사할 만한 충분한 조건과 이유가 있지 않습니까? 바울에게는 그들을 향한 충분한 감사의 조건과 이유가 있다는 말입니다.

그런데 이상하게도 바울은 그들에게 감사하지 않습니다. 비단 이 본문말씀뿐만이 아니라 갈라디아서 전체를 통하여 '감사'라는 단어는 전혀 한 번도 등장하지 않습니다.[37] 이상하지요? 그 이유가 무엇일까요? 바울은 갈라디아 지역 사람들을 향한 감사의 조건과 이유가 충분히 있었음에도 불구하고 바울은 왜 그들에게 감사의 표현을 쓰지 않았을까요?

그 해답이 4장 20절 말씀에 나옵니다. "내가 이제라도 너희와 함께 있어 내 언성을 높이려 함은 너희에 대하여 의혹이 있음이라"(갈 4:20). 바울은 지금 오히려 그들에게 언성을 높이겠다고 말합니다. 이것은 바울이 화를 내겠

---

[37] 朴昶環,『新約聖書槪論』(서울: 大韓基督敎書會, 1972), 126쪽.

3부 바울과 그의 영적 성숙 – 신앙적 묵상   : 209 :

다는 말입니다. 현재 뭔가 바울은 갈라디아 지역 사람들에게 못마땅한 것이 있는 겁니다. 그래서 언성을 높이며 화를 내겠다고 말합니다. 이 말씀을 통하여 바울이 그들에게 전하는 말은 "이전에는 너희가 참 잘했는데 요즘 들어와서 조금 이상해졌다."라는 것입니다. 과연 그것이 무슨 일일까요?

그 당시 갈라디아 지역 사람들은 바울이 전하지 않은 다른 이상한 복음에 현혹되기 시작했습니다(갈 3:1). 바로 갈라디아 지역 사람들이 바울이 이전에 전한 은혜의 복음을 버리고 다른 이상한 사도들이 전한 율법의 계명을 따라가려 했기 때문입니다(갈 1:6-10). 결국 바울은 그들에게 쏟았던 자신의 모든 헌신의 수고가 헛되이 될까봐 두려웠던 것입니다(갈 4:11). 그러니 바울이 얼마나 화가 났겠습니까? 그랬기 때문에 바울은 충분히 그들을 향한 감사와 조건과 이유가 있었음에도 불구하고 감사할 마음도 가지지 못하고 화부터 내겠다는 겁니다. 그래서 그들을 책망하고 저주합니다.

조건과 이유에 따라 감사하는 바울

그러므로 초기 편지를 통하여 묘사된 바울의 감사 태도는 한마디로 요약하자면 "때문에 감사합니다."입니다. 영어로 표현하자면 "thanks giving on because"입니다. 즉, 이유와 조건이 있어야지만 감사하는 조건적 태도입니다. 그러므로 당연히 감사할 조건이나 이유가 없으면 감사하지 않고 오히려 책망과 저주가 쏟아집니다. 이것이 바로 초기 편지를 쓸 때에 바울이 가지고 있었던 감사의 태도입니다. 그런데 이랬던 그가 중기 편지를 쓸 때는 조금 달라지기 시작합니다. 과연 그가 어떻게 달라졌을까요? 그것을 확인하기 위해 그럼 이제부터 중기 편지를 통하여 그의 감사 태도를 다시 추적해 보겠습니다.

은혜는 성숙이다

2. 중기 편지: 예수를 힘입어 범사에 감사합니다.

바울은 여전히 중기 편지를 통하여도 그 당시의 편지 쓰는 방식대로 조건적 감사를 하나님과 사람 앞에 드립니다(빌 1:3-50; 엡 1:15-16; 골 1:3-5). 그런데 중기 편지에서는 약간 예전에 보이지 않았던 다른 표현들이 여기저기 발견됩니다. 그것들이 무엇일까요? 이제 그것들은 하나하나 추적해 보도록 하겠습니다.

빌립보서 4장 6절 말씀을 묵상해 봅시다.

> 아무것도 염려하지 말고 다만 모든 일에 기도와 간구로 너희 구할 것을 감사함으로 하나님께 아뢰라

확인한 바와 같이 그냥 아무것도 염려하지 말고, 그냥 모든 일에 감사함으로 하나님께 아뢰라고 합니다. 아무런 조건이나 이유를 달지 말고 그냥 하나님께 감사함으로 기도하라고 권면합니다. 이전과는 약간 달라진 태도이지요? 여기에 특별한 이유와 조건이 제시되어 있지 않습니다. 그런데 그의 이러한 감사 고백은 여기서 끝나는 것이 아닙니다.

에베소서 5장 20절 말씀을 묵상해 봅시다.

> 범사에 우리 주 예수 그리스도의 이름으로 항상 아버지 하나님께 감사하며

자! 성숙된 부분이 확인이 되십니까? 일단 '범사'라는 표현이 사용되었습니다. '범사'란 그야말로 '모든 일에', '이유 없이', '조건 없이'라는 뜻입니다.

물론 바울의 편지 전반을 통하여 모든 주제에 '범사'라는 말은 자주 나옵니다. 그런데 여기서는 특별히 '감사'라는 주제와 연결되어 '범사'라는 단어가 사용되었다는 점입니다. 즉, 이 말씀은 범사에 아무런 조건과 이유를 달지 말고 무조건적으로 하나님께 감사하라는 뜻입니다. 그리고 한 가지 더 중요한 것이 있습니다. 이 말씀 속에 "예수 그리스도의 이름으로 감사하라"는 표현이 삽입되어 있다는 점입니다. 이 말은 예수 그리스도를 힘입어, 그의 도우심을 입어서, 그 힘으로, 감사하라는 말입니다. 솔직히 범사에 감사한다는 것은 우리 힘으로 안 되는 일입니다. 그러므로 우리 힘으로 감사할 수 없는 내용에 대하여 예수 그리스도 은혜의 힘을 덧입고 감사하라는 말입니다. 이전과는 달리 많이 성숙된 표현 아닙니까? 그런데 이러한 표현은 중기 편지의 다른 곳에 또 나옵니다.

골로새서 3장 17절 말씀을 묵상해 봅시다.

> 또 무엇을 하든지 말에나 일에나 다 주예수의 이름으로 하고 그를 힘입어
> 하나님 아버지께 감사하라

놀라운 고백 아닙니까? 무엇을 하든지, 즉 '범사'를 말합니다. 그 모든 일을 범사에 "주 예수님의 이름"으로 하고 그 "예수님이 주시는 은혜를 힘입어" 하나님께 감사하라는 뜻입니다. 이것은 너무나 놀라운 성숙요, 성숙요, 성숙입니다. 이전에 바울은 감사함에 있어 꼭 감사할만한 이유와 조건이 있어야 감사하는 태도를 보였습니다. 그런데 이제는 무조건, 아무 이유 없이 그냥 범사에 감사하는 태도를 보입니다. 더 나아가 범사에 감사한다는 그 사실이 너무나 어려운 줄 알기 때문에 우리 힘으로 억지로 하려 하지 말고 예수님께서 주시는 은혜의 힘을 힘입어 범사에 감사하라고 권면합니다.

은혜는 성숙이다

현재 중기 편지를 통하여 바울이 보여주는 감사의 성숙이 느껴지십니까? 이전에 초기 편지의 바울은 꼭 조건과 이유를 걸어서 감사했습니다. 그런데 중기 편지에는 그냥 범사에 무작정 감사하라고 합니다(물론 여전히 조건과 이유를 건 감사 표현이 나오면서도 …). 이것은 자기 힘으로 감사하는 태도에서 예수의 은혜를 힘입어 그로 말미암아 감사하는 태도로 바뀐 것입니다. 다시 말하자면, 자기중심의 감사 자세에서 예수에게 힘을 얻은 감사의 자세로 바뀐 것입니다.

그렇다면 데살로니가전서 5장 18절은 어떻게 되는 것인가?

그렇다면 독자 중에서 누군가 여기서 다음과 같은 반론을 제시할 분들이 있을 것입니다. "바울의 초기 편지에도 범사에 감사하라는 내용이 나온다!" 맞습니다. 너무나 예리한 지적입니다. 바울의 초기 편지에도 범사에 감사하라는 표현이 나옵니다. 그것은 우리가 너무나 잘 알고 또한 외우기도 하는 말씀입니다. 바로 데살로니가전서 5장 18절입니다.

> 범사에 감사하라 이것이 그리스도 예수 안에서 너희를 향하신 하나님의 뜻이니라

분명히 바울의 초기 편지 중, 그것도 가장 먼저 쓰인 데살로니가전서에 범사에 감사하라는 표현이 나옵니다. 그런데 이 표현은 겉으로 쓰여진 단어만 똑같을 뿐이지 그 내용은 약간 차이가 있습니다.

데살로니가전서 5장 18절에 바울은 분명히 범사에 감사하라고 말합니다. 그런데 그 뒤에 그렇게 감사해야 할 이유와 조건이 따라옵니다. "그것은 하나님의 명령이기 때문이다!" 즉, 이것과 같은 것입니다. "감사하기 싫

어도 범사에 감사해", "왜냐고?", "아! 하나님의 뜻이니까!", "그러니까 그냥 그렇게 감사해야 돼!" 바로 이겁니다. 그러나 중기 편지에 나온 "범사에 감사하라"는 표현은 이것과 약간 느낌이 다릅니다. 그 차이점을 확인하기 위하여 관련 말씀들을 서로 한번 비교해 볼까요?

> 범사에 감사하라 이것이 그리스도 예수 안에서 너희를 향하신 하나님의 뜻이니라(살전 5:18)

> 범사에 우리 주 예수 그리스도의 이름으로 항상 아버지 하나님께 감사하며(엡 5:20)

> 또 무엇을 하든지 말에나 일에나 다 주예수의 이름으로 하고 그를 힘입어 하나님 아버지께 감사하라(골 3:17)

차이점이 보이십니까? 초기와 중기 편지 모두 "범사에 감사하라."는 표현을 쓰며 감사하라고 선언합니다. 그런데 초기 데살로니가전서의 표현은 여전히 그 속에 범사에 감사해야 하는 조건과 이유가 확실히 명시되어져 있습니다. 범사에 감사하는 이유에 대한 부연설명이 마치 무슨 부록처럼 덧붙여져 있다는 말입니다. 그러나 중기 편지의 표현에서는 그런 부연설명이 없습니다. 그냥 범사에 감사하라고 말하지 그 뒤에 특별히 추가설명이 붙어 있지 않다는 말입니다.

그러므로 같은 범사에 대한 감사를 표현했다 할지라도 초기 편지와 중기 편지 사이에는 분명히 이러한 차이점이 나타납니다. 결국, 초기 편지에 나타난 바울의 감사 태도와 중기 편지에 보여진 바울의 감사 태도는 좀 달랐던 것이 분명해 보입니다. 그런데 이랬던 바울이 후기 편지에 가서는 더욱

은혜는 성숙이다

더 성숙해진 감사의 태도로 성숙됩니다. 그럼 이제 후기 편지를 추적해 볼
까요?

3. 후기 편지: 감사함으로 받으면 버릴 것이 없네요.

디모데전서 4장 4절 말씀을 묵상해 봅시다.

> 하나님께서 지으신 모든 것이 선하매 감사로 받으면 버릴 것이 없나니 하
> 나님의 말씀과 기도로 거룩하여짐이라

자! 어떻습니까? 이보다 더한 감사의 태도가 어디 있겠습니까? 우리가
정말 일평생에 단 한 번이라도 이와 같은 감사의 고백을 드릴 수 있을까요?
만약 드릴 수 있다면 그것은 우리의 힘이 아니라 하나님의 은혜로 가능한
것일 겁니다. 디모데전서 4장 4절의 '감사 고백!' 이것이야말로 우리가 하나
님의 은혜 속에서 이루어야 하는 최고의 감사 태도입니다. 초기 서신에서
나타나는 바울의 감사는 다분히 조건적이며 이유가 있는 감사였습니다.

모든 감사 표현에 그 이유와 조건이 마치 무슨 부록처럼 따라 다녔습니
다. 즉, 바울이 감사의 조건과 내용에 따른 감사를 했다는 뜻입니다. 그런데
중기 편지에서 바울의 그러한 태도는 많이 성숙되어 그저 모든 일에 범사에
감사하고 더 나아가 예수로 힘입어 그의 은혜를 입고 감사하라고 말합니다.
급기야 후기 편지에는 "모든 것을 감사함으로 받아 버릴 것이 없다."고 하
면서 자신이 드릴 수 있는 완전한 감사의 고백을 전합니다.

사실 이것은 무척 힘든 일이지요. 그러나 하나님께서는 바울의 성장과정
을 통하여 우리가 하나님께 보여야 할 최고의 감사 태도는 "감사함으로 받
으면 버릴 것이 없다!"는 고백이어야 함을 가르쳐 주고 계십니다. 바울의 이

러한 성숙의 과정을 간단하게 정리하면 다음과 같습니다.

> 초기 편지(주후 50-57년): 때문에 감사합니다.
> 중기 편지(주후 60-64년): 범사에 예수를 힘입어 감사합니다.
> 후기 편지(주후 65-66년): 모두 감사함으로 받으니 버릴 것이 없네요.

하나님께서는 이 사도 바울의 편지에 나타난 감사의 고백을 통하여서 기독교인의 성숙된 감사의 고백과 태도가 어떻게 성숙되어야 하는지 보여주고 계십니다. 바울의 이러한 최종고백이 강조될 때까지 대략 십여 년의 세월이 흘렀습니다.

4. 그러면 우리의 감사는?

1) 우리는 정반대다.

자! 그러면 이제 우리의 모습을 한번 돌아볼까요? 역시 우리의 감사 태도는 바울의 감사 태도와 정반대의 길을 걷습니다. 바울이 보여준 감사 신앙과 우리의 감사 신앙은 정반대입니다. 우리는 처음에 모든 것에 감사합니다. 하나님이 처음에 주신 그 은혜에 감격하여 정말 모든 일에 다 감사함으로 받아 원망과 불평이 없어집니다. 그런데 그 이후로 조금씩 세월이 지나면, 하나님이 주신 은혜의 감격이 무뎌져서인지 어느 때부터 감사의 조건이 생길 때에만 감사하게 됩니다. 그래도 그때라도 감사할 조건이 생기면 감사하니 그나마 다행입니다. 문제는 한 10년, 20년 지나면 아예 감사할 조건이 있어도 감사하지 않는 사람들이 있다는 점입니다. 그때가 되면 감사는커녕 오히려 하나님께 불평합니다. 아홉 가지 잘 되다가 어쩌다 한 가지 잘 안되면 아홉 가지 감사의 조건을 모두 내팽개치고 한 가지 불만 때문에 모든 것을 다 망칩

은혜는 성숙이다

니다. 바로 이것이 오늘날 우리들의 모습입니다. 그래서 하나님께서는 그것을 깨우쳐 주시기 위하여 지금 바울의 성숙 과정을 통하여 우리의 감사 태도가 시간이 흐를수록 어떻게 변해야 하는지 보여주고 계신 겁니다.

2) 나이아가라 폭포에서 돌아오던 길에 …

제가 미국에 있을 때에 나이아가라 폭포(Niagara Fall)에 다녀 온 적이 있습니다. 그때 저는 왕복 20시간에 가까운 운전을 한 것으로 기억됩니다. 그 당시 한국에서 여행오신 선배 목사님들이 몇 분 계셨는데 그분들은 정식 미국 운전면허증이 없어서 미국에서 왕복 20시간이 넘는 운전을 하기에는 좀 무리가 있는 분들이었습니다. 그래서 그 선배 목사님들의 부탁으로 운전을 하게 되었습니다. 그리고 그 분들의 배려 속에서 저는 태어나 처음으로 말로만 듣던 나이아가라 폭포에 가봤습니다. 그야말로 나이아가라 폭포는 정말 아름다웠습니다. '백문불여일견(百聞不如一見)'이라는 말이 실감될 정도였습니다. 가서 직접 보는 방법 외에는 그 웅장함으로 표현할 수 없습니다.

선배 목사님들을 모시고 돌아오면서 저는 혼자 운전을 하며 이런 생각을 해 보았습니다. 나이아가라 폭포! 그것은 참으로 아름답고 웅장했습니다. 그러나 그것은 전지전능하신 하나님이 창조하신 여러 창조물 중에 극히 작은 일부분이었습니다. 그런데 지구상에 있는 사람들 중에는 그 나이아가라 폭포도 구경 못하고 죽는 사람들이 많습니다. 하나님이 창조하신 창조물 중에 극히 일부분인 나이아가라 폭포도 못보고 죽는 사람들이 많다는 말입니다.

생각해 보면, 사람이 짧은 인생을 살면서 아무리 다녀도 못 본 것이 많고, 아무리 들어도 못들은 것이 많고, 아무리 배워도 모르는 것이 많고, 아무리 느껴도 못 느끼는 것이 많고, 아무리 믿으려 해도 안 믿어지는 것이 많은데, 내가 어떻게 하나님을 알게 되고 믿게 되고, 듣게 되고, 그분에 대하여 배우게 되었을까? 하나님께서 창조하신 그 모든 만물 중 극히 일부분만 보고 지나가는 내가 어떻게 그 모든 것을 창조하신 하나님을 믿게 되었을까?

그 해답은 하나였습니다. 그저 하나님께서 나를 불쌍히 여겨 하나님 자신을 내가 볼 수 있도록 허락하시니까 보게 되는 것이고, 들도록 허락하시니까 듣게 되는 것이고, 알도록 허락하시니까 알게 된 것이고, 느낄 수 있도록 허락하시니까 느끼게 된 것이고, 믿도록 허락하시니까 믿게 된 것이지, 내 힘으로 어떻게 하나님을 추구하며, 하나님을 갈망하며, 하나님을 사모하겠습니까? 내가 하나님을 믿게 된 것은 하나님이 먼저 나를 선택하셔서 그 모든 것을 허락하셨기에 가능한 것이었습니다. 만약 그것이 없다면 그 누가 하나님을 제대로 알겠습니까? 하나님께서 만들어 놓으신 창조물의 일부분도 제대로 못보고 있다가 이제야 그것을 보고 감탄하던 내가 어떻게 하나님을 내 스스로 알게 되었겠습니까? 그저 하나님이 무조건적으로 나를 선택하셔서 그 모든 것을 허락하셨기 때문입니다. 하나님께서 자신을 우리에게 알도록 허락하시기 전에 감히 그 누가 하나님을 자기 스스로 알고 믿었다고 말할 수 있겠습니까? 이 깨달음은 나이아가라 폭포에서 돌아오던 길에 제 영혼 속에 울리는 하나님의 음성이었습니다.

여러분! 이것이 은혜입니다. 이것이 기적입니다. 이것이 무조건적인 선택의 은혜와 기적이 아니고 무엇이겠습니까? 내 일생에 있어서 가장 큰 기적은 저 미국의 나이아가라 폭포도 아니고, 저 이집트의 피라미드(pyramid)도 아니고, 저 중국의 만리장성도 아닙니다. 이 지구상에, 아니 이 우주상에 가장 큰 기적은 현재 우리가 바로 하나님을 믿고 있다는 그 사실 자체입니다. 그것이 바로 기적입니다! 그것이 기적 중의 기적인 것입니다! 아무리 전도해도 믿지 않는 사람 절대 믿지 않습니다. 아무리 설득해도 복음을 듣지 않는 사람 절대로 그 복음에 귀를 기울이지 않습니다. 그러나 그런 많은 사람 가운데 특별히 우리를 선택하셔서 나를 믿어지도록 인도하시고 우리

은혜는 성숙이다

로 하여금 신앙 고백하도록 허락하신 하나님의 은혜 속에서 우리가 현재 예수를 믿고 있다는 그 사실이 이 지구상의 가장 큰 기적입니다. 이것은 피라밋보다 만리장성보다 나이아가라 폭포보다 더 큰 기적인 것입니다. 그리고 가장 위대한 관광거리입니다. 이 세상에 가장 위대한 관광거리가 무엇입니까? 그것은 바로 우리자신입니다. 우리가 현재 하나님을 믿고 있고 알고 있다는 그 사실이 가장 큰 기적이요 관광거리입니다. 이것이야 말로 내 평생 자랑하고 다녀도 모자란 기적이 아니겠습니까?

가만히 우리의 과거를 돌아봅시다. 우리가 예수 그리스도를 구주로 고백하게 된 것이 나의 힘이었습니까? 아니면 하나님의 불가항력적인 은혜였습니까? 그것은 100% 하나님의 은혜였습니다! 그렇다면 남는 것은 무엇입니까? 그저 하나님께로 향한 감사뿐입니다. 그저 우리 같이 전적으로 타락하고 무능력한 사람들을(total depravity and inability), 성부 하나님께서 선택(unconditional election)해 주시고, 성자 예수님께서 속죄(limited atonement)해 주시고, 성령 하나님께서 불가항력적 은혜(irresistible grace)로 중생시켜 주셔서 영원한 하나님의 보호하심 아래 구원의 날까지 인(印)쳐 주신 그 은혜(perseverance of believers)에 놀라울 뿐입니다. 이 은혜만 생각한다면, 당연히 사도 바울이 말년에 고백했던 완벽한 감사의 고백이 나올 수밖에 없을 겁니다.

3) 의사(醫師) 편작의 고백

중국 춘추전국시대 초나라에 갈관자(鶡冠子)라는 사람이 있었습니다. 이 사람은 도교(道敎)를 신봉하던 사람입니다. 그는 혼란스러운 세상을 떠나 그냥 산 속에서 자연을 벗하며 살던 사람이었습니다. 그래서 그의 본명은 잘 알려지지 않고 '갈관자(鶡冠子)'라는 그의 별명만이 후대에 전해집니다. 그를 그렇게 부른 이유는 그가 항상 새의 깃털로 된 모자를 머리에 쓰고 다녔기 때문입니다.

이때 '갈(鶡)'이라는 단어는 영적인 힘을 지고 있는 거룩한 새, 즉 영적인 영향력이 있는 성서러운 새를 뜻합니다. 흔히 고구려가 국조(國鳥)로 믿던 삼족오(三足烏: 다리 3개 까마귀)와 비슷한 것이라 생각하면 됩니다. 고대로부터 삼족오는 전설의 새로서 태양 속에서 살며, 용(龍)을 먹고 산다고 합니다.

이러한 갈관자는 그 혼란스러운 춘추전국시대에 산 속에서 혼자 도를 수양하면서 세상에 돌아다니는 잡다한 이야기를 담은 책을 한 권 썼는데, 그 책 제목이 자신의 별명과 똑같은 『갈관자(鶡冠子)』입니다. 그 책은 총 세 권이며 19편으로 나누어져 있습니다. 지금 소개하려는 이야기는 그 책 속에 나오는 한 대목입니다.

역사를 통하여 볼 때 각 시대마다 위대한 의원들이 있었습니다. 특별히 주목받는 의원이 세 명입니다. 중국 춘추전국시대의 편작, 중국 한(漢)나라 말기(삼국지 시대)의 화타, 그리고 우리나라의 허준입니다. 이 중에서 편작은 죽은 사람도 살려낸 경험이 있는 신의(神醫) 중에 신의입니다. 바로 『갈관자』에는 이 신통한 의사 편작이 위나라 왕을 만났던 때 나누었던 대화의 한 부분이 소개 되어 있습니다. 이 두 사람의 대화는 바울이 마지막으로 보여준 감사의 고백을 오늘날 우리에게 현실화 시킨다는 것이 무엇인지 우리로 하여금 깨닫게 합니다.

위나라의 왕이 편작에게 가족관계를 물었습니다. 편작은 자기에게는 위로 두 명의 형들이 더 있고, 그들도 모두 자기와 같은 의원이라고 대답하며 자신의 의술은 그 두 형님들에 비하면 아주 형편없다고 설명했습니다. 그 말을 이상히 여긴 위나라 왕은 "그렇다면 왜 그 형들은 유명해지지 않고 당신만이 그렇게 유명해졌는가?"라고 되물었습니다. 그때 편작은 다음과 같이 대답합니다.

은혜는 성숙이다

가장 큰형님은 사람을 척 보면 그 사람이 10년 뒤에 걸린 병을 미리알고 처방을 미리 해줍니다. 그러므로 환자 아닌 환자의 입장에서는 아무런 감사도 없고 놀랄 일도 없습니다. 오히려 어떤 환자는 자기를 병자 취급한다고 큰형님께 핀잔을 주기도 합니다. 둘째 형님은 환자의 병이 초기증상일 때 그 병의 치료법을 알게 되어 처방해 치료합니다. 때문에 그 환자 역시 그리 큰 감사와 감격은 못 얻게 됩니다. 그러나 저는 환자가 다 죽어가도록 그 병명도 모르고 치료법도 모르다가 그 환자가 죽기 바로 직전에 가서야 그 병명도 알고 치료법도 알게 됩니다. 그러다보니, 죽음 근처까지 같다가 살아난 환자는 나에게 감사하고, 나의 이름을 방방곡곡에 알리게 되지요. 그래서 제가 삼 형제 중에 가장 의술이 부족함에도 불구하고 가장 유명해졌습니다.

큰형은 미리 치료해 주기 때문에 감사도 못 받고 인기도 못 얻고 오히려 어떤 때는 욕만 얻어먹습니다. 둘째 형은 징조가 보이면 치료합니다. 그런대로 감사가 나오지만 그리 강하지는 않습니다. 편작은 죽기 바로 직전에 치료합니다. 그래서 사람들은 평생 그를 잊지 못합니다.

어떻습니까? 우리 하나님은 항상 큰형님 같으십니다. 모두 다 미리 막아 주십니다. 그런데 우리는 그것에 감사할 줄 모릅니다. 범사에 감사할 줄 모르는 것입니다. 그것을 으레 당연하게 여기고 오히려 약간 어려움을 당하면 하나님께 원망합니다. 그러면 하나님께서는 삼형제 중 막내였던 편작의 방법을 사용하지요. 우리를 일부러 진퇴양난의 죽음의 길로 몰아넣으시고 죽기 직전에 살려주셔서 하나님의 은혜를 찬양하게 하고 감사하게 합니다. 왜냐하면 우리는 꼭 그렇게 해야 감사하는 낮은 수준의 신앙태도를 가지고 있기 때문입니다.

왜 우리는 항상 안전할 때 감사하지 못할까요? 건강은 건강할 때 지켜야 하듯이, 감사도 항상 안전할 때 미리 감사해야 할 것입니다. 이제 하나님께서 보여주신 바울의 예를 묵상하면서 다시 한번 생각해 봅시다. 우리의 감사가 어때야 합니까? 범사에 감사하라는 뜻이 무엇입니까? 감사함으로 받으면 아무것도 버릴 것이 없다는 것이 과연 어떤 감사의 자세입니까?

4장
삶의 만족에 대한 성숙

1. 초기 편지: 나는 부족한 것이 있다.

초기 편지에서 바울은 자신의 부족함을 표현하고 동시에 다른 사람들의 부족함을 호소하며 그들을 위한 도움을 요청하는 말들을 종종 합니다. 그리고 초기 편지에는 바울이 그러한 자신의 빈궁함 때문에 행여나 다른 사람들(특히 교외 교인들)이 부담을 가질까봐 무척 조심하며 노력한 흔적도 보입니다. 한마디로 자신의 삶 속에 나타나는 약간의 부족함을 스스로 인식하고 또한 그 점 때문에 다른 사람들에게 폐를 끼치지 않으려 노력합니다. 동시에 다른 사람들의 부족함을 위해서는 관련된 사람들에게 솔직히 도와 달라고 호소합니다. 이 모든 사실 역시 말씀을 묵상하며 추적해 보도록 하겠습니다.

데살로니가전서와 데살로니가후서를 묵상해 봅시다.

> 형제들아 우리가 수고와 애쓴 것을 너희가 기억하리니 너희 아무에게도 폐를 끼치지 아니하려고 밤낮으로 일하면서 너희에게 하나님의 복음을 전하였노라(살전 2:9)

누구에게든지 음식을 값없이 먹지 않고 오직 수고하고 애써 주야로 일함은 너희 아무에게도 폐를 끼치지 아니하려 함이니(살후 3:8)

여기서 바울은 분명히 자신이 스스로 열심히 돈을 벌고 있음을 말합니다. 두 구절에 모두 '주야(晝夜)', 그리고 '밤낮으로'라는 표현이 쓰인 것으로 보아 꽤나 열심히 일했던 것 같습니다. 성경 속의 증언으로 미루어 볼 때 바울이 한 일은 장막(천막)만드는 일이었습니다(행18:1-3).

그런데 이 말을 뒤집어 이해하자면, 이 말씀은 그 당시 바울과 그의 동역자들은 자신들이 그렇게 힘써 일하지 않고 그냥 선교사역을 수행하기에는 충분한 재정능력이 없었음을 반증(反證)하기도 합니다. 물론 여러 가지 이유가 있겠지만, 그 당시 바울과 그의 동역자들도 나름대로 돈을 벌어가며 사역했고 또 그렇게 해야만 하는 상황에 있었다는 것을 알 수 있습니다.

그러나 동시에 바울은 그러한 자신의 경제적 빈궁과 어려움 때문에 절대로 다른 사람들에게 폐를 끼치지 않으려고 무척 노력했음을 확인할 수 있습니다. 또한 바울 자기 스스로도 그러한 자신의 의도를 매번 강조합니다. 그리고 또 솔직히 그랬던 것으로 보입니다(행 20:33-35).

고린도후서 11장 9절을 묵상해 봅시다.

또 내가 너희와 함께 있을 때 비용이 부족하였으되 아무에게도 누를 끼치지 아니하였음은 마게도냐에서 온 형제들이 나의 부족한 것을 보충하였음이라 내가 모든 일에 너희에게 폐를 끼치지 않기 위하여 스스로 조심하였고 또 조심하리라

여기서 마찬가지입니다. 이 말씀 속에서도 바울은 데살로니가 교회에 보

은혜는 성숙이다

낸 편지 때보다 더 솔직하게 자신의 경제적 부족함을 드러내놓고 고백합니다. 그리고 마게도냐 지역의 교회에 있는 성도들이 자신의 경제적 삶을 도와주었다고 회상시킵니다.

그러면서 여전히 자신의 이러한 궁핍함으로 인하여 바울 자신이 주변 다른 사람들에게 피해를 입힌 일이 없음을 거듭 강조합니다. 바울은 여기서 자기는 경제적으로 부족한 사람이었지만, 그 부족한 점을 다른 사람을 통하여 해결 받을 수 있었고, 동시에 나의 부족함으로 인하여 다른 사람들에게 폐를 끼치지 않으려고 무척 행동에 조심했다는 것을 알리고 있는 것입니다. 일단 바울은 여기서 자신의 경제적 부족함을 솔직히 인정하고 있습니다.

그런데 여기서 한 가지 재미있는 다른 사실이 있습니다. 자기 스스로에게는 이렇게 조심했던 바울이 오히려 다른 사람들의 빈궁함에는 적극적으로 나섰다는 점입니다. 이러한 때 바울이 예루살렘 교회의 가난한 사람들을 도와 달라는 부탁을 받게 됩니다. 갈라디아서로 가보겠습니다.

갈라디아서 2장 9-10절을 묵상해 봅시다.

> (9) 또 기둥같이 여기는 야고보와 게바와 요한도 내게 주신 은혜를 알므로 나와 바나바에게 친교의 악수를 하였으니 우리는 이방인에게로 그들은 할례자에게로 가게 하려 함이라 (10) 다만 우리에게 가난한 자들을 기억하도록 부탁하였으니 이것은 나도 본래부터 힘써 행하여 왔노라

이 말씀은 바울이 예루살렘을 방문했을 때에 그곳에서 기둥같이 여기는 야고보와 게바(베드로)와 요한을 만난 뒤 그들에게로부터 들은 부탁에 대한 설명입니다. 10절 말씀을 영어성경으로 보면 다음과 같이 되어 있습니다.

All they asked was that we should continue to remember the poor.

여기서 말하는 'they'는 바로 바울이 예루살렘에서 만난 야고보와 게바 (베드로)와 요한입니다. 바울은 그들로부터 예루살렘에 있는 가난한 사람들 을 좀 기억해 달라는 부탁을 받았다는 것입니다. 다시 말하자면, 예루살렘 의 가난한 사람들을 위한 구제 연보와 헌금을 좀 거두어 달라는 뜻입니다. 그것에 대하여 바울은 "걱정하지 마세요, 그러한 구제 사업은 내가 이전부 터 힘써 행해왔던 일입니다."라고 답했다는 것입니다. 이러한 부탁을 받은 다음부터 바울은 열심을 내어 예루살렘 교회의 가난한 사람들을 위한 모금 사업을 시작합니다. 바로 고린도 교회도 그중에 하나였습니다.[38]

이것과 관련하여 돈(헌금, 연보, 구제금)에 대한 바울의 관심이 얼마나 철두 철미하고 깊었는지 보여주는 대목이 있습니다. 바로 초기 편지 중의 하나인 고린도후서 8장과 9장입니다.

고린도후서 8장 1–6절 말씀을 묵상해 봅시다.

(1) 형제들아 하나님께서 마게도냐 교회들에게 주신 은혜를 우리가 너희 에게 알리노니 (2) 환난의 많은 시련 가운데서 그들의 넘치는 기쁨과 극심 한 가난이 그들의 풍성한 연보를 넘치도록 하게 하였느니라 (3) 내가 증언 하노니 그들이 힘대로 할 뿐 아니라 힘에 지나도록 자원하여 (4) 이 은혜와 성도 섬기는 일에 참여함에 대하여 우리에게 간절히 구하니 (5) 우리가 바 라던 것뿐 아니라 그들이 먼저 자신을 주께 드리고 또 하나님의 뜻을 따라

---

38 이 사건에 대한 자세한 해설은 J. Paul Sampley, *Pauline Partnership in Christ* (Philadelphia: Fortress Press, 1980), 21-50쪽의 내용을 참조하세요.

은혜는 성숙이다

우리에게 주었도다 (6) 그러므로 우리가 디도를 권하여 그가 이미 너희 가운데서 시작하였은즉 이 은혜를 그대로 성취하게 하라 하였노라

현재 바울은 이 말씀을 통하여 고린도 교회 사람들에게 예루살렘의 가난한 사람들을 위한 구제헌금(charity)을 부탁하고 있습니다(고후 8:1-24). 또한 6절 말씀에 비추어 보면 이미 그 모금작업이 바울의 동역자인 디도(Titus)를 통하여 고린도 교회 안에서 시작되었음을 알 수 있습니다.

그런데 바울은 이상하게도 고린도 교회와는 상관없는 마게도냐 지역의 교회들에 대하여 언급합니다. 그 당시 마게도냐는 아드리아해에서 에게해에 걸쳐 그리스 북쪽에 위치한 로마의 한 지역입니다. 그리고 마게도냐 지역에는 바울과 관련된 빌립보 교회, 데살로니가 교회, 베뢰아 교회들이 있었습니다(행 16:11-17). 그런데 바울은 현재 고린도 교회 사람들에게 구제헌금을 부탁하면서 그 마게도냐 지역의 교회들이 그들보다 먼저 한 일을 강조합니다. 그것이 1-5절의 말씀입니다.

그럼 여기서 한 가지 질문이 생깁니다. 그렇다면 바울은 왜 마게도냐 지역의 교회들이 한 일을 고린도 교회 사람들에게 일부러 강조하며 말했을까요? 바울은 왜 고린도 교회와는 아무런 상관이 없는 마게도냐 교회의 일에 대하여 그들에게 말하는 이유는 무엇일까요?

이유는 하나입니다. "여러분들도 그들과 똑같이 그렇게 해 달라"는 뜻이 담겨져 있는 것입니다. 즉 "어려운 마게도냐 지역의 교회 사람들도 그렇게 자원하는 마음으로 내 헌금사역에 동참했는데, 잘사는 동네에 있는 고린도 교회의 여러분들도 그렇게 해야 되지 않겠느냐?"라는 은근한 압력(?)이 들어가 있는 것입니다. 즉, 모금사업에 모범적이었던 마게도냐 지역의 교회들을 미리 언급함으로써 고린도 교회의 성도들에게도 모금 동기를 장려하려는 의도입니다. 여기서 가난한 사람들의 필요를 깨닫고 그들을 만족시키기

위해 힘쓰는 바울의 모습을 우리는 그대로 확인할 수 있습니다. 참 아름다운 모습이지요.

그러면서 바울은 그 뒤로 구제 헌금에 대한 설교를 시작합니다. 일단 바울은 이것이 절대로 강제로 명령하는 것이 아님을 강조하고(고후 8:8), 아울러 그러한 구제의 행동은 예수 그리스도가 우리를 위하여 행하신 삶을 그대로 본받는 일임을 설명하고(고후 8:9), 이 일을 반드시 성취하라고 다시 권면하며(고후 8:10-11), 빈부격차를 줄이고 모든 것을 평균케 하기 위하여(함수관계원리) 이 일이 꼭 필요한 것임을 언급합니다(고후 8:13-15). 그리고 바울은 그 모금사업을 완수하기 위해 자기가 고린도 교회에 보낸 사람들(디도와 그 동역자들)을 그들에게 소개합니다(고후 8:16-24).

이것이 바로 고린도후서 8장 1절부터 24절까지의 말씀입니다. 고린도 교회 모금 사업을 위한 바울의 격려와 설교가 함께 들어있는 것입니다. 이러한 바울의 모습은 요즘에 자선 구호 단체에서 각 교회를 돌아다니며 자신의 구제 선교 사업을 소개하고 영상 자료 등을 보여주며 각 교회에 지원 연보를 부탁하는 동시에 하나님의 말씀을 강단에서 설교하는 순회 목사들과 비슷한 모습인 것 같습니다.

그러므로 바울은 고린도후서 중 한 장인 8장 전체를 가난한 사람들을 위한 구제모금에 할애하고 있는 것입니다. 그 당시 다른 사람들의 경제적 부족함에 바울이 얼마나 민감한 반응을 보였는지 알 수 있습니다. 그런데 이러한 바울의 호소는 여기서 끝나지 않습니다. 바로 그 다음 장인 9장에 연속해서 다시 등장합니다.

고린도후서 9장 1-5절의 말씀을 묵상해 봅시다.

⑴ 성도를 섬기는 일에 대하여는 내가 너희에게 쓸 필요가 없나니 ⑵ 이는

은혜는 성숙이다

내가 너희의 원함을 앎이라 내가 너희를 위하여 마게도냐인들에게 아가야에서는 일 년 전부터 준비하였다는 것을 자랑하였는데 과연 너희의 열심히 퍽 많은 사람들을 분발하게 하였느니라 (3) 그런데 이 형제들을 보낸 것은 이 일에 너희를 위한 우리의 자랑이 헛되지 않고 내가 말한 것 같이 준비하게 하려 함이라 (4) 혹 마게도냐인들이 나와 함께 가서 너희가 준비하지 아니한 것을 보면 너희는 고사하고 우리가 이 믿던 것에 부끄러움을 당할까 두려워하노라 (5) 그러므로 내가 이 형제들로 먼저 너희에게 가서 너희가 전에 약속한 연보를 미리 준비하게 하도록 권면하는 것이 필요한 줄 생각하였노니 이렇게 준비하여야 참 연보답고 억지가 아니니라

고린도후서 8장에 이어 9장에서도 바울은 고린도 교인들을 향하여 여전히 구제 헌금에 대하여 말하고 있습니다. 위의 말씀(고후 9:1-5)을 쉽게 풀어서 설명하면 다음과 같습니다.

바울은 마게도냐 지역의 교인들에게 아가야 지역의 고린도 교회 사람들이 이미 1년 전부터 구제헌금을 준비하기 시작했다고 자랑했다는 겁니다. 그래서 그것으로 인하여 그 주변 사람들이 매우 기뻐하고 흥분했습니다. 그런데 이러한 상황에서 만약 막상 바울이 마게도냐 사람들과 함께 고린도에 갔을 때 실제로 고린도 교회의 모금액이 적거나 최악의 경우 전혀 모금이 되어 있지 않다면, 그 결과가 얼마나 클지 상상해 보라는 말입니다. 고린도 교회 망신이고 바울 자신의 망신이라는 뜻입니다.

그래서 바울은 그러한 불상사를 미리 방지하기 위하여 자신의 동역자인 디도와 그 일행을 일부로 먼저 고린도 교회에 보낸 것입니다. 그리고 그들로 하여금 바울 자신이 자랑한대로 미리 고린도 교회 사람들이 돈을 충분히 모금할 수 있도록 시켰다는 말입니다. 그리고 바울은 역시 8장에서와 같이 구제헌금에 대한 설교를 합니다(고후 9:6-15).

어찌 보면 바울이 모금사역을 함에 있어 너무나도 주도면밀하고 철두철미하지 않습니까? 그래서 『어? 성경이 읽어지네!』의 저자 이애실 사모는 고린도후서 9장 2-5절까지의 말씀을 설명하면서 "은근히 헌금 경쟁도 시키는 바울의 모습"[39]이라고 묘사하기도 했습니다. 그럼 이제 이 모든 내용을 정리해 봅시다.

1) 고린도후서 8장과 9장에 나타난 바울의 태도

이미 살펴 본 바와 같이, 고린도후서 8장과 9장은 처음부터 끝까지 예루살렘의 가난한 사람들을 위한 돈(헌금, 연보, 구제금)의 부탁이며, 그것과 관련된 사도 바울의 설교입니다.

이 두 장(고후 8, 9)을 통하여 느낄 수 있는 사도 바울의 태도는 다른 사람의 경제적 어려움과 부족함에 굉장히 민감한 관심을 두고 있다는 점입니다. 동시에 우리는 바울이 예루살렘에서 야고보와 게바와 요한으로부터 받은 부탁을 아주 충실히 이행하고 있는 모습을 보게 됩니다(갈 2:9-10).

그래서 어네스트 베스트(Ernest Best) 교수는 『Paul and Money』라는 제목의 글에서 고린도전서 8장과 9장은 바울의 모금 운동의 외적 형태와 내적 관심이 얼마나 지대했는지 보여주는 가장 좋은 말씀이라고 했습니다.[40] 그리고 바울의 삶을 연구한 윌슨(A. N. Willson)도 "바울이 사도로 부름 받은 뒤부터 이러한 구제 모금 사업을 펼침에 있어 남다른 열심과 철두철미한 전

---

39 이애실, 『어? 성경이 읽어지네!』(서울: 두란노, 2006), 283쪽.

40 그는 다음을 강조했습니다. 바울은 선교 대상자들을 대할 때에 돈을 초월한 상태에서 대하였고, 다른 사람들을 위한 모금운동을 했으며, 자신의 선교사업에 관심과 존경을 가진 공동체로부터 지원을 받았다. Ernest Best, *Paul and His Converts* (Worcester, Billing and Sons Ltd, 1988), p.97-106.

은혜는 성숙이다

략을 가지고 헌신했었다."[41]라고 설명했었습니다.

특별히 사도 바울은 이 사업을 펼침에 있어 철저히 하나님께서 계시해 주신 말씀에 기초하여 진행하고 있음을 봅니다. 왜냐하면 사도 바울은 그 부분에 있어 항상 그 구제 사업에 대한 설교를 그들에게 함께 전하고 있었기 때문입니다. 즉, 항상 구제금에 대한 호소와 그것에 대한 설교를 함께 병행(竝行)하고 있습니다.

그러므로 바울은 자신의 경제적 빈궁함에 있어서는 철저히 자신이 직접 일을 하며 보충하여 다른 사람들에게 폐를 끼치지 않으려 노력합니다. 그러나 다른 사람들의 경제적 어려움에 대하여는 자신이 할 수 있는 모든 전략과 기술을 총동원하여 그들을 위해 발 벗고 나서는 사람입니다. 이러한 바울의 모습은 참 아름다운 모습이요, 오늘날 우리가 본받아야 할 모습입니다.[42]

그런데 바울의 이러한 모습을 우리가 여기서 알아보려하는 '삶의 만족도'에 초점을 맞추어 한번 생각해 봅시다. 우리가 현재 관심을 가지고 있는 '삶의 만족도'에 비추어 보았을 때 우리는 이 당시 바울이 어려움을 당하고 있는 사람들의 부족함을 채워줄 필요성에 대하여 굉장히 깊은 관심을 보이고 있음을 볼 수 있으며, 동시에 그들을 위한 모금 사업에 지대한 열심을 가지고 실천하고 있음을 알 수 있습니다. 이러한 경제적 지원이 다만 그것이 본인에게는 사도로서 당연한 것으로 생각하지만, 그렇지 않은 다른 사람들에게는 절실히 필요한 것으로 인정하고 있습니다.

하지만 이러한 바울도 자신의 경제적 필요성에 대하여 강하고 분명하게

---

41 A. N. Willson, *Paul: The Mind of the Apostle* (New York: W. W. Norton & Company, 1997), p.52.

42 Kenneth Scott Latourette, *A History of Christianity* (New York: Harper & Brothers Publishers 1953), p.74.

표현한 적이 있습니다. 그러한 바울의 행동은 역시 바울이 쓴 편지를 통하여 밝혀집니다.

고린도전서 16장 1-6절의 말씀을 묵상해 봅시다.

> (1) 성도를 위하는 연보에 관하여는 내가 갈라디아 교회들에게 명한 것 같이 너희도 그렇게 하라 (2) 매주 첫날에 너희 각 사람이 수입에 따라 모아 두어서 내가 갈 때에 연보를 하지 않게 하라 (3) 내가 이를 때에 너희가 인정한 사람에게 편지를 주어 너희의 은혜를 예루살렘으로 가지고 가게 하리니 (4) 만일 나도 가는 것이 합당하면 그들이 나와 함께 가리라 (5) 내가 마게도냐를 지날 터이니 마게도냐를 지난 후에 너희에게 가서 (6) 혹 너희와 함께 머물며 겨울을 지낼 듯도 하니 이는 너희가 나를 내가 갈 곳으로 보내어 주게 하려 함이라

이 말씀 속에서 바울은 예루살렘 지역의 가난한 사람을 위한 연보에 대하여 이야기합니다. 그리고 그 연보를 하는 방법과 절차에 대하여 자세히 설명합니다. 그리고 이미 갈라디아 교회에도 이와 동일한 방법으로 지시했다는 점도 알립니다. 그러니까 이 당시 바울은 자신이 알고 있는 거의 대부분의 교회에 연보와 헌금에 대한 교육과 설교를 했던 것 같습니다.

특별히 3절 말씀에 "너희의 은혜를 예루살렘으로 가지고 간다."고 합니다. 여기서 바울이 말하는 '은혜'란 무엇일까요? 영어로 보면 'your gift'라고 되어 있습니다. 그러니까 예루살렘 지역의 가난한 사람들을 위한 구제품 내지는 구제금이 됩니다. 즉, 한마디로 가난한 사람들의 부족함을 채워줄 수 있는 '그 무엇들'입니다.

그리고 여기서 바울은 한 가지 당부합니다. 바울은 6절 말씀에 "너희가

나를 내가 갈 곳으로 보내어 주게 하려 함이라"고 합니다. 영어 성경에는 다음과 같이 되어 있습니다. "so that you can help me on my journey." 이 말이 무슨 뜻일까요? 많은 성경 해석학자들은 이 말씀을 바울이 그들에게 물심양면의 지원을 부탁한 것으로 해석합니다. 그러므로 이 말은 바로 "내가 다음에 갈 선교지를 위해 너희가 지원해 달라"는 뜻으로 해석될 수 있습니다.

이처럼 바울은 다른 사람들의 필요와 구제에 민감하며, 동시에 자신의 개인적인 삶은 그렇다하지만, 자기 선교사역의 지원에 대하여서는 당당히 지원의 의사를 비치는 사람이었습니다.

그런데 그의 이러한 모습이 그가 쓴 편지 한 통에 그대로 드러난 적이 있습니다. 이때까지는 우리가 특정한 편지 속에 들어있는 특정한 구절을 통하여 그것을 추적했습니다. 그런데 이제는 아예 바울이 쓴 편지 한 통 그 자체가 바로 자기를 지원해달라는 목적으로 쓴 편지가 있다는 말입니다. 그 편지는 바로 사도 바울 평생의 대표작인 로마서입니다.

2) 바울은 왜 로마 교회에 편지해야만 했는가?

일단 이러한 질문부터 던지고 시작합시다. "바울은 왜 로마에 편지를 써야만 했을까요?" 물론 이유는 여러 가지입니다. 그런데 현재 우리가 살펴보고 있는 '삶의 만족도'라는 주제와 정확히 들어맞는 이유가 한 가지 있습니다. 바로 로마 교회의 지원을 얻기 위한 목적입니다. 바울은 자기를 위한 로마 교회의 지원을 호소하기 위한 목적으로 로마 교회에 편지를 써서 보냈던 것입니다. 일종의 '선교 지원 의뢰 편지'이지요. 그럼 정말 그런 것인지 한번 살펴보겠습니다.

바울이 복음사역을 한창 펼치고 있을 당시, 로마에 교회가 존재했다는 것은 분명한 역사적 사실입니다. 일단 바울이 로마 교회에 쓴 편지와 사도행전 28장 11-15절의 말씀이 그것을 증명합니다. 그러므로 이 사실을 의심하는 사람은 아무도 없습니다. 역사가들에 의하면 이미 주후 50년경에 이미 로마에는 기독교인들이 살고 있었다고 추정합니다. 이것은 바울이 그의 13개 편지 중 최초의 편지이며, 신약성경에 수록된 성경 가운데 가장 먼저 된 데살로니가전서를 기록할 때와 비슷한 시기입니다.

그런데 이상하게도 로마에 어떻게 기독교가 전달되었으며 어떤 과정을 통하여 기독교 공동체가 그 도시에 이루어졌는지에 대하여는 아무도 모릅니다. 왜냐하면 아직까지 그것을 명쾌하게 증명해 줄 확실한 사료가 아직 나타나지 않고 있기 때문입니다. 그래서 그저 많은 추측들만 있을 뿐 정확한 해답은 아직 없습니다. 제 개인적인 생각으로는 오순절 사건 때 예루살렘에 방문했던 로마인들 중에 베드로의 설교를 듣고 거듭난 사람들에 의하여 로마 교회가 시작되었다고 생각합니다만, 이것도 역시 추측일 뿐입니다 (행 2:10, 41).

그러나 한 가지 확실한 것은 로마 교회는 바울이 세운 교회가 아니라는 점입니다. 그렇다고 해서 베드로가 세운 교회도 아닙니다. 그러므로 누가 세웠는지 아무도 모릅니다. 그리고 로마서를 쓸 당시까지만 해도 바울은 로마 교회에 전혀 방문한 적이 없다는 점입니다. 그런데 특이한 것은 바울이 그런 로마 교회에 편지를 보냈다는 사실입니다. 그것도 그의 제3차 전도여행이 거의 끝나갈 무렵인 56-57년경에 보냈다는 점입니다.

그때는 사도 바울이 제3차 전도여행의 끝에 고린도에서 3개월간 휴식하면서 새로운 선교계획을 구상하던 시기였습니다. 더구나 바울이 로마에 보낸 것은 편지라기보다는 일종의 박사학위 논문과도 같습니다. 실제적으로 로마서는 성경에 수록된 바울의 13개 편지 가운데 가장 방대하며 그 완성도에 있어서도 어디 하나 흠잡을 곳이 없는 대표작입니다.

그렇다면 다시 질문해 보겠습니다. "바울은 왜 자신이 직접 개척하지도

은혜는 성숙이다

않았고, 직접 세우지도 않았고, 직접 가보지도 않았으며, 직접 자신과 아무런 관련이 없는 로마 교회에 그렇게 양적으로나 질적으로나 수준이 높은 편지를 보내야만 했을까요?", "그것도 왜 굳이 제 3차 전도여행을 마감하는 시기에 보내야만 했을까요?", "그 전에는 왜 로마 교회에 편지 보낼 생각을 하지 않고 있다가 왜 유독 그때서야 편지를 보내야만 했을까요?", "복음이 이미 전파된 곳에는 선교하지 않겠다고 하던 바울이(롬 12:20) 왜 이미 복음이 심어진 로마에 그렇게 장문(長文)의 편지를 보내야만 했을까요?"

이 질문에 대한 해답은 바울이 쓴 로마서의 기록에 그대로 나옵니다. 그리고 그 해답은 그 당시 바울이 가지고 있었던 새로운 선교계획과 밀접한 관련이 있습니다. 하나하나 살펴봅시다.

바울이 로마서를 쓸 당시(55–57년경) 바울은 그의 동방선교(갈라디아와 소아시아, 그리고 마게도냐의 모든 지역)가 끝났다고 생각했습니다. 그래서 그는 서바나(지금의 스페인) 지역을 향한 서방선교로의 새로운 선교계획을 구상하고 있었습니다(롬 15:23).

그런데 서바나 지역을 선교하기 위해서 바울이 반드시 지나야 하는 지역이 있었습니다. 바로 로마입니다. 그리고 반드시 만나야할 사람들이 있었습니다. 바로 로마에 있는 로마 교회 사람들입니다. 그리고 자신이 예수님께 받은 복음을 들어야하는 사람들이 있었습니다. 바로 로마 교인들입니다.

바울은 그곳에서 로마 교회 사람들에게도 복음을 전하고 싶었고, 그리고 그뒤 아울러 서바나 선교를 위한 로마 교회 공동체의 적극적인 지원을 받고 싶었던 것입니다. 다시 말하자면, 바울에게 있어서 그 당시 로마 교회는 자신이 서바나 지역을 선교할 때 자신을 물심양면으로 지원해 줄 수 있는 그 주변의 유일한 기독교 공동체였던 것입니다(롬 15:24).

그러므로 바울은 어쩌면 자기 생애에 마지막 선교지가 될지도 모르는 서바나 지역의 선교를 앞두고 로마 교회를 향하며 미리 '물밑작업'을 해둘 필요가 있었던 것입니다. 그래서 바울은 큰 맘 먹고 로마 교회에 편지를 쓰기 시작했습니다.

이 과정에서 바울은 그 편지를 통하여 자신을 소개하고(롬 1:1-7), 자기의 선교대상을 밝히고(롬 1:8-17), 더 나아가 자기가 예수님께 직접 받아 선교활동을 통하여 정립하게 된 자신의 신학을 정교하게 설명한 후(롬 1:18-15:13), 자기의 사바나 지역 선교 목적과 의도(롬 15:14-33)를 자세히 제시한 것입니다. 그러다보니 그 편지가 편지라기보다는 한 편의 박사학위논문처럼 된 것입니다. 이러한 과정을 통해 쓰여진 바울의 편지는 현재 로마서라는 이름으로 오늘날까지 성경 속에 수록되어져 있습니다.

때문에 로마서의 서론(1:1-15)과 결론(15:14-29)에 기록된 주요 내용은 모두 선교적 동기와 목적으로 서로 마주보고 있는 형태입니다. 그래서 천안대학교의 방동섭 교수는 로마서의 서론과 결론부분을 따로 떼어서 서로 맞추어 본 결과를 다음과 같이 제시했습니다.[43]

구약에서 예언된 복음 - 1:1-6 / 16:25-27

모든 민족에게 전파되는 믿음의 순종 - 1:5 / 15:18-16:26

은혜의 기원 - 1:7 / 16:20

로마의 성도들의 신앙의 전파 - 1:8 / 16:19

로마의 방문계획 - 1:8-13 / 15:22-29

바울의 로마 방문 목적 - 1:11-12 / 15:14

로마 방문의 좌절 - 1:13 / 15:22

모든 민족에게 증거될 복음 - 1:13-15 / 15:14-29

---

43 방동섭, 『십자군이 아니라 십자가의 정신입니다』(서울: 이레서원, 2000), 237쪽.

은혜는 성숙이다

로마 교회의 선교지원을 받기 위해 편지를 보낸 바울의 이러한 행동은 마치 등록금을 내야하는 학기 초에, 미국에서 공부하는 가난한 신학생이 한국에 있는 큰 교회 장학재단에 장학금을 허락받기 위하여 자신의 신상명세서와 신앙배경, 그리고 학업계획 그리고 심지어는 신학배경까지 정성껏 면밀하게 써서 한국에 있는 교회의 장학재단에 보내는 모습을 연상하게 합니다. 이러한 가난한 신학생의 행동은 과거 서바나 지역 선교를 위한 지원교회가 필요했던 바울의 모습을 너무나 잘 대변해 줍니다.

따라서 로마서의 내용(contents)은 충분히 '교리적(doctrinal)'이지만, 그 저작 의도(purpose)는 다분히 '선교적(missiological)'입니다. 그러므로 우리가 로마서를 해석할 때 교리 서신(a doctrinal epistle)으로만 보고 해석하는 것은 잘못된 이해입니다. 왜냐하면 그것은 사도 바울이 쓴 로마서의 내용(contents)만 본 것이지, 정작 사도 바울이 로마서를 쓸 때의 시대적 상황과 사도 바울의 내적 소망은 전혀 고려하지 않은 경우이기 때문입니다. 즉, 그것은 로마서의 내용만 인정하고 그 편지가 쓰여질 당시에 사도 바울이 놓여 있던 상황과 그 저술 목적은 전혀 생각지 않은 결과입니다.

바로 여기에 우리가 로마서를 교리 서신으로만 이해해서는 안 되는 이유가 있습니다. 로마서는 어디까지나 저술 목적에서 봤을 때 로마 교회로부터의 확실한 선교 지원을 부탁하기 위한 선교 서신(a missiological epistle)입니다.[44]

그래서 로렌드 알렌(Roland Allen)은 이러한 이해가 '신학자 바울'에서 '선교사 바울'로서의 혁신적 전환을 이루는 과정이라고 설명했으며,[45] 프레드

44 L. Ann Jervis, "The Purpose of Romans: A Comparative Letter Structure Investi-gation," *Journal for the Study of the New Testament Series 55* (Sheffield: Sheffield Academic Press, 1991), p.19.

45 Roland Allen, *Missionary Methods: St. Paul's or Ours?* (London: World Dominion

릭 브루스(F. F. Bruce) 교수도 바울이 로마서를 쓰게 된 이유를 "로마 교회가 미리 바울 자신의 서바나 선교 방문을 준비할 수 있도록 부탁하기 위하여 자기와 자신의 신학을 조직적으로 로마 교회에 소개할 필요가 있었기 때문이다."[46]라고 주장하며 아래와 같이 말했습니다.

> 만약에 정말 바울이 로마에 복음을 전하는 첫 번째 사람이 되려는 희망을 그렇게 일찍 가지고 있었다면, 그러한 발전소식들은 그로 하여금 그의 계획들을 바꾸는 원인이 되었을 것이다. … 남의 터 위에 건축하지 아니하려 함이라(롬 15:20)는 그의 원리는 그가 로마에 잠깐 머무는 동안 로마의 이방인들에게 복음을 전할 길이 막히지 않았거나(롬 1:13-15) 혹은 로마를 그가 계획한 서바나(스페인) 선교를 위한 전초기지로 이용할 수 있었다해도(롬 15:24, 28) 그가 과거 고린도나 에베소에서 했던 것과 같이 향후 로마에 자리 잡고 사도로서의 활동하도록 만드는 그 어떤 생각도 무시하도록 만들었을 것이다.[47]

신학자 바울에서 선교사 바울로의 혁신적 이해의 문을 연 스웨덴 출신의 루터교(Lutheran) 신학자 크리스터 스탠달(Krister Stendahl)도 『유대인과 이방인 사이에 있는 바울』이라는 책에서 "로마서를 교리 서신으로만 이해하는 것은 큰 잘못이며, 오히려 로마서 속에 드러난 교리적 내용은 바울의 선교적 의도를 지지하기 위한 과정에서 표출되어 나온 부산물이다."[48]라고 주

Press, 1960), pp.3-9.

46 F. F. Bruce, *Paul: Apostle of the Heart Set Free* (Grand Rapids, Michigan: Wm. B. Eerdmans Publishing Co., 1998), p.325.

47 F. F. Bruce, *New Testament History* (New York: A Galilee Book, 1971), p.396.

48 Krister Stendahl, *Paul Among Jews and Gentiles and Other Essays* (Philadelphia:

은혜는 성숙이다

장했고, 유니온신학교의 어네스트 스카트(Ernest Findlay Scott) 교수도 『신약성경 문헌연구』에서 로마서를 설명하면서 "다른 편지들과 전혀 다른 모습과 상황에서 쓰여진 로마서는 바울이 로마 교회에 자신과 자기의 신학을 소개한 뒤 서바나 지역 선교를 위한 로마 교회의 지원을 얻기 위한 목적에서 쓰여진 것이다."[49]고 해석했고, 존 머레이(John Murray)도 "로마서를 묵상할 때 명심해야 할 것은 내용인 교리보다는 바울의 선교적 목적과 열망이다."[50]라고 했으며, 선교신학자 데이빗 보쉬(David J. Bosch)도 바울의 선교의도가 가장 잘 나타난 편지는 바로 로마서(15:15-21)임을 주장했습니다.[51]

국내에서는 장로회신학대학교 박창환 교수가 "로마서를 오로지 교리적 서신으로만 해석했던 종교개혁자들의 입장은 당치않은 견해이며 오히려 로마서는 바울이 선교 사업을 추진함에 있어 로마 교회와의 구체적인 관계수립의 필요성이 있어 제시하게 된 바울의 신학적 고백이다."[52]라고 했고, 천안대학교 방동섭 교수는 『십자군이 아니라 십자가의 정신입니다』라는 책의 "제10장 로마서를 로마서 되게 하라"를 통하여 "과연 사도 바울이 단지 이신칭의를 비롯한 교리를 설명하기 위해서만 로마서 전체를 기록했는가?"라는 질문을 던지며 "만약 로마서가 단지 바울 자신의 신학적인 내용만을 소개하기 위해 쓴 편지였다면 바울은 굳이 자신과 아무런 관계가 없는 로마

Fortress, 1976), pp.1-7.

49 Ernest Findlay Scott, *The Literature of the New Testament* (New York: Columbia University Press, 1957), p.158.

50 John Murray, *The Epistle to the Romans* (Grand Rapids, Michigan: Wm. B. Eerdmans Publishing Co., 1959), p.xv.

51 David J. Bosch, *Transforming Mission: Paradigm Shifts in Theology of Mission* (Maryknoll, New York: 1993), p.129.

52 朴昶環, 『新約聖書槪論』(서울: 大韓基督教書會, 1972), 163쪽.

교회에 그렇게 긴 편지를 보내지는 않았을 것이다."[53]라고 주장했으며, 장로회 신학대학교 이광순 교수 또한『선교학 개론』책을 통하여 로마서는 교리 서신이라기보다는 선교 서신임을 주장했고,[54]『어? 성경이 읽어지네!』의 저자 이애실 사모도 로마서는 로마 교회의 선교 지원을 부탁하기 위한 사도 바울의 자기소개 편지라고 했습니다.[55]

로마서 1장 13-15절 말씀을 묵상해 봅시다.

(13) 형제들아 내가 여러 번 너희에게 가고자 한 것을 너희가 모르기를 원하지 아니하노니 이는 너희 중에서도 다른 이방인 중에서와 같이 열매를 맺게 하려 함이로되 지금까지 길이 막혔도다 (14) 헬라인이나 야만인이나 지혜 있는 자가 어리석은 자나 다 내가 빚진 자라 (15) 그러므로 나는 할 수 있는 대로 로마에 있는 너희에게도 복음전하기를 원하노라

여기서 분명히 바울은 자신의 로마 방문 계획의 목적을 명시하고 있습니다. 방문의 목적은 로마인들에게 복음을 전파하기 위함입니다. 그러므로 여기서 우리는 바울이 로마를 방문하려하는 가장 우선된 목적이 일단 복음 전파임을 알 수 있습니다. 그런데 로마서의 마지막 부분에 가서 이 말씀과는 약간 모순(矛盾)되는 구절이 나옵니다.

로마서 15장 20절을 묵상해 봅시다.

53　방동섭,『십자군이 아니라 십자가의 정신입니다』, 209-238쪽.

54　이광순,『선교학개론』(서울: 한국장로교출판사, 1993), 83쪽.

55　이애실,『어? 성경이 읽어지네!』(서울: 두란노 2006), 287-288쪽.

은혜는 성숙이다

> 또 내가 그리스도의 이름을 부르는 곳에는 복음을 전하지 않기를 힘썼노니 이는 남의 터 위에 건축하지 아니하려 함이라

이게 무슨 말씀입니까? 로마에 가고 싶은 목적이 로마 교회에 복음을 전하는 것이라고 말해 놓고, 이상하게 뒤에 가서는 딴소리하는 듯한 느낌이 들지 않습니까? 이미 로마는 그리스도의 이름을 부르는 곳이었습니다. 그런데 로마서의 서두에는 로마에 가는 목적이 복음전파라고 했다가(롬 1:13-15), 나중에는 이미 복음이 전파된 곳에서는 선교활동을 하지 않겠다고 선언합니다(롬 15:20). 이거 뭔가 약간 이상하지 않습니까? 이 모순을 어떻게 해결할 수 있을까요?

해답은 하나입니다. 사도 바울에게 또 다른 목적이 있었던 것입니다. 단지 로마 교회에 복음을 전파하는 것만이 그 주요목적이 아니었던 겁니다. 사도 바울에게는 그것 이외에 또 다른 비장의 숨은 목적이 있었던 것입니다. 그럼 그것이 무엇이었을까요?

로마서 15장 22-24절을 묵상해 봅시다.

> (22) 그러므로 또한 내가 너희에게 가려 하던 것이 여러 번 막혔더니 (23) 이제는 이 지방에 일할 곳이 없고 또 여러 해 전부터 언제든지 서바나로 갈 때에 너희에게 가기를 바라고 있었으니 (24) 이는 지나가는 길에 너희를 보고 먼저 너희와 사귐으로 얼마간 가쁨을 가진 후에 너희가 그리로 보내 주기를 바람이라

자! 이제 사도 바울은 이때까지 자신이 선교 사역해 오던 장소에 더 이상 할 일이 없어졌다고 말합니다. 즉, 그곳에서 할 일은 다 마무리되었다는 뜻

입니다. 사도 바울에게 있어 자신의 선교사업에 일대 전환점이 생겼다는 뜻입니다. 그래서 바울은 이제 새로운 선교지역을 물색 중인데 그곳이 바로 서바나 지역임을 알립니다.

그런데 맨 마지막 구절을 다시 보십시오. "너희가 그리로 보내주기를 바람이라."고 말합니다. 이 구절이 무슨 뜻일까요? 영어로는 'assist'라는 동사가 사용되었습니다. 한마디로 말해서 자기의 서바나 선교계획을 물심양면으로 지원해달라는 부탁입니다. 이것은 이미 우리가 앞에서 살펴보았던 고린도전서 16장 6절의 말씀과 일맥상통한 말씀입니다. 한마디로 여기서 바울은 서바나로 가면서 로마 교회를 방문하겠다고 말합니다. 그리고 그때 로마 교회에서 자신의 서바나 선교를 좀 도와달라고 부탁하고 있습니다. 그래서 편지(로마서)를 쓴 것입니다.

그러므로 바울이 로마를 방문하려던 실제 목적은 이미 복음의 씨앗이 뿌려져 있는 로마에 복음을 다시 전하기 위한 목적도 있었지만, 그보다 더 우선적인 목적은 복음의 씨앗이 뿌려지지 않은 서바나 지역을 선교함에 있어 먼저 로마 교회에 방문해 그들의 지원을 의뢰하기 위함이었습니다. 그래서 미리 뵈뵈(Phoebe)라는 사람의 손을 통해 로마에 편지를 보낸 것입니다(롬 16:1).

그런데 여기서 바울은 특별히 그가 바라고 있는 도움 중에 재정적인 도움도 들어 있음을 은근히 암시합니다. 다시 말하자면, '선교 비용의 지원'을 뜻합니다. 그러한 암시는 그 다음 구절부터 나옵니다.

로마서 15장 25-28절을 묵상해 봅시다.

(25) 그러나 이제는 내가 성도를 섬기는 일로 예루살렘에 가노니 (26) 이는 마게도냐와 아가야 사람들이 예루살렘 성도 중 가난한 자들을 위하여 기

은혜는 성숙이다

쓰게 얼마를 연보하였음이라 (27) 저희가 기뻐서 하였거니와 또한 저희는 그들에게 빚진 자니 만일 이방인들이 그들의 영적인 것을 나눠 가졌으면 육적인 것으로 그들을 섬기는 것이 마땅하니라 (28) 그러므로 내가 이 일을 마치고 이 열매를 그들에게 확증한 후에 너희에게 들렀다가 서바나로 가리라

여기서 바울은 자신이 지금 당장 로마로 가고 싶으나 가지 못하는 이유에 대하여 설명합니다. 바로 고린도 교회에서 거둔 연보와 헌금을 예루살렘 교회에 보내야하기 때문입니다. 그러면서 바울은 그 지원 사업이 끝나면 바로 로마 교회로 가겠다고 약속합니다. 결국 바울은 예루살렘 교회의 사도들로부터 부탁 받은 것을(갈 2:10) 로마서를 쓸 때쯤 되어 완수할 수 있게 된 것입니다.

그럼 한번 생각해 봅시다. 왜 하필이면 바울은 로마 교회에 가겠다는 약속을 하면서 동시에 지금 바로 로마를 방문하지 못하는 이유를 예루살렘의 구제에 초점을 두고 설명했을까요? 바울이 그동안 로마에 가지 못한 이유는 이것만은 아니었습니다(롬 1:13, 15:22). 그렇다면 이러한 구조 속에 바울은 어떤 의도를 숨기고 있었던 것일까요?

이 부분에 대한 성경주석학자 매튜 헨리(Matthew Henry)의 해석이 참 흥미롭습니다. 매튜 헨리는 그 이유를 "이러한 구제헌금에 대한 사업보고를 통해 바울은 로마 교회 사람들에게도 동일한 구제 헌금 사역을 해야겠다는 동기부여를 주고 싶었다."[56]라고 해석했습니다. 즉, "바울이 펼칠 서바나 지역의 사람들을 위한 선교 비용을 지원해야겠다!"는 마음을 로마 교회의

---

56 Matthew Henry, *Matthew Henry's Commentary: Acts to Revelation*, Vol 6 (Hendrickson Publishers, 1991), p.398.

성도들에게 불러일으키기 위함이었다는 뜻입니다. 따라서 바울이 이렇게 쓴 것은 로마 교회 교인들의 재정적 지원 동기를 이끌어내기 위한 조심스러운 목적이 그 속에 은근히 암시되어 있었다는 것입니다.

더 나아가 메튜 헨리는 로마서 15장 22-29절을 해석하면서 "바울은 자기 선교지역의 선교 대상자들을 위한 선교자금과 구제헌금을 신청함에 있어 매우 천재적인 재능을 가지고 있는 사람(Paul was very ingenious at begging, not for himself, but for others)"[57]이라고 평했습니다. 이것을 요즘 누구나 이해하기 쉬운 말로 풀어서 설명하자면, 한마디로, 바울은 돈을 끌어들이는 '펀드레이징(fundraising)'에 탁월한 소질이 있었다는 말로 해석될 수도 있을 겁니다.

자! 그렇다면 한번 정리해 봅시다. 이 상태로 보자면, 바울이 로마서를 쓴 목적은 로마 교회에 복음을 전하는 일 외에 서바나 지역의 선교를 지원받기 위한 또 다른 목적이 있었던 것을 알 수 있습니다. 그렇다면, 이것은 바울이 로마서를 쓸 당시 로마 교회에 자신의 부족함과 타인들의 필요함을 그대로 고백한 것이 됩니다. 이것은 바울이 직접 "나는 로마 교회 당신들의 도움이 필요합니다!", "서바나 선교지역에 가난한 사람들을 위하여 재정적인 지원이 필요합니다!"라는 말을 편지(로마서)를 통하여 은근히 우회적으로 고백한 대표적인 경우가 되어버립니다.

그러므로 우리는 여기서 로마서가 바울이 자신의 부족함과 선교지역의 재정적 지원의 필요성을 로마 교회에 알리고 그곳으로부터 얼마의 '재정적 도움(a financial support)'을 받기 위해 그들에게 자신과 자신의 신학을 소개한 편지임을 재확인 할 수 있습니다. 특별히 이러한 목적을 두고 쓴 로마서가 바울의 13개 편지 가운데 가장 긴 편지라는 점은 우리가 놓치지 말아야

---

57 위의 책, p.398.

할 또 다른 특징입니다.

물론 바울이 로마서를 기록한 목적은 이것 외에도 여러 가지입니다(롬 1:15, 15:15). 현재 저는 서바나 지역 선교 지원만이 로마서의 주요 기록 목적임을 주장하고 있는 것이 아닙니다. 다만 현재 우리가 관심을 가지고 있는 주제(삶의 만족도)에 비추어 로마서의 저작의도를 추적해 봤을 때, 로마서는(쉽게 말하자면) 바울이 자신의 필요함과 부족함을 솔직히 고백하고 로마 교회에 도움을 호소하는 일종의 '선교 지원 의뢰 편지'임을 말하고 있을 뿐입니다. 그것을 위해 바울은 자기가 예수님께 직접 받아 정리된 신학을 로마 교회에 상세히 설명하고(롬 1:11-12) 그들을 자기 선교 후원자들로 만들어 서바나 선교에 동참시키려 했던 것입니다. 한번 상상해 봅시다. 그 당시 큰 제국의 수도 속에 있는 로마 교회가 자기를 후원해 준다면 이보다 더 큰 천군만마가 어디 있겠습니까? 바울은 새롭게 원대한 선교의 계획을 세우면서 이 기회를 절대 놓치고 싶지 않았던 것이겠지요.

3) 바울은 돈 문제를 초월한 사람이다 … 그러나!

이 모든 것을 종합해 볼 때, 초기 편지에 나타난 바울의 모습은 돈의 문제에 있어서나, 경제적 지원의 문제에 있어서나 부족할 때는 솔직히 부족하다고 말하는 사람이었던 것 같습니다. 그리고 풍족한 사람들이나 또는 부유한 공동체에게 하나님의 이름으로 경제적인 지원과 연보를 요청하는 데 있어 남다른 관심과 열정이 있었던 사람인 것 같습니다. 이러한 그의 모습은 삶의 만족과 그 태도에 있어 부족한 것들과 필요한 것들에 대한 자신의 솔직한 인간적 고백들을 그의 초기 편지 속에 고스란히 남겨 놓았다는 사실로 입증이 됩니다.

그런데 이 부분에 있어 약간의 오해의 소지가 있어서 추가 설명을 좀 드릴 필요가 있습니다. 바로 이러한 질문입니다. "바울은 돈 문제에 있어 초월한 사람이었는데 어떻게 위와 같은 해석을 내릴 수 있느냐?" 이 질문에 대한 저의 대답은 이렇습니다. 맞습니다. 바울은 돈을 초월한 사람이었습니다. 그는 처음부터 죽는 그날까지 돈을 초월하고 산 사람입니다. 저는 그렇게 믿습니다. 그것을 절대 부인하지도 않고 반대하지도 않습니다. 저는 오히려 그것을 강조합니다.

그런데 여기서 사도 바울이 '돈을 초월했다.'라고 하는 것이 무엇을 의미하느냐는 겁니다. 여기에 그러한 질문을 하는 분들과 저의 차이점이 있습니다. 저는 이렇게 생각합니다. '바울이 돈을 초월했다.'는 뜻은 그가 돈 때문에 올무(trap)에 빠지거나, 하나님과 사람 앞에 죄를 짓거나, 부름 받은 사도로서 남부끄러운 행동을 절대로 하지 않았다는 뜻에서의 초월성입니다. 즉, 그가 돈이 많았던 적었던, 그가 스스로 돈을 벌었든 벌지 않았던, 그가 선교비를 지원해달라고 호소했던 호소하지 않았던, 그것은 바울이 그 문제로 올무가 걸리거나, 하나님께 부름 받은 사도로서 부끄러운 모습을 보였거나, 더 나아가 하나님의 영광을 가리지 않았다면, 그러한 그의 모든 행동은 그의 초월적 경제관에 아무런 흠집을 내지 않는다는 말입니다.

왜냐하면 바울이 자신의 사리사욕을 위해 지원요청을 한 것이 아니라 그저 하나님의 사역을 진행함에 있어 많이 가진 사람에게 후원을 부탁한 것이기 때문입니다. 그리고 그것이 하나님의 뜻이면 그 사람들이 자기의 호소를 듣고 지원해 줄 것이고, 그렇게 되면 하나님의 은혜에 감사한 것이며, 설사 그렇지 않더라도 그것 때문에 그들을 원망하거나 욕하거나 자기 스스로도 좌절하지도 않습니다. 왜냐하면 하나님이 살아계시기 때문입니다. 그러므로 바울이 선교비 지원 요청을 했다고 해서 그가 돈에 얽매인 사람이라는 결론을 내릴 필요가 없는 것입니다.

그러므로 저는 바울이 다른 사람들에게 지원금을 요청하고, 구제금을 부

은혜는 성숙이다

탁하며, 그것을 모금함에 있어 나름대로의 노력을 보였다고 해서 그의 초월적 경제관에 문제가 생기지는 않는다고 봅니다. 오히려 진정으로 불타는 선교의 열정으로 다른 사람에게 선교비와 구제금을 좀 지원해달라고 부탁했다는 것은 사도 바울의 선교 열정이 그만큼 더 간절했다는 것으로 해석되어야 할 것입니다.

만약 현재 제가 제시한 이러한 이해 밖에서 바울의 초월적 경제관을 논한다면, 바울은 절대로 돈 문제를 초월한 사람이 될 수 없습니다. 왜냐하면, 결국 그도 돈을 벌었거든요(살전 2:9; 살후 3:8). 바울은 자신이 직접 일을 하면서 돈을 번 사람입니다. 그 이유와 동기가 어찌되었든 그도 밤낮으로 힘써 돈을 벌었단 말입니다. 그도 남에게 폐를 끼치지 않고 살기 위하여 돈이 필요했으니까 열심히 일해서 돈을 번 것입니다.

일단 자기 스스로 벌었든지, 다른 사람에게 지원을 요청했든지 그것은 둘 다 돈이 필요했기 때문에 한 일이라는데 공통점이 있습니다. 왜냐하면 그 이유와 동기가 어찌되었든지 그것은 돈이 필요해서 한 행동이기 때문입니다. 그런데 바울이 자기 스스로 돈을 번 것에 대하여는 별말이 없다가, 이상하게 바울이 가난한 사람과 선교를 위하여 다른 사람에게 지원 요청한 것을 가지고는 그의 경제적 초월성에 문제를 제기한다는 것은 뭔가 이해가 되지 않습니다.

저는 둘 다 돈이 필요해서 한 행동인데 왜 그런 서로 다른 해석이 나오는지 묻고 싶습니다. 만약 바울이 자신의 사리사욕을 위하여 지원을 요청했다면 그것이야말로 바울이 돈을 초월하지 못한 행동이지만, 가난한 사람들을 위하여 그리고 하나님의 선교 사업을 위하여 경제적 지원을 요청한 것까지 돈을 초월하지 못한 모습으로 보는 것은 약간 무리가 있는 것 같습니다.

바울이 돈을 번다고 해서, 돈을 지원해달라고 해서, 선교비와 구제비를 모금해 달라고 해서 그가 돈 문제를 초월 못한 사람입니까? 아닙니다. 바울이 그들이 돈을 주지 않는다고 해서 그들에게 화를 냈습니까? 저주했습니까? 하나님을 원망했습니까? 그리고 그가 자신의 사리사욕을 채우기 위해 그렇게 했습니까? 오로지 복음의 순수한 열정으로 하나님이 은혜를 허락하실 수 있는 사람과 단체에게 도움을 부탁한 것뿐입니다.

그리고 다른 사람에게 지원을 요청하는 것도 또한 하나님의 은혜를 구하는 한 수단입니다. 그러므로 지원 요청을 해서 받을 수 있다면 그것도 하나님이 허락하신 한 방법인 것입니다. 지원 요청해서 받으면 한 번에 해결 날 문제를 오로지 그저 기도로만 해결하겠다고 지원 요청을 하지 않는 것은 마치 병원에 한 번만 가면 단번에 고치는 병을 오로지 하나님의 은혜로 치료한다고 무조건 기도만 하는 사람과 같은 처사일지도 모릅니다. 기도하며 병원에 가는 방법도 하나님이 우리에게 허락하신 방법이듯, 기도하며 지원 요청을 하는 것도 하나님의 방법입니다. 로마서의 경우 바울은 기도하는 마음으로 로마 교회의 사람들에게 선교 비용을 요청했던 것입니다.

예수님도 마찬가지입니다. 예수님께서도 돈 문제를 초월하신 분입니다. 그러나 예수님도 제자들과 함께 지낼 때에 경제생활은 하셨습니다(마 17:24-27; 요 12:1-8, 13:29). 그리고 막달라 마리아와 그 외의 다른 제자들에게 경제적 지원을 받으셨습니다(눅 8:1-3). 그럼에도 불구하고 우리가 예수님을 돈 문제에 있어 초월하신 분으로 인정합니다. 그것은 왜입니까? 일단 그 분이 삼위일체 하나님이시기 때문이고, 동시에 예수님께서 그 돈 문제로 죄를 지으신 일이 없기 때문입니다. 돈 때문에 올무에 걸리신 일이 한번도 없습니다. 그러므로 우리는 예수님이 돈을 초월하신 분으로 인정하는 것입니다.

그러므로 우리가 "바울은 돈 문제를 초월한 사람이다!"라고 주장할 때에 그 기준과 출발점이 어디 있는지가 참 중요합니다. 따라서 우리가 "바울이 돈 문제를 초월한 사람이다!"라고 할 때에 그 중심이 그의 상황과 모습에는

은혜는 성숙이다

전혀 상관없이 그가 그 돈 문제로 인하여 하나님의 영광을 가리느냐 아니냐에 맞추어져 있어야 합니다. 그렇지 않고, "그가 선교비 지원 부탁을 했니, 안했니?" 같은 기준에서 바울의 경제적 초월성을 생각한다면, 결국 자기를 위하여 돈을 번 바울은 위에서 말한 바와 같이 절대로 돈을 초월하지 못한 사람이 되어버립니다.

그러므로 바울이 초기 편지를 통하여 타인의 부족함과 자신의 부족함에 대하여 깊이 생각하고 다른 사람들에게 지원 요청을 했다는 것은 그가 돈을 초월한 삶을 살지 않았다는 뜻이 아닙니다. 가만히 있을 때 오는 경제적 지원도 하나님의 은혜요, 우리가 타인에게 요청해서 받게 되는 경제적 도움도 하나님의 은혜의 손길입니다. 둘 다 동일한 하나님의 은혜입니다. 그러므로 우리가 그 문제로 올무에 걸리지 않고 죄를 짓지 않으면 그 경제적 지원을 받게 되는 그 형태가 어떠하든지 그것은 돈을 초월한 행동입니다.

따라서 현재 추적된 사도 바울의 경제적 초월관은 이러한 모습 속에서 이해되어야 합니다. 사도 바울은 자기가 부탁하고 지원 요청한 돈 때문에 죄를 행하거나 하나님의 영광을 가린 적은 한 번도 없습니다. 그저 선교의 불타는 열정과 없는 사람들을 위한 사랑의 마음에서 지원 요청한 것뿐입니다. 이 점을 기억해야 합니다. 그런데 이러한 그의 고백은 중기 편지로 오면서 조금씩 성숙된 형태로 나타납니다.

2. 중기 편지: 내가 자족하는 비법을 배웠다.

초기 편지를 쓸 때와는 달리 바울은 중기 편지를 쓸 때에 자기 나름대로 선교사업을 하면서 하나님의 은혜 가운데 터득한 남다른 비법을 다른 사람들에게 소개합니다. 그가 쓴 빌립보서에 그 비법이 소개되어져 있습니다.

빌립보서 4장 11-13절, 18-19절을 묵상해 봅시다.

(11) 내가 궁핍하므로 말하는 것이 아니니라 어떠한 형편에든지 나는 자족하기를 배웠노니 (12) 나는 비천에 처할 줄도 알고 풍부에 처할 줄도 알아 모든 일 곧 배부름과 배고픔과 풍부와 궁핍에도 처할 줄 아는 일체의 비결을 배웠노라 (13) 내게 능력주시는 자 안에서 내가 모든 것을 할 수 있느니라

(18) 내게는 모든 것이 있고 또 풍부한지라 에바브로디도 편에 너희가 준 것을 받으므로 내가 풍족하니 이는 받으실 만한 향기로운 제물이요 하나님을 기쁘시게 한 것이라 (19) 나의 하나님이 그리스도 예수 안에서 영광 가운데 그 풍성한 대로 너희 모든 쓸 것을 채우시리라

여기서 바울은 뭐라고 말합니까? 자기가 궁핍하지 않다고 말합니다. 왜냐하면 자족하는 비법을 배웠기 때문입니다. 이전에 자신의 부족함을 솔직히 고백하던 초기 편지 때와는 약간 표현양상이 다른 고백입니다. 사실 빌립보서를 쓸 때 바울의 형편은 과거보다 더 못했으면 못했지 더 좋지는 않았을 것입니다. 왜냐하면 이때 바울은 감옥에 있었기 때문입니다. 물론 이때 바울이 감옥에 갇혀있었는지 아니면 그냥 가택연금 정도의 상황이었는지는 모르지만, 일단 그래도 감옥에 있는 사람이 풍족했으면 얼마나 풍족했겠습니까? 아마 형편없었을 것입니다. 그것도 로마 감옥입니다. 그곳이 얼마나 지저분하고 불결한 곳입니까?

그런데 이제 오히려 바울은 자신이 궁핍하지 않다고 말하며, 어떤 형편에든지 적응하고 극복할 줄 아는 일체의 비결을 가지고 있음을 당당히 고백합니다. 그래서 13절 말씀에서 바울은 내게 능력주시는 자 안에서 자기는

은혜는 성숙이다

가난해져도 부한 사람처럼 살 수 있고, 부해져도 가난한 사람처럼 살 수 있다고 선언하는 것입니다.

그런데 흔히 우리들은 13절 말씀을 잘못 이해하고 틀리게 사용할 때가 있습니다. 우리의 그러한 실수는 우리가 13절 말씀과 관련된 바울의 앞 절 말씀(11-12절)을 전혀 고려하지 않고 오로지 13절 말씀만 생각하고 묵상한 결과입니다. 우리는 흔히 그냥 13절 말씀만 딱 오려내서 책상에 붙여놓고 무조건 '불도저 방식'으로 몰고 가는 때가 있습니다. 물론 이것도 잘못된 신앙생활은 아닙니다. 그러나 이런 방법은 바울의 고백을 50% 밖에 이해하지 못한 결과입니다. 현재 바울이 고백하고 있는 것은 '자족의 비법'이지 '불도저 비법'이 아닙니다. 바울은 현재 '자족하는 비법'을 배웠다고 고백합니다.

한번 물어 보겠습니다. '자족하는 비법'이 어디 사람의 힘과 노력으로 얻게 되는 비법입니까? 절대 아닙니다. 하나님이 허락하시는 힘없이는 절대로 그 어느 누구도 누릴 수 없는 은혜의 독특한 비법이 바로 '자족의 비법'입니다. 그러므로 그 비법이 귀하고 귀한 것입니다. 따라서 바울이 "내게 능력주시는 자 안에서 내가 모든 것을 할 수 있느니라!"라고 말한 이 고백을 앞에 서술되어져 있는 말씀들과 연결해서 다르게 풀이하면 다음과 같이 됩니다.

"나는 어떤 형편에든지 자족할 수 있습니다. 왜냐하면 하나님이 내게 그렇게 할 수 있는 능력을 주시기 때문입니다." "그래서 내게 자족의 능력주시는 하나님의 은혜 속에서 나는 비록 현재 감옥에 있지만 자족할 수 있습니다."

바로 이것이 진정한 바울의 고백인 것입니다. 때문에 바울은 자신이 현재 비록 감옥에 갇혀 있으면서도 그리고 오히려 자기가 전혀 부족함이 없고 풍성하다고 고백합니다. 이것은 자신의 부족한 것을 솔직히 고백했던 과거 바울의 태도와는 달리 많이 성숙한 태도입니다.

물론 여전히 바울은 자신의 경제적 부족함을 솔직히 인식합니다. 그런데 그 인식과 더불어 현재 그는 그 부족함에 자족할 줄 아는 비법을 하나님의 은혜로 터득할 만큼 성숙되어져 있었습니다. 놀랍지 않습니까? 이러한 바울의 성숙과 성숙이 대단하지 않습니까? 그러나 여기서 끝나지 않습니다. 이러한 그의 삶의 만족도는 그의 후기 편지로 가서 그 절정에 이릅니다.

3. 후기 편지: 기독교적 공수래공수거(空手來空手去)

디모데전서 6장 6-8절을 묵상해 봅시다.

> ⑹ 그러나 자족하는 마음이 있으면 큰 이익이 되느니라 ⑺ 우리가 세상에 아무것도 가지고 온 것이 없으매 또한 아무것도 가지고 가지 못하리니 ⑻ 우리가 먹을 것과 입을 것이 있은즉 족한 줄로 알 것이니라

여기서 우리는 흔히 말하는 불교경전 『반야심경(般若心經)』의 '공수래공수거(空手來空手去: 아무것도 가지지 않고 와서 아무것도 없이 간다.)'와 동일한 의미를 발견합니다. 그러나 여기서 바울이 말하는 '공수래공수거'는 불교(佛敎)에서 말하는 '자신의 힘으로 얻는 불교적 공수래공수거'를 의미하지 않습니다. 여기서 말하는 사도 바울의 '공수래공수거'는 바로 하나님의 은혜 속에서 누릴 수 있는 '내려놓음'의 '기독교적 공수래공수거'입니다. 즉, 자신의 힘으로 얻는 '공수래공수거지자력(空手來空手去之自力)'이 아니라 하나님의 은혜로 얻는 '공수래공수거지은혜(空手來空手去之恩惠)'의 단계입니다. 바울은 여기서 그저 모든 것을 하나님 앞에 내려놓고 먹을 것과 입을 것이 있은 즉 족한 줄로 아는 '기독교적 안분지족(安分知足)'의 경지를 말하고 있는 것입니다. 이것이 바로 '기독교적 공수래공수거'입니다.

은혜는 성숙이다

여전히 바울은 중기 편지인 빌립보서에서 고백했던 것과 같은 '자족하는 마음'을 다시 한번 강조합니다. 그러면서도 그는 오히려 풍성한 나눔의 삶을 강조 합니다(딤전 6:17-18). 결국, 여기서 우리는 중기 편지를 쓸 때에 가지고 있었던 바울의 삶의 만족도가 그대로 후기 편지 때까지 연장된 것을 볼 수 있습니다. 그런데 그 자리에서 더 성숙된 모습을 보여줍니다. 특별히 모든 물질적인 면에 있어서 초월한 듯한 달관의 경지를 보여줍니다.

이러한 바울의 모습은 초기 편지 때와 너무나 다르게 성숙된 것입니다. 바울은 초기 편지에는 경제적 문제에 대하여 몹시 민감하게 반응했습니다. 그래서 남에게 폐를 끼치지 않으려 노력했습니다. 그래서 주야로 일을 했습니다. 가난한 사람들을 어떻게 해서든지 도우려 노력했습니다. 그런데 이제 바울은 "먹을 것과 입을 것만 있어도 만족할 일이다."라고 고백합니다. 놀라운 성숙이 아닙니까? 과연 우리도 이와 같은 자족의 경지에 올라갈 수 있을까요? 우리의 힘으로는 어림도 없습니다. 오로지 하나님의 놀라운 은혜로 가능합니다.

결국 삶의 만족에 있어 바울이 보여준 이러한 영적 성숙의 과정을 그 연대별로 정리하면 다음과 같습니다.

> 초기 편지(주후 50-57년): 나는 부족한 것이 있습니다.
> 중기 편지(주후 60-64년): 내가 자족하는 것을 배웠다.
> 후기 편지(주후 65-66년): 기독교적 공수래공수거

하나님께서는 이 사도 바울의 편지에 나타난 감사의 고백을 통하여서 기독교인의 성숙된 삶의 만족이 어떠해야 하는지 우리에게 보여주고 계십니다.

4. 그러면 우리의 삶은?

1) 우리는 욕심을 버리지 못한다.

이제 이러한 바울의 성숙에 비추어 오늘날 우리의 모습을 돌아봅시다. 오늘날 21세기를 살아가는 우리의 삶은 한마디로 욕심과 탐욕의 세계입니다. 때문에 절대적인 만족이 없는 고달픈 삶을 살아가고 있습니다. 이러한 때 우리는 어떻게 만족한 삶을 살 수 있을까요? 하나님께서는 그 해답을 바울의 성숙 과정을 통해 보여주신 것입니다.

그저 그날그날 하나님께서 주신 은혜에 만족하며, 그날그날 내려주신 은혜의 만나와 메추라기를 먹으며, 그날그날 허락하시는 그날의 은혜의 분복과 혜택을 누리고 사는 것입니다.

이것은 세상을 포기하고 그냥 소극적으로 살라는 뜻이 절대 아닙니다. 하나님을 믿는 사람은 절대로 그렇게 살아서는 안 됩니다. 오히려 이 가르침은 주어진 여건이 어떠하든지 그 상황과 여건에 만족하며 쓸데없는 욕망을 추구하지 말라는 뜻입니다. 절대로 세상을 포기하고 등지라는 뜻이 아닙니다.

『명심보감(明心寶鑑)』의 안분편(安分篇)은 인간의 안빈낙도(安貧樂道)와 안분지족(安分知足)의 삶을 가르치고 있습니다. 안빈낙도란 가난하고, 생활이 어렵지만, 그 속에서 즐거움을 찾아 사는 것을 말하며, 안분지족이란 역시 가난하고, 어려운 생활에 불평하지 않고 그저 스스로 만족해하며 사는 것을 뜻합니다. 일찍이 무신론자 버틀란트 러셀은 『*The Conquest of Happiness*』라는 책에서 "행복이란 만족하는 데 있는 것이다(Happiness lies in contentment)."라고 말했습니다. 『명심보감』에 나온 말을 한 사람들도, 버틀란트 러셀도 모두 다 하나님을 모르고 믿지 않는 불신자들입니다. 그런데 불신자인 그들도 삶의 만족이 어떤 것이며 그것이 어디서 오는지 이미 다 알고 있

은혜는 성숙이다

으며 그것을 당당히 가르치고 있습니다.

그렇다면 우리는 어떻습니까? 전지전능하신 성부 하나님, 우리에게 전혀 부족함이 없는 우리의 선한 목자 성자 예수님, 우리의 작은 신음소리까지도 응답하시는 성령 하나님께 선택받아 그 보호하심 속에서 살아가는 우리의 삶이 어때야 합니까? 하나님의 백성인 우리가 그 은혜 안에서 우리의 삶의 만족을 누리지 못한다면 이보다 더 슬픈 일이 어디 있겠습니까? 그렇다면 하나님이 거짓말을 하셨다는 말입니까? 절대로 그렇지 않습니다. 성경말씀은 분명히 "여호와는 나의 목자시니 우리가 부족함이 없다(시 23:1)"고 확실히 가르치고 있습니다." 독자 여러분! 많이 어렵겠지만, 우리가 소망을 잃지 말아야 할 이유가 바로 여기 있습니다. 우리 모두 다시 힘을 냅시다! 하나님이 함께 하십니다!

2) 영화 "미라클(Miracle)": 하나님은 우리를 포기 하지 않으신다!

필자가 아주 오래 전에 보았던 "미라클(기적)"이라는 외국영화가 있습니다. 007 첩보 영화의 주인공이었던 로저 무어(Roger Moore)와 캐롤 베이커(Carroll Baker)라는 미녀 배우가 같이 주연한 영화입니다. 이 영화는 두 사람이 아주 젊었을 때 찍은 영화였습니다. 이 영화의 이야기는 간단합니다. 그러나 매우 은혜로운 메시지를 담고 있습니다.

영화의 역사적 배경은 1812년입니다. 전쟁 중에 자신의 군대를 이끌고 행군하던 한 영국군 장교 미셀 스튜어트(Michael Stuart)는 어느 한 시골의 작은 수녀원에서 자신의 병사들과 함께 하룻밤을 유숙하게 됩니다. 이때 그 장교는 수녀원에서 수련을 쌓고 있던 테레사(Teresa) 수녀에게 야릇한 사랑의 감정을 느끼고 테레사 수녀 또한 미셀 스튜어트 장교를 보고 말로 표현할 수 없는 신비로운 사랑의 느낌에 사로잡히게 되지요. 얼마 뒤 스튜어트 장교는 다시 자신의 군사를 이끌고 수녀원을 떠납니다. 그 뒤부터 테레사 수녀는 스튜어트 장교를 그리워하며 깊은 갈등과 고뇌 속에 괴로워합니다. 급기야 테레사 수녀는 수녀의 길을 버릴 결심을 하고 수녀원을 탈출합니다.

이때부터 자신이 사랑하는 스튜어트 장교를 찾기 위한 테레사의 긴 시간 여행이 시작됩니다. 바로 수녀 테레사가 아닌 일반 여인 테레사로서의 삶입니다. 그런데 그 여행 과정에서 그녀는 이상한 사건을 되풀이하며 경험합니다. 그녀가 머무는 곳마다 그녀는 자기에게 사랑고백을 해오는 남자들을 만나게 됩니다. 그리고 그 남자의 사랑고백을 그녀가 받아들이려 할 때마다 그 남자들이 불의의 사고로 죽어버리는 것입니다. 한 번도 아니고 이런 일이 몇 번 반복되었습니다. 결국, 그녀는 깨닫게 됩니다. "아! 하나님께서 그들을 죽이신다!" 누구든지 그녀를 사랑하게 되면 하나님이 그 남자를 죽여버리시는 것입니다. 이것을 깨닫게 되자마자 그녀는 자신이 정말 사랑하는 스튜어트 장교에게 다가갈 용기가 생기지 않았습니다. 결국 스튜어트 장교와 사랑을 하게 되면 하나님께서 결국 그 남자도 죽이실 것이 뻔하다는 사실을 깨달았기 때문입니다. 그래서 숱한 고생 끝에 결국 그 스튜어트 장교가 있는 곳을 찾게 되지만 결국 테레사는 그 영국군 장교를 만나지 못합니다. 그저 한없는 그리움이 담긴 편지 한 장만 남긴 채 그녀는 다시 수녀원으로 돌아옵니다.

수녀원으로 돌아오는 동안 그녀는 자기가 떠난 날부터 비가 내리지 않아 무척 가물어 있는 수녀원을 목격하게 됩니다. 그리고 자기가 없는 동안 성모(聖母) 마리아가 신비한 능력으로 자신의 빈자리를 대신하여 아무도 자신이 그동안 없어진지 몰랐다는 사실도 깨닫게 됩니다. 결국 그녀가 수녀원에 돌아와 성모 마리아 상 앞에서 무릎을 꿇고 회개의 기도를 드릴 때 하늘에서 단비가 내리기 시작합니다. 그리고 그 영화는 끝납니다. 하나님께 헌신된 한 수녀의 삶을 통하여 하나님께서 어떻게 역사하시는지 보여주는 영화였습니다.

은혜는 성숙이다

그때 저는 이 영화를 보고 강한 깨달음을 경험했습니다. 하나님께서는 한 번 자신의 사람으로 선택한 사람을 절대로 다른 사람에게 양보하지 않고, 포기하지 않고, 버리지 않고, 방치하지 않고, 나 몰라라 하지 않으시며, 멀리 던져 버리지 않으신다는 사실이었습니다. 어떻게 하시든지 다시 찾아 부르시며, 절대로 하나님께서 버리지 않고 확실히 붙드신다는 사실이었습니다.

어떤 사람들은 이 영화를 보고 하나님을 너무 매정한 하나님으로 비판하는 사람도 있었습니다. 한 여자가 누릴 수 있는 사랑의 자유를 무시한 하나님이라고 욕하는 사람도 있었습니다. 그러나 나에게는 이 영화가 그렇게 다가오지 않았습니다. 하나님께서는 이 영화를 통하여 "내게 주신 자는 내가 하나도 잃어버리지 않으리라(요 6:39-40, 10:28-29)."고 말씀하신 예수님의 말씀을 필자의 영혼에 확실히 각인시킨 영화였습니다. 하나님께서 선택하셔서 구원하시기로 작정하신 자는 하나님께서 반드시 책임지시고, 버리지 않으시고, 포기하지 않으시고 하나님께서 그 일을 꼭 이루신다는 사실입니다.

하나님은 절대로 우리의 궁핍함을 못 돌아보시는 분이 아닙니다. 우리가 어려운 형편에 있더라도 '로뎀나무 아래의 은혜'(왕상 19:5-8)를 베푸시며, 하나님이 보내주시는 '그릿 시냇가의 까마귀 은혜'(왕상 17:2-7) 를 누릴 수 있도록 인도하시는 분입니다.

3) 사람에게는 얼마만큼의 땅이 필요한가?

그래서 19세기 러시아 작가 톨스토이는 『사람에게는 얼마만큼의 땅이 필요한가?』라는 제목의 단편 소설을 통하여 "사람에게는 그가 죽어서 들어갈 관(棺)을 묻을 만큼의 작은 땅만 필요할 뿐임"을 이야기했습니다. 그 당시 19세기 러시아에 땅 투기로 인하여 백성들이 고통을 당하며 그로 인해 서로가 서로를 해칠 때에 톨스토이는 이처럼 외롭게 '기독교적 공수래공수거'의 의미를 가르친 것입니다. 서도 많은 땅을 차지하려고 싸워봐야 아무런 소용없다는 뜻입니다. 결국 자기 몸 하나 누일 작은 땅만 차지하게 된다는 말입니다. 영원한 것이 무엇입니까? 해 아래 영원한 것은 아무것도 없습니다. 내 손에 영원히 잡히는 것이 무엇입니까? 그리고 잡혔다고 해서 영원히 나와 함께 하는 것이 있습니까? 자고이래로 해 아래 그러한 것은 없습니다. 왜냐하면 하나님께서 절대로 그런 것을 허락하지 않으셨기 때문입니다. 오래 전 솔로몬왕이 전도서를 통하여 고백했듯이 오로지 하나님의 은혜 외에 영원한 것은 아무것도 없습니다(전 2:24, 3:22, 5:18, 8:15).

4) 솔로몬왕 - 뒤 늦은 깨달음

솔로몬왕은 어땠나요? 솔로몬도 처음에는 후기 편지에 묘사된 바울과 같이 겸손하게 안분지족하며 하나님이 주신 것에 만족하며 살려 했습니다. 그가 왕이 된 후에 '일천 마리의 번제(一千燔祭: a thousand burnt offering)'를 하나님 앞에 드리고 나서 그는 밤에 하나님을 만나게 되었습니다(왕상 3:1-15).[58] 그때 솔로몬은 겸손히 "오직 하나님의 백성을 잘 다스릴 수 있는 지

---

58 '솔로몬의 일천 번제' 이야기는 구약 성경 두 곳에서 나옵니다(왕상 3:1-4; 대하 1:1-6). 성경은 '일천 날'의 숫자로 해석되는 번제가 아니라 '일천 개'의 개수(個數)로 해석되는 번제를 말하고 있습니다. 물론 이것이 하루에 한꺼번에 다 드린 것인지 아니면 며칠이나 몇 주에 나누어서 드린 것인지에 대하여는 논란의 여지가 있으나 일천 일 동안 드린 것은 아님이 분명합니다. 솔로몬이 드린 일천 번제는 일천 일(一千日) 동안 일천 번(一千番)의 번제를 드린 '일천 날의 번제(offering for a thousand days)'가 아니라 일천 개(一千個)의 제사를 드린 '일천 마리의 번제(a thousand brunt offering)'라는 말입니다. 그러므로 성경이 증거하는 솔로몬의 일천 번제는 '번제(番祭: offering for a thousand days)'가 아니라 '번제(燔祭: a thousand brunt offering)'입니다. 또한 솔로몬은 일천 번제를 드림에 있어 기브온 산당에서 드렸다고 합니다. 왜일까요? 그 당시 기브온 산당 외에는 일천 번제를 수용할 만한 큰 자리가 없었던 것입니다(왕상 3:2). 또한 성경은 솔로몬이 나중에 일천 번제보다 더 큰 제사(화목제)를 드렸음을 증거하고 있습니다. 솔로몬은 하나님의 성전을 봉헌하면서 전날의 일천 번제와는 비교도 안 되는 '십사만 이천 번제의 화목제'를 무려 십사 일 동안 드린 적이 있습니다. 그리고 그 규모도 하맛 어귀에서부터 애굽 하수까지 이르렀습니다(왕상 8:63-66; 대하 7:5-

은혜는 성숙이다

혜"만을 구했습니다(왕상 3:9). 얼마나 겸손했습니까? 그 겸손에 하나님께서도 감탄하셨습니다. 그래서 그의 초기 역사는 그가 하나님께 구하지도 않았던 부귀영화를 모두 누리는 은혜를 하나님께로부터 받았습니다.

그런데 그랬던 그가 점점 후기의 삶으로 오면서 달라지기 시작합니다. 자기 스스로 '시험(an experimental research)'하기에 이릅니다. 그리고 모든 실험이 끝난 뒤 그 모든 것이 헛된 것임을 깨닫습니다(전 2:1). 솔로몬은 결국 "하나님이 계시지 않은 해 아래 모든 것은 헛된 것이다."라는 것을 깨달았으나 이미 그때는 늦었습니다. 그 당시 그의 나라는 이방신들로 가득했고, 이방 여인들의 소란스런 웃음소리로 궁중은 시끄러웠습니다. 결국 솔로몬왕의 헛된 추구와 욕심은 허무로 끝이 나고, 결국 그가 죽은 후 그의 나라는 둘로 갈라져 버리고 말았습니다. 그의 아버지 다윗 대왕(大王)이 목숨 바쳐 세워 놓은 하나님의 신국(Divine Kingdom)을 그가 망쳐놓은 것입니다.

솔로몬의 부친 다윗 대왕은 처음에 양이나 치는 목동시절로 시작했습니다. 그러나 사무엘로부터 기름부음을 받은 후 오로지 하나님만을 의지하는 천신만고 가운데 하나님의 신정제국 이스라엘을 만들어 놓았습니다. 그런데 그 나라를 솔로몬왕이 갈라놓았습니다. 처음에 지혜의 왕이었던 솔로몬이 나중에는 헛된 신기루를 쫓아가다가 정신을 잃고 결국 그 귀한 나라를

---

10). 이전에 솔로몬왕이 드린 일천 번제는 이 '십사만 이천 번제의 화목제'에 비(比)하자면 그야말로 조족지혈(鳥足之血)인 셈입니다. 또한 그의 아버지 다윗 대왕(大王)도 솔로몬이 왕이 되고 난 뒤 하나님 앞에 '삼천 번제'를 드린 적이 있습니다(대상 29:21). 이 또한 일천 번제의 세 배가 되는 제사입니다. 이러한 성경의 증언으로 미루어 볼 때 솔로몬이 드린 일천 번제는 그 당시 왕으로서 드릴 수 있는 여러 가지 큰 제사 중의 하나였음을 알 수 있습니다. 그러므로 솔로몬이 일천 번제를 드린 것은 어디까지나 자신이 어린 나이에 하나님께로부터 받은 은혜가 너무나 커서 오로지 그 은혜에 감사하는 목적에서 드린 것이지, 하나님의 복을 받기 위한 목적으로 드린 것이 아니었습니다. 솔로몬은 복을 받았기 '때문에(because)' 일천 번제를 드린 것이지, 복을 받기 '위하여(for)' 일천 번제를 드린 것이 아닙니다. 이 내용에 대한 필자의 제언과 개선방안에 대하여는 김철웅, "일천 번제 헌금은 과연 성서적인가," 「월간 신앙세계」. 통권 466호 (2007, 5): 60-64쪽을 참고하세요.

둘로 나누어 놓은 이상한 왕(?)이 되어 버리고 말았던 것입니다. 여러분 하나님의 은혜 속에서 넉넉한 만족을 한다는 것이 어떤 것입니까?

5) 야베스와 아굴의 기도보다 더 차원 높은 바울의 확신

야베스의 기도(대상 4:9-10)는 오로지 자신의 번영과 성공을 추구하는 기도였다면, 아굴의 기도(잠 30:7-9)는 자신의 부함을 원하지 않고 그렇다고 해서 가난함도 원하지 않은, 그저 중도를 지키도록 해달라는 보다 겸손한 기도였습니다. 그러나 바울의 고백은 기도가 아니었습니다. 오히려 바울의 고백은 어떠한 처지와 상황에서도 자족하는 방법을 이미 터득하고 배웠다는 확신이며 그가 누린 하나님의 은혜입니다. 그것은 바울의 기도를 넘어선 그의 생활자체였습니다. 이러한 면에서 보면, 바울의 고백이야말로 우리가 야베스의 기도와 아굴의 기도를 뛰어넘어 우리가 하나님의 도우심 가운데 최종적으로 이루어야 하는 은혜의 삶입니다. 야베스의 기도도 훌륭하고, 아굴의 기도도 놀랍지만, 바울의 고백은 최상입니다!

6) 예수님께서 인정하신 돈의 위력

예수님께서는 사람들에게 너희가 하나님과 재물을 겸하여 섬길 수 없다(마 6:24; 눅 16:13)고 말씀하셨습니다. 저는 개인적으로 이 말씀을 예수님께서 한편으로는 하나님의 하나님 되심을 강력히 주장한 말씀임과 동시에 다른 한편으로는 돈의 위력도 인정하신 말씀으로 해석합니다. 그래서 프레드릭 브루스(F. F. Bruce) 교수도 예수님의 이 말씀을 해석하면서 "돈은 하나님과 라이벌(rival) 관계에 있다."[59]고 말할 정도였습니다.

---

59 F. F. Bruce, *The Hard Sayings of Jesus* (Downers Grove, Illinois: InterVarsity Press, 1983), p.184.

은혜는 성숙이다

사실 예수님께서 감히 하나님과 견주어 빗대어 인용하실 만한 것이 그무엇이 있었겠습니까? 하나님은 스스로 있으신 분입니다. 그분과 견주어 비교될 만한 것은 이 세상에 아무것도 없습니다. 그런데 예수님께서 하나님과 돈을 견주어 말씀하셨습니다. 오죽하면 예수님께서 돈과 하나님을 비교했겠습니까? 예수님의 이 말씀은 우리 인간이 돈 때문에 하나님을 잃어버릴 만큼 돈이 가지고 있는 유혹의 힘이 강하고 달콤함을 강조하신 말씀입니다. 사실 돈은 무서운 것입니다. 잘 쓰면 보약이지만 잘못 쓰면 지옥에 갑니다. 그래서 바울은 모든 것을 초월한 그의 후기 편지에 "돈을 사랑함이 일만 악의 뿌리"(딤전 6:10) 라고 말할 정도였습니다.

물론 돈을 무조건 나쁘게 보는 것도 성서적이지 않고, 또 반대로 돈을 무조건 좋게 보는 것도 성서적이지 않습니다. 특별히 자본주의 사회에는 돈이 꼭 필요한 삶의 생존 수단입니다. 그래서 절대로 돈을 무시해서는 안 됩니다. 그러나 그렇다고 돈을 섬겨서는 안됩니다. 돈은 어디까지나 도구이고 수단이지 우리의 주인이 아니기 때문입니다. 그래서 우리 모두에게는 하나님께서 은혜로 사도 바울에게 허락하셨던 '자족의 비법'이 필요한 것입니다. 그래야 '기독교적 공수래공수거'를 외치며 모든 일에 현재 가진 것만으로 만족하는 삶을 살 수 있는 것입니다. 현재를 부정하자는 것도 아닙니다. 가난해지자는 것은 더욱더 아닙니다. 오히려 가난하든 부자이든 현재 하나님께서 허락하신 소유에 만족하며 살자는 것입니다. 왜냐하면 예수님께서 직접 말씀해 주셨듯이 사람의 생명이 그 소유의 넉넉한 데 있지 않기 때문입니다 (눅 12:15). 그래서 하나님께서는 바울이 가지고 있었던 삶의 만족도가 어떻게 변해왔는지 그의 편지를 통하여 우리에게 보여주심으로써 우리의 삶이 어떻게 성숙해야 하는지 보여주고 계신 것입니다. 오늘날 우리의 만족도는 어떠합니까? 그리고 우리가 어떻게 살아야 하겠습니까? 하나님은 현재 그것을 묻고 계십니다.

4부

은혜는
성숙이다!

미국의 강해 설교자 워렌 워어스비(Warren W. Wiersbe)는 그리스도인의 영적 성숙에 대하여 신앙의 길이가 신앙의 깊이를 보장하는 것이 아니라고 주장하며 성숙한 그리스도인은 그 영혼이 항상 은혜의 감격 속에 있음을 다음과 같이 말했습니다.

> 결론적으로, 우리는 반드시 우리의 영적 성숙을 하나님의 말씀에 비추어 측정해봐야 한다. … 이 세상의 모든 사람이 나이만 먹었다는 사실로 다 잘 자랐다고 말할 수 없다. 왜냐하면, 나이 먹는 것과 성숙해졌다는 사실 사이에는 차이가 있기 때문이다. 구원받은 그리스도인으로 10년이나 20년을 살아왔다는 것이 그가 주님 안에서 그만큼 성숙해졌다는 보장이 될 수는 없다. 성숙한 그리스도인은 은혜 가운데 감격이 있는 사람이다. 우리는 하나님의 도움으로 함께 더 배우고 성숙해질 것이다.[1]

저는 이 말에 전적으로 동감합니다. 신앙생활의 길이도 중요하지만, 신앙생활의 깊이는 더 중요합니다. 예수님께서는 "먼저 된 자로서 나중 되고

---

1   Warren W. Wiersbe, *Be Mature* (Wheaton IL: Victor Books, 1984), p.17-18.

은혜는 성숙이다

나중 된 자로서 먼저 될 자가 많으니라(막 10:23)."고 말씀하셨습니다. 예수님의 이 말씀은 하나님 은혜의 특징을 잘 보여주는 말씀입니다. 하나님의 은혜는 주권적인 은혜로 사람들에게 일한 만큼의 대가를 주는 노사관계법칙의 결과가 아니라 하나님께서 원하시는 때에, 원하시는 사람에게, 원하시는 방법으로, 원하시는 만큼 주시는 주권적 사랑입니다. 그러므로 누군가 신앙적으로 성숙해졌다는 것은 그가 특별한 하나님의 은혜 가운데 있다는 증거입니다. 그래서 은혜는 성숙입니다.

그런 의미에서 우리는 지금까지 〈은혜는 성숙이다〉라는 이 제목으로 사도 바울이 다메섹 언덕에서 예수님을 만나 새로운 소명을 받은 이후로 그의 신앙이 어떤 발전 과정을 거쳐 성숙되어 왔는지 살펴보았습니다. 그렇게 하기 위해 우리는 그의 편지를 '쓰여진 순서대로' 묵상하며 여기까지 추적해 왔습니다. 이 과정에서 우리는 총 네 가지 주제를 놓고 그의 편지를 그것이 '쓰여진 순서대로' 각각 초기·중기·후기로 나누어 살펴보았습니다.

그 네 가지 주제는 모두 1) 자기 정체성 2) 타인을 향한 태도 3) 감사의 태도 4) 삶의 만족도였습니다. 물론 좀 더 깊게 묵상하고 자세히 살펴보면 보다 많은 주제들이 나올 수 있을 것입니다(재림론, 결혼관, 여성관). 이제 그 방법을 알았으니 다른 주제들은 독자들께서 직접 사도 바울의 편지를 그것이 '쓰여진 순서대로' 묵상하다 보면 하나님께서 은혜 가운데 가르쳐 주실 것입니다. 그것은 이제 독자 여러분 개인의 몫입니다. 바울의 편지를 그 연대순(年代順: chronicle)으로 묵상하며 이제는 스스로 추적해 보시기 바랍니다. 놀라운 하나님의 은혜가 함께 하실 것입니다.

저는 개인적으로 이 책을 쓰기 전, 이 책의 내용을 가지고 강의도 하고, 설교도 하고, 바울 서신 중심의 성경통독도 했습니다. 그때마다 저에게 돌아오는 따스한 격려와 매서운 반론은 마치 동전의 양면과 같이 항상 함께 했습니다. 그래서 저는 이미 이 책 서두에서(2부 5장. 어떤 성숙의 주제들을 추적하는가?, p.99) 제가 추적해온 방법론에 대하여 혹시나 비판을 가하실 분들을 위해 몇 가지 해명하고 시작했던 것입니다.

저는 개인적으로 이 책을 통하여 바울을 흠집낼 의도는 처음부터 없었습니다. 저의 목적은 오히려 그 반대입니다. 저는 바울은 오늘날 우리가 본받아야 할 신앙의 선배임을 강조하기 위해 이 책을 썼습니다. 그리고 이때까지 신학자들에 의하여 정립된 신약성서 연구결과를 무시할 목적도 전혀 없었습니다. 그래서 저는 적지 않은 신학자들의 연구문헌을 읽고 탐구하며 그것에 기초하여 이 책을 썼습니다. 더구나 성경말씀의 무오류성(unmistaken)을 반박하려는 죄악을 짓고 싶어 이 책을 쓴 것은 더더욱 아닙니다.

저는 절대로 하나님께서 사도 바울의 편지를 통하여 말씀하시고자 했던 그 계시의 핵심과 그 원리가 시간의 흐름에 따라 변화했음을 말하려고 이 책을 쓰지 않았습니다. 반대로 그 변하지 않는 계시의 핵심과 원리를 겉으로 표현하는 사도 바울의 신앙적 태도와 영적 자세가 시간의 흐름에 따라 어떻게 성숙을 하였는지를 추적하기 위하여 이 책을 썼습니다.

그러므로 추적의 초점이 성경말씀의 '변화(change)'에 있지 않고, 바울이 가지고 있었던 태도와 자세의 '발달과정(development)'에 있었습니다. 결국, 전기의 편지 내용보다 중기의 편지 내용이, 그리고 중기의 편지 내용보다 후기의 편지내용이 더 깊은 계시의 내용을 담고 있다는 것이 아닙니다. 오히려, 전기 편지를 쓸 때의 태도보다, 중기 편지를 쓸 때의 태도가, 그리고 중기 편지를 쓸 때보다 후기 편지를 쓸 때의 태도가 훨씬 더 성숙된 상황이었음을 추적한 것입니다.

저는 오로지 "사도 바울도 우리와 똑같은 인간이었다면, 그도 우리와 똑같은 신앙 성숙 과정을 경험했을 것이다."[2]라는 오스왈드 샌더스(J. Oswald

---

2   J. Oswald Sanders, *Paul, The Leader* (Colorado Springs, CO: Navpress, 1984), pp.8-9.

은혜는 성숙이다

Sanders)가 제시한 아주 평범한 가설에서부터 시작했습니다. 그래서 나름대로 그의 영적 성숙 과정을 추적해 보고 싶었습니다. 그래서 바울을 본받아 나도 그렇게 성장해야겠다는 지극히 개인적인 소망으로 이 작업을 시작했습니다. 그래서 기도하며 많은 책을 찾아보고 조사했습니다. 그런데 그것을 추적하는 방법은 오로지 그의 편지를 그것이 '쓰여진 순서대로' 묵상하는 방법 외에는 없었습니다. 그래서 불가피하게 그렇게 묵상하다보니 과연 그의 표현 가운데 성숙의 모습이 보였고, 그리고 그것을 정리하는 가운데 하나님의 은혜를 경험했습니다.

그래서 제가 받은 은혜를 남들에게 설교를 통하여, 강의를 통하여, 토의와 세미나를 통하여, 또는 글을 통하여 알렸습니다. 결국, 그 모든 일의 결과가 현재 이렇게 한 권의 책으로 나오게 된 것입니다. 이 모든 것은 하나님의 은혜의 결과임을 저는 확실히 믿어 의심치 않습니다. 분명히 하나님께서는 우리의 신앙 성숙과 성숙을 위한 하나의 모범으로 사도 바울, 사도 바울을 우리에게 소개해 주셨습니다. 그리고 그 통로는 바로 그가 십여 년간 남겨놓은 13개 편지입니다. 그렇다면 그 13개 편지를 통하여 그가 과연 어떠한 성숙의 과정을 거쳤는지 추적해보는 것은 절대로 잘못된 일이 아닐 것입니다. 지금도 하나님께선 바울의 13개 편지를 통하여 우리에게 앞으로 우리의 신앙생활이 하나님의 은혜 가운데 앞으로 어떻게 성숙해지며 성숙해야 하는지 바울을 통하여 가르쳐 주시며 또 그렇게 되라고 권면하고 계십니다.

이 모든 일에 전심 전력하여 너의 성숙함을 모든 사람에게 나타나게 하라
(딤전 4:15)

은혜는 눈물이요, 은혜는 성숙입니다. 요즘 그리스도인들에게 은혜가 말랐다고 합니다. 은혜가 말랐다는 것은 눈물이 말랐다는 뜻이요, 눈물이

말랐다는 것은 성숙한 신앙생활이 없다는 증거입니다. 이런 면에서 성숙은 평생의 과정이요, 훈련의 과정입니다. 물론, 우리는 성장해야 합니다. 그러나 성장만해서는 안 됩니다. 그 성장이 성장으로서 올바로 자리매김을 하려면 그 속에 성숙이 더해져야 합니다. 성숙이 없는 성장은 그냥 살이 찐 비만상태에 불과합니다. 오늘날 한국 교회는 성장은 했으나 성숙이 없는 살만 찐 비만상태에 있다고 해도 과언이 아닙니다. 이러한 한국 기독교의 상황을 사랑의교회 고(故) 옥한흠 원로목사님은 다음과 같이 진단했습니다.

> 수십 년 동안 양적 성장에만 매달렸던 한국 교회가 ⋯ 그 형편이 지금 매우 심각하다. ⋯ 교회가 교회의 부흥을 가로막고 있다. ⋯ 교회 안에도 우리가 과감히 걷어 내어야 할 거품이 한두 가지가 아니다. ⋯ 부흥은 양과 질을 다 포함하는 것이라고 성경은 가르치고 있다.[3]

양적 성장에만 급급한 나머지 우리가 자초한 후유증 가운데는 삼허현상(三虛現象)이라고 이름 붙일 수 있는 문제가 심각하지 않나 생각된다. 무엇이 삼허현상인가? 허수(虛數), 허세(虛勢), 허상(虛像)이다. ⋯ 허수는 한국 교회가 그동안 통계에 통탄할 정도로 정직하지 못하였다는 것을 지적하는 말이다. ⋯ 한국 교회는 허수를 실수(實數)로 돌려 놓는 양심 운동이 선행되어야 한다고 믿는다. 허세는 사회 각 분야에서 교회를 다니는 사람들이 많은데 그에 비해 그 영향력이 미미한 것을 가리키는 말이다. ⋯ 우리가 진정한 부흥을 사모한다면 우리의 허세를 실세(實勢)로 바꾸는 작업부터 서둘러야 할 것이다. ⋯ 허상은 한국 교회에 몸담고 있는 대부분의 평신도가 신앙과 삶을 일치시키지 못해 불신자와 그 차별성을 보이는데 실

---

3 옥한흠, 『평신도를 깨운다』 개정2판 (서울: 국제제자훈련원, 2016), 25-25쪽.

은혜는 성숙이다

패하고 있는 현상을 가리키는 말이다. … 신앙은 곧 삶이요 삶은 곧 신앙 이라는 것을 증명해 보일 수 있는 제자들을 만들어야 한다. 이것이 교회의 허상을 실상(實像)으로 바꾸는 지름길이다.[4]

이제는 한국의 기독교 공동체는 군살을 빼고 성장 속에 성숙을 심는 그리스도인들이 되어야 합니다. 이러한 이런 면에서 사도 바울은 우리에게 좋은 사례가 될 수 있고, 그의 영적 성숙 과정을 보여주는 그가 남긴 편지들은 우리에게 영적 성숙 과정을 이루어갈 수 있는 좋은 자료가 됩니다. 사도 바울의 영적 성숙 과정은 우리의 영적 성숙 과정이요, 우리의 영적 성숙 과정은 한국 교회의 영적 성숙 과정이며, 그 모든 성숙 과정은 위에 제기된 한국 교회의 '삼허현상'을 극복할 수 있는 성경적 사례입니다.

〈은혜는 성숙이다〉라는 제목으로 여기까지 온 저는 이제 이 책을 마치려 합니다. 우리는 이때까지 바울의 편지를 연대기(年代記) 순으로 살펴보며 여기까지 왔습니다. 이제 그 추적을 종결하려 합니다. 일찍이 솔로몬왕은 그가 지은 전도서의 마지막 장(長)을 장식하면서 다음과 같은 말로 결론을 내렸습니다.

> 일의 결국을 다 들었으니 하나님을 경외하고 그의 명령들을 지킬지어다
> 이것이 모든 사람의 본분이니라(전 12:13)

저도 이 책의 마지막을 장식하며 솔로몬의 결론을 빌어 다음과 같은 결론을 제시하며 맺음말을 남기고 싶습니다.

사도 바울의 13개 편지를 그것이 '쓰여진 순서대로' 묵상하며 추적하여

---

4 위의 책, pp.25-29.

그의 모든 영적 성장 과정의 결과를 다 들었으니 하나님을 경외하고 그의 명령을 준행하여 온전히 그가 기뻐하시는 데까지 신앙의 성숙을 이루어 나 갑시다. 이것이 오늘날 모든 기독교인들이 가져야 할 본분입니다.

아멘! 모든 영광을 하나님께!

은혜는 성숙이다

참고문헌

한글 문헌

김창락. 『다마스쿠스 사건-무슨 일이 일어났는가?』. 서울: 다산글방, 2000.

김철웅. 『추적! 사도 바울의 16년』. 서울: 쿰란출판사, 2007.

_____. 『추적! 유니아는 여자 사도인가?』. 도서출판 한솔, 2014.

朴昶環. 『新約聖書槪論』. 서울: 大韓基督敎書會, 1972.

방동섭. 『십자군이 아니라 십자가의 정신입니다』. 서울: 이레서원, 2000.

옥한흠. 『평신도를 깨운다』 개정2판. 서울: 국제제자훈련원, 2016.

이광순. 『선교학개론』. 서울: 한국장로교출판사, 1993.

이동원. 『이렇게 성숙하라』. 서울: 나침반사, 2002.

이애실. 『어? 성경이 읽어지네!』. 서울: 두란노, 2006.

황영자. 『Accent 하나: 여자 사도 유니아에 대한 고찰』. 서울: 총신여동문 헵시바, 2020.

한글 번역 문헌

Barclay, William. *The Beatitudes & The Lord's Prayer for Everyman*, 문동학·이규민 옮김, 『바클레이의 팔복·주기도문 해설』. 서울: 크리스챤 다이제스트, 2011.

Barth, Karth. *Der Romerbrief*, 조남홍 역, 『로마서 강해』 2판. 서울: 도서출판 한들, 1997.

Bulfinch, Thomas. *The Age of Fable*, 손명현 옮김, 『그리스 로마 신화』. 서울: 동서문화사, 2018

Godsey, John D. *Karl Barth's Table Talks*, 김희은 역, 『바르트 사상의 변화』. 서울: 신일출판사, 1981.

Kim Seyoon. *The Origin of Paul's Gospel*, 홍성희 역, 『바울 복음의 기원』. 서울: 도서출판 엠마오, 1994.

J. B. Lightfoot and R. Harmer trans, *The Apostolic Fathers*. Second Editon, 이은선 역, 『속사도 교부들』. 서울: CLC, 1994

Reymond, Robert L. *Paul Missionary Theologian*, 원광연 옮김, 『바울의 생애와 신학』. 서울: 크리스챤다이제스트, 2003.

영문 문헌

Allen, Roland. *Missionary Methods: St. Paul's or Ours?*. London: World Dominion Press, 1960.

Armstrong, Karen. *The First Christian: Saint Paul's Impact on Christianity*. London: Pan, 1983

Barclay, William. *The Mind of St. Paul*. New York: harper & Brothers Publishers, 1985.

Barrt, C. K. *Paul: An Introduction to his thought*. Louisville: Westminster/John Knox, 1994.

Barton, S. C. "Social-Scientific Approaches to Paul," In G. F. Hawthorne & R. P. Martin (Eds.), *Dictionary of Paul and his letters*. Downer Grove, IL: InterVArsity, 1993.

Beck, James R. *The Psychology of Paul: A Fresh Look at His Life and Teaching*. Grand Rapids, Michigan: Kregel Publications, 2002.

Best, Ernest. *Paul and His Converts*. Worcester: Billing and Sons Ltd, 1988.

Bosch, David J. *Transforming Mission: Paradigm Shifts in Theology of Mission*. Maryknoll, New York: Orbis Books, 1993.

Bowden, John. *Karl Barth*. London: SCM Press, 1971.

Ensley, Francis Gerald. *Paul's Letters to Local Churches*. New York: Abingdon Press, 1951.

James D. G. Dunn, *The Theology of Paul the Apostle*. Grand Rapids, Michigan: William B. Eerdmans Publishing Company, 1998

Manfred T. Brauch, *Hard Sayings of Paul*. Dowmers Grove, Illinois: InterVarsity Press, 1989.

Brien, P.T. O'. *Gospel and Mission in the Writings of Paul*. Grand Rapids, Michigan: Baker Books, 1995.

Bruce, F. F. *New Testament History*. New York: A Galilee Book, 1971.

은혜는 성숙이다

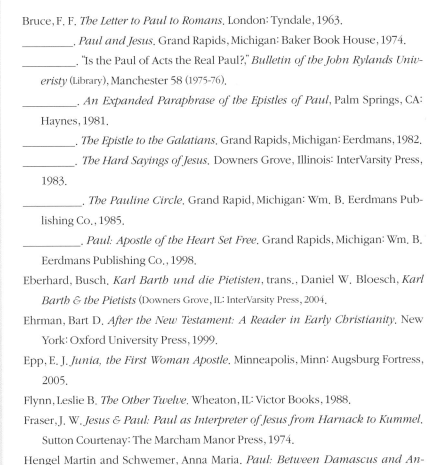

Bruce, F. F. *The Letter to Paul to Romans*. London: Tyndale, 1963.

_____. *Paul and Jesus*. Grand Rapids, Michigan: Baker Book House, 1974.

_____. "Is the Paul of Acts the Real Paul?," *Bulletin of the John Rylands Univeristy* (Library), Manchester 58 (1975-76).

_____. *An Expanded Paraphrase of the Epistles of Paul*, Palm Springs, CA: Haynes, 1981.

_____. *The Epistle to the Galatians*. Grand Rapids, Michigan: Eerdmans, 1982.

_____. *The Hard Sayings of Jesus*. Downers Grove, Illinois: InterVarsity Press, 1983.

_____. *The Pauline Circle*. Grand Rapid, Michigan: Wm. B. Eerdmans Publishing Co., 1985.

_____. *Paul: Apostle of the Heart Set Free*. Grand Rapids, Michigan: Wm. B. Eerdmans Publishing Co., 1998.

Eberhard, Busch. *Karl Barth und die Pietisten*, trans., Daniel W. Bloesch, *Karl Barth & the Pietists* (Downers Grove, IL: InterVarsity Press, 2004.

Ehrman, Bart D. *After the New Testament: A Reader in Early Christianity*. New York: Oxford University Press, 1999.

Epp, E. J. *Junia, the First Woman Apostle*. Minneapolis, Minn: Augsburg Fortress, 2005.

Flynn, Leslie B. *The Other Twelve*. Wheaton, IL: Victor Books, 1988.

Fraser, J. W. *Jesus & Paul: Paul as Interpreter of Jesus from Harnack to Kummel*. Sutton Courtenay: The Marcham Manor Press, 1974.

Hengel Martin and Schwemer, Anna Maria. *Paul: Between Damascus and Antioch: The Unknown Years*. Louisville, Kentucky, Westminster John Knox Press, 1997.

Henry, Matthew. *Matthew Henry's Commentary: Acts to Revelation*, Vol 6. Hendrickson Publishers, 1991.

Hoyle, R. Birch. *The Teaching of Karl Barth*. London: Student Christian Movement Press, 1930;

James, M. R. trans. T*he Apocryphal New Testament*. London: Oxford, 1924.

Jervis, L. Ann. "The Purpose of Romans: A Comparative Letter Structure Investigation," *Journal for the Study of the New Testament Series 55*. Sheffield: Sheffield Academic Press, 1991.

Knox, John. *Chapter In A Life of Paul*. New York: Abingdon Press, 1980.

Koester, Helmut. *Introduction to the New Testament, vol. 2: History and Litera-ture of Early Christianity*, 2d ed. New York and Berlin: DeGruyter, 2000.

Lahaye, Tim. *Spirit-Controlled Temperament*. New York: Tyndale House Publish-ers, 1971.

Latourett, Kenneth Scott. *A History of Christianity*. New York: Harper & Brothers Publishers 1953.

Lightfoot, J. B. *St. Paul's Epistle to the Galatians*. London, 1865.

Maccoby, H. *The Mythmaker: Paul and the Invention of Christianity*. London: Weidenfeld and Nicholson, 1986

Malina, B. J. & Neyrey, J. H. *Portraits of Paul: An Archaeology of Ancient Person-ality*. Louisville. KY: Westminster/John Knox, 1996.

Matheson, George. *Spiritual Development of St. Paul*. New Yor: Thomas Whittak-er House, 1890.

Meinardus, Otto F. A. *St. Paul's Last Journey*. New York: Caratzas Brothers, Pub-lishers, 1979.

McBirnie, William Steuart. *The Search for the Twelve Apostles*. Carol Stream, Illi-nois: Tyndale House Publishers, Inc, 1973.

Mueller, David L. *Karl Barth*. Waco, Texas: Word Books, 1972.

Murray, John. *The Epistle to the Romans*. Grand Rapids, Michigan: Wm. B. Eerd-mans Publishing Co., 1959.

Pederson, Pena. *The Lost Apostle: Searching For the Truth About Junia*. San Fran-cisco, CA: Jossey-Bass, 2006.

Pollock. John. *The Apostle: A Life of Paul*. New York: Doubleday & Company, Inc., 1969.

Price, James L. *Interpreting The New Testament*. New York, Holt: Rinehart and Winston, 1961.

Reicke, Bo. *Re-Examining Paul's Letters*. Harrisburg, PA: Trinity Press Internation-al, 2001.

Roberson, J. A. *The Hidden Romance of the New Testament*. James Clarke, 1920.

Robinson, Benjamin Willard. *The Life of Paul*. Chicago: The University of Chicago Press, 1966.

Sampley. J. Paul. *Pauline Partnership in Christ*. Philadelphia: Fortress Press, 1980.

은혜는 성숙이다

Sanders, J. Oswald. *Paul, The Leader*. Colorado Springs, CO: Navpress, 1984.

Scott, Ernest F. *The Literature of the New Testament*. New York: Columbia University Press, 1957.

Sherwin-White, A. N. *Roman Society and Roman Government and Law in the New Testament*. London: Oxford, 1963.

Sproul, R. C. *Knowing Scripture*. Illinois: InterVarsity Press, 1977.

Stendahl, Krister. *Paul Among Jews and Gentiles and Other Essays*. Philadelphia: Fortress, 1976.

Stevenson, Herbert F. *A Galaxy of Saints: Lesser-Known Bible Men and Women*. Fleming H. Revell Company,, 1970.

Sumney, Jerry L. *Servants of Satan, False Brother, and Other Opponents of Paul*. Sheffield: Sheffield Academic Press, 1999.

Swindoll, Charles R. *Paul: A Man of Grace and Grit*. Nashville, Tennessee: The W Publishing Group, 2002.

Thurneysen, Eduard. *Dostojewski*, trans. Crim, Keith R. *Dostoevsky*. Richimond, Varginia: John Knox Press, 1964.

Torrance, Thomas F. *Karl Barth: An Introduction to His Early Theology, 1910-1931*. London, SCM Press LTD, 1962.

Wangerin Jr, Walter. *Paul: A Novel*. Grand Rapids, Michigan: Zondervan Publishing House, 2000.

Webster, John. *Karl Barth*. Cambridge: Cambridge University Press, 2000.

Wendham, David. *Paul: Follower of Jesus or Founder of Christianity?* Grand Rapind, Michigan: Wm. B. Eerdmans Publishing Company, 1995.

_____. *Paul and Jesus: The True Story*. Grand Rapid, Michigan: Wm. B. Eerdmans Publishing Company, 2002.

White, L. Michael. *From Jesus To Christianity*. New York: Harper San Francisco, 2004.

Wiersbe, Warren W. *Be Mature*. Wheaton IL: Victor Books, 1984.

Wilkinson, Bruce Wilkinson & Boa Kenneth. *The Wilkinson & Boa Bible Handbook*. Nashville, Tennessee: Thomas Nelson Publishers, 1983.

Wilson, A. N. *Jesus*. New York: W. W. Norton & Company, 1992.

_____. *Paul: The Mind of the Apostle*. New York: W. W. Norton & Company, 1997.

Wills, Garry. *What Paul Meant*. New York: The Penguin Group, 2007.

Wrede, William. *Paul*. London: Green, 1907.

Wright, N. T. *Paul: A Biography*. San Francisco: HaperOne, 2018.

기타 자료

"The Acts of Paul and Thecla" (http://gbgm-umc.org/umw);

http://www.reportnet.co.kr/detail/116/115806.html (2007년 3월 4일)

존 노들링(John G. Nordling) 교수와의 면담. 2007년 4월 26일 목요일, 오전 10-11시 30분, 미국 인디아나(Inidana) 포트웨인(Fort Wayne) 컨콜디아(Concordia) 신학교 교수실에서.

김철웅. "일천 번제 헌금은 과연 성서적인가," 「월간 신앙세계」. 통권 466호 (2007. 5): 60-64쪽.

_____. "유니아(Junia) 21C 한국 교회 여성 지도자의 숨겨진 성서적 모델," 「월간 신앙세계」. 통권 467호 (2007. 6): 42-44쪽.

은혜는 성숙이다